福建省服務海西重大研究項目、國家社科基金重大項目子課題

馬重奇◎主編

《增補彙音妙悟》《拍掌知音》整理及研究

馬重奇◎編著
黄　謙　廖綸璣◎原著

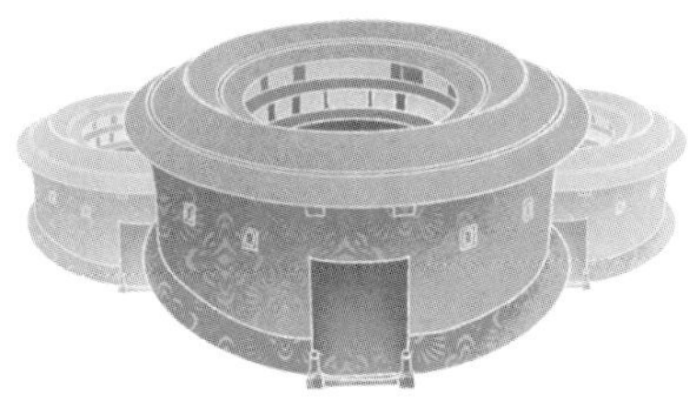

中国社会科学出版社

圖書在版編目（CIP）數據

《增補彙音妙悟》《拍掌知音》整理及研究／馬重奇編著．—北京：中國社會科學出版社，2022.4

（清代民初閩方言韻書整理及研究叢書）

ISBN 978-7-5203-9758-2

Ⅰ.①增… Ⅱ.①馬… Ⅲ.①閩南話—韻書—研究 Ⅳ.①H177.2

中國版本圖書館 CIP 數據核字(2022)第 027906 號

出 版 人 趙劍英
責任編輯 張 林
特約編輯 張 虎
責任校對 周曉東
責任印製 戴 寬

出 版 中国社会科学出版社
社 址 北京鼓樓西大街甲 158 號
郵 編 100720
網 址 http://www.csspw.cn
發 行 部 010-84083685
門 市 部 010-84029450
經 銷 新華書店及其他書店

印刷裝訂 北京明恒達印務有限公司
版 次 2022 年 4 月第 1 版
印 次 2022 年 4 月第 1 次印刷

開 本 710×1000 1/16
印 張 31.5
插 頁 2
字 數 522 千字
定 價 186.00 元

總　序

馬重奇

一　中國古代韻書源流與發展概述

古人把傳統語言學叫做“小學”。漢代稱文字學為“小學”，因兒童入小學先學文字，故名。隋唐以後，範圍擴大，成為“文字學”“音韻學”和“訓詁學”的總稱。至清末，章炳麟認為小學之名不確切，主張改稱“語言文字之學”。現在統稱為“漢語研究”。傳統的語言學以研究古代文獻和書面語為主。

漢語音韻學研究也有一個產生、發展、改革的過程。早在先秦兩漢時期就有關於字詞讀音的記載。主要有以下諸類：（1）譬況注音法：有急言、緩言、長言、短言、內言、外言等。它們都是大致描繪的發音方法，卻很難根據它準確地發出當時的音來，更無法根據它歸納出當時的音系。（2）直音法：隨著漢代經學的產生和發展，注釋家們在為先秦典籍下注解時開始使用“直音”法。這是以一個比較常用的字給另一個同音字注音的方法。直音法的優點是簡單明瞭，一看就懂，也克服了譬況注音法讀音不確的弊病，但自身也有很大局限性。（3）讀若，讀如：東漢許慎在《說文解字》中廣泛應用的“讀若”，就是從直音法發展而來的。“讀若”也叫“讀如”，主要用於注音。用讀若時，一般用一個常見的字進行解釋，有時常常引用一段熟悉的詩文，以該字在這段詩文中的讀音來注音。（4）反切法：真正的字音分析產生於東漢末年，以反切注音法的出現為標誌。反切就是利用雙聲、疊韻的方法，用兩個漢字來拼另一個字的讀音。這是古人在直音、讀若基礎上進一步創造出來的注音方法。反切是用兩個字拼合成另一個字的音，其反切上字與所切之字聲母相同，反切下字與所切之字韻母和聲調相同。即上字取聲，下字取韻和調。自從反切出現之後，古人注釋經籍字音，便以它為主要手段。編撰韻書，也大量使用反切。

四聲的發現與歸納，對韻書的產生與發展也起著極為重要的作用。據《南齊書・陸厥傳》記載：“永明末盛為文章，吳興沈約、陳郡謝朓、琅邪王融，以氣類相推轂。汝南周顒，善識聲韻。約等文皆用宮商，以平、上、去、入為四聲，以此制韻，不可增減，世呼為永明體。”《梁書・庾肩吾傳》：“齊永明中，文士王融、謝朓、沈約文章始用四聲，以為新變，至是轉拘聲韻，彌尚麗靡，複逾於往時。”四聲的發現與歸納以及反切注音法的廣泛應用，成為古代韻書得以產生的基礎條件。

古代韻書的出現，標誌著音韻學真正從注釋學中脫胎出來成為一門獨立的學科。據考證，我國最早的韻書是三國時魏國李登所撰的《聲類》。在隋朝陸法言《切韻》以前，就有許多韻書出現。據《切韻・序》中說：“呂靜《韻集》、夏侯詠《韻略》、陽休之《韻略》、周思言《音韻》、李季節《音譜》、杜台卿《韻略》等，各有乖互。”《隋書・經籍志》中也提到：《四聲韻林》二十八卷，張諒撰；《四聲韻略》十三卷，夏侯詠撰，等等。遺憾的是，這些韻書至今都蕩然無存，無法窺其真況。總之，韻書的製作到了南北朝的後期，已是空前鼎盛，進入“音韻鋒出”的時代。這些韻書的產生，為《切韻》的出現奠定了很好的基礎和條件。隋代出現的對後世影響最大的陸法言《切韻》則是早期漢語音韻學的集大成之作。爾後，唐宋時人紛紛在它的基礎上加以增補刊削，有的補充若干材料，分立一些韻部，有的增加字數，加詳注解，編為新的韻書。其中最著名的有唐王仁昫所撰的《刊謬補缺切韻》，孫愐所撰的《唐韻》，李舟所撰的《切韻》以及宋代官修的《廣韻》《集韻》等一系列韻書。這些韻書對韻的分析日趨精密，尤其是《廣韻》成為魏晉南北朝隋唐時期韻書的集大成著作。以上所介紹的韻書都是反映中古時期的韻書，它們在中國音韻學史上的貢獻是巨大的，影響也是非常深遠的。

唐末和尚守溫是我國古代最初使用字母來代表聲母的人。他按照雙聲字聲母讀音相同的原則，從所有漢字字音中歸納出三十個不同的聲母，並用漢字給它們一一標目，這就是《敦煌綴瑣》下輯錄守溫“三十字母”。這“三十字母”經過宋人的整理增益，成為後代通行的“三十六字母”。

唐宋三十六字母的產生導致了等韻學的產生和發展。等韻學是漢語音韻學的一個分科。它以漢語的聲韻調系統及其互相配合關係為研究對像，而以編制等韻圖作為表現其語音系統的手段，從而探求漢語的發音原理和發音方法。宋元時期的重要等韻圖大致可以分為兩大類：第一類是反映《切韻》音系的韻圖，如南宋福建福州人張麟之刊行的宋佚名的《韻鏡》，福建莆田人鄭樵撰的《七音略》，都是根據《切韻》中的小韻列為 43 圖，每個小韻的代表字在韻圖中各佔有一個位置；第二類是按當時的實際語音對《切韻》語音系統進行了調整，如託名宋司馬光的《切韻指掌圖》，佚名的《四聲等子》，元劉鑒的《經史正音切韻指南》，均不再按韻書中的小韻列圖，只列 20 個韻圖或 24 個韻圖。

明清時期的等韻學與宋元等韻學一脈相承，其理論基礎、基本原則和研究手段都是從宋元等韻學發展而來，二者聯繫密切。然而，明清時期的韻圖，已逐漸改變了宋元時期韻圖的型制。其表現為兩個方面：一則由於受到理學思想以及外來語音學原理對等韻的影響；二則由於語音的不斷發展變化影響到韻圖編制的內容和格式。根據李新魁《漢語音韻學》考證，明清時期的韻圖可以分為五種類型：一是以反映明清時代的讀書音系統為主的韻圖，它們略帶保守性，保存前代的語音特點較多。如：明袁子讓《字學元元》、葉秉敬《韻表》、無名氏《韻法直圖》、李嘉紹《韻法橫圖》、章黼《韻學集成》和清李光地、王蘭生《音韻闡微韻譜》，樊騰鳳《五方母音》等。二是以表現當時口語的標準音——中原地區共同語標準音為主，它們比較接近現代共同語的語音。如：明桑紹良《青郊雜著》、呂坤《交泰韻》、喬中和《元韻譜》、方以智《切韻聲原》和無名氏《字母切韻要法》等。三是在表現共同語音的基礎上，加上"音有定數定位"的觀念，在實際的音類之外，添上一些讀音的虛位，表現了統包各類讀音的"語音骨架"。如：明末清初馬自援《等音》、清林本裕《聲位》、趙紹箕《拙庵韻語》、潘耒《類音》、勞乃宣《等韻一得》等。四是表現各地方音的韻圖，有的反映北方話的讀法。如：明徐孝《重司馬溫公等韻圖經》、明代來華傳教的法國人金尼閣（Nieolas Trigault）《西儒耳目資》、張祥晉《七音譜》等；有的顯示南方方言的語音，如：陸稼書《等韻便讀》、清吳烺《五聲反切正韻》、程定謨《射聲小譜》、晉安《戚林八音》、黃謙《彙音妙悟》、廖綸璣《拍掌知音》、無名氏《擊掌知音》、謝秀嵐《雅俗通十五音》、張世珍《潮聲十五音》等。五是表現宋元時期韻書的音系的，它們是屬於“述古”的韻圖。如：無名氏《等韻切音指南》、江永《四聲切韻表》、龐大堃《等韻輯略》、梁僧寶《切韻求蒙》等①。

古音學研究也是漢語音韻學研究中的一個重要內容。它主要是研究周秦兩漢語音系統的學問。嚴格地說是研究以《詩經》為代表的上古語音系統的學問。我國早在漢代就有人談到古音。但古音學的真正建立是從宋代開始的。吳棫撰《韻補》，創“古韻通轉”之說；程迥著《古韻通式》，主張“三聲通用，雙聲互轉”；鄭庠撰《古音辨》，分古韻為六部。明代陳第（福建連江人）撰《毛詩古音考・序》提出“時有古今，地有南北，字有更革，音有轉移”的理論，為清代古音學的建立奠定了理論基礎。到了清代，古音學達到全盛時期。主要的古音學家和著作有：顧炎武《音學五書》、江永《古韻標準》、戴震《聲韻考》和《聲類表》、段玉裁《六書音韻表》、孔廣森《詩聲類》、王念孫《合韻譜》、嚴可均《說文聲類》、江有誥《音學十書》、朱駿聲《說文通訓定聲》等。

音韻學還有一個分支，那就是“北音學”。北音學主要研究以元曲和《中原音韻》為代表的近代北方話語音系統。有關北音的韻書還有元人朱宗文的《蒙古字韻》、卓從之的《中州樂府音韻匯通》，明人朱權的《瓊林雅韻》、無名氏的《菉斐軒詞林要韻》、王文璧的《中州音韻》、范善臻的《中州全韻》，清人王鵕的《中州全韻輯要》、沈乘麐的《曲韻驪珠》、周昂的《增訂中州全韻》等。

二　福建近代音韻學研究概述

從永嘉之亂前至明清，中原人士陸續入閩定居，帶來了許多中原的文化。宋南渡之後，大批北方著名人士蜂擁而來，也有不少閩人北上訪學，也將中原文化帶回閩地。如理學開創者周敦頤、張載、程顥、程頤、邵雍等都在北方中原一帶，不少閩人投其門下，深受其影響。如崇安人遊酢、

① 李新魁：《漢語等韻學》，中華書局 2004 年版。

將樂人楊時曾受業于二程。他們返回閩地後大力傳播理學，後被南宋朱熹改造發揚為“閩學”。

自宋迄清時期，福建在政治、思想、文化、經濟等均得到迅速發展。就古代“小學”（包括音韻、文字、訓詁）而言，就湧現出許許多多的專家和著作。宋朝時期，福建音韻學研究成果很多。如北宋邵武黃伯思的《古文韻》，永泰黃邦俊的《纂韻譜》，武夷山吳棫的《韻補》《毛詩補音》《楚辭釋音》，莆田鄭樵的《七音略》；南宋建陽蔡淵的《古易叶音》，泉州陳知柔的《詩聲譜》，莆田劉孟容的《修校韻略》，福州張鱗之刊行的《韻鏡》等。元明時期音韻學研究成果也不少，如元朝邵武黃公紹的《古今韻會》，邵武熊忠的《古今韻會舉要》《禮部韻略七音三十六母通考》；明朝連江陳第的《毛詩古音考》《屈宋古音義》《讀詩拙言》，晉江黃景昉的《疊韻譜》，林霍的《雙聲譜》，福清林茂槐的《音韻訂訛》等。清代音韻學研究成果十分豐碩。如安溪李光地的《欽定音韻闡微》《音韻闡微韻譜》《榕村韻書》《韻箋》《等韻便覽》《等韻辨疑》《字音圖說》，閩侯潘逢禧的《正音通俗表》，曹雲從的《字韻同音辨解》，光澤高澍然的《詩音十五卷》，閩侯陳壽祺的《越語古音證》，閩侯方邁的《古今通韻輯要》，晉江富中炎的《韻法指南》《等韻》，惠安孫經世的《韻學溯源》《詩韻訂》，王之珂的《占畢韻學》等。

以上韻書涉及上古音、中古音、近代音、等韻學，為我國漢語音韻學史作出了巨大貢獻，影響也是很大的。

三　閩台方言韻書說略

明清時期的方言學家們根據福建不同方言區的語音系統，編撰出許許多多的便於廣大民眾學習的方言韻書。有閩東方言韻書、閩北方言韻書、閩南方言韻書、潮汕方言韻書、臺灣閩南方言韻書以及外國傳教士編撰的方言字典、詞典等。

閩東方言韻書有：明末福州戚繼光編的《戚參軍八音字義便覽》（明末）、福州林碧山的《珠玉同聲》（清初）、晉安彙集的《戚林八音》（1749）、古田鐘德明的《加訂美全八音》（1906），福安陸求藻《安腔八音》（十八世紀末）、鄭宜光《簡易識字七音字彙》（清末民初）等。

閩北方言韻書有：政和明正德年間陳相手抄本《六音字典》（1515）和清朝光緒年間陳家箎手抄本《六音字典》（1894）；建甌林瑞材的《建州八音字義便覽》（1795）等。

閩南方言韻書有：連陽廖綸璣的《拍掌知音》（康熙年間）、泉州黃謙的《彙音妙悟》（1800，泉州音）、漳州謝秀嵐的《彙集雅俗通十五音》（1818）、無名氏的《增補彙音》（1820）、長泰無名氏的《渡江書十五音》（不詳）、葉開恩的《八音定訣》（1894）、無名氏《擊掌知音》（不詳，兼漳泉二腔）。

潮汕方言韻書有：張世珍的《潮聲十五音》（1907）、江夏懋亭氏的《擊木知音》（全名《彙集雅俗十五音全本》，1915）、蔣儒林《潮語十五音》（1921）、潮安蕭雲屏編的《潮語十五音》（1923）、潘載和《潮汕檢音字表》（1933）、澄海姚弗如改編的《潮聲十七音》（1934）、劉繹如改編的《潮聲十八音》（1936）、鳴平編著肅穆改編《潮汕十五音》（1938）、李新魁的《新編潮汕方言十八音》（1975）等。

大陸閩方言韻書對臺灣產生重大影響。臺灣語言學家們模仿大陸閩方言韻書的內容和形式，結合臺灣閩南方言概況編撰新的十五音。反映臺灣閩南方言的韻書主要有：臺灣現存最早的方言韻書為臺灣總督府民政局學務部編撰的《臺灣十五音字母詳解》（1895，臺灣）和《訂正臺灣十五音字母詳解》（1901，臺灣）等。

以上論著均為反映閩方言的韻書和辭書。其數目之多可以說居全國首位。其種類多的原因，與閩方言特別複雜有著直接的關係。

四　閩方言主要韻書的整理及其研究

福建師範大學漢語言文字學專業是2000年國務院學位委員會審批的二級學科博士學位授權點，也是2008年福建省第三批省級重點學科。2009年，該學科學科帶頭人馬重奇教授主持了福建省服務海西重大研究項目“海峽西岸瀕危語言學文獻及資料的挖掘、整理與研究”。經過多年的收集、整理和研究，擬分為兩個專題組織出版：一是由馬重奇教授主編的“清代民初閩方言韻書整理及研究”叢書；二是由林志強教授主編的

“閩籍學者的文字學著作研究”叢書。2010年馬重奇教授又主持了國家社科基金重大招标項目“海峽兩岸閩南方言動態比較研究”，也把閩方言韻書整理与研究作為子課題之一。

“清代民初閩方言韻書整理及研究”叢書的目錄如下：1.《〈增補彙音妙悟〉〈拍掌知音〉整理及研究》；2.《〈彙集雅俗通十五音〉整理及研究》；3.《〈增補彙音〉整理及研究》；4.《〈渡江書十五音〉整理及研究》；5.《〈八音定訣〉整理及研究》；6.《〈潮聲十五音〉整理及研究》；7.《〈潮語十五音〉整理及研究》；8.《〈潮聲十七音〉整理及研究》；9.《〈擊木知音〉整理及研究》；10.《〈安腔八音〉整理及研究》；11.《〈加訂美全八音〉整理及研究》；12.《〈建州八音字義便覽〉整理及研究》。

關於每部韻書的整理，我們的原則是：

1. 每本新編閩方言韻書，均根據相關的古版本以及學術界相關的研究成果進行校勘和校正。

2. 每本方言韻書均以原韻書為底本進行整理，凡韻書編排較亂者，根據韻字的音韻學地位重新編排。

3. 韻書有字有音而無釋義者，根據有關工具書補充字義。

4. 凡是錯字、錯句或錯段者，整理者直接改之。

5. 通過整理，以最好的閩方言韻書呈現於廣大讀者的面前，以滿足讀者和研究者學習的需要。

至於每部韻書的研究，我們的原則是：

1. 介紹每部韻書的作者、成書時間、時代背景、各種版本。

2. 介紹每部韻書在海內外學術界的研究動態。

3. 研究每部韻書的聲韻調系統，既做共時的比較也做歷時的比較，考證出音系、音值。

4. 考證出每部韻書的音系性質以及在中國方音史上的地位和影響。

“清代民初閩方言韻書整理及研究”叢書的順利出版，首先要感謝福建省人民政府對“福建省服務海西重大研究項目‘海峽西岸瀕危語言學文獻及資料的挖掘、整理與研究’”經費上的支持！我們還要特別感謝中國社會科學出版社張林編審的鼎立支持！感謝她為本套叢書的編輯、校對、出版所付出的辛勤勞動！

在本書撰寫過程中，著者們吸收了學術界許多研究成果，書後參考書目中已一一列出，這裡不再一一說明，在此一併表示感謝！然而，由於著者水準所限，書中的錯誤在所難免，望學術界的朋友們多加批評指正。

2021 年 5 月於福州倉山書香門第

目　　錄

《增補彙音妙悟》與泉州方言音系

馬重奇

《彙音妙悟》，全稱《增補彙音妙悟》，是一部仿效《戚林八音》而撰作、反映泉州方音的通俗韻圖。著者泉州人黄謙，書成於嘉慶五年(1800)。據黄典誠考證，黄謙乃泉州南安官橋文門鄉人，其生平事蹟今尚無詳考，但應為清代乾嘉時人。字思遜，自署曰柏山主人。其叔父黄大振，字瞻二，乾嘉時曾任陜西興安府之學官。書首有“黄大振序”。

黄大振序主要闡述方言區人讀音識字十分困難，因此推薦他的侄兒黄謙所著的泉州方言韻書《彙音妙悟》，以作為閩南人學習官音的有效途徑。繼黄大振序之後，黄謙有“自序並例言”一篇。序云：

> 古無所為韻也，音而已矣。《樂記》所謂聲成文謂之音也。蓋均字即古韻字，義取均調也。今所謂韻書者，自魏李登之韻書始，嗣是而《切韻》、《集韻》、《唐韻》、《廣韻》諸書，不能枚舉。然而疆域既分，鄉音各異。山陬海澨與中州之聲韻迥殊，況閩省喉齶嘰讁，加之輕脣、正齒、撮口之音並缺，故臨文操觚，聲律不諧，應酬失次。吾泉富知園先生，少熟等韻之書，壯游燕遼之地。諸任既該，群音悉解。爰輯為《閩音必辨》一書，於唇喉齒舌，分別釐然。鄉裡後生熟複之，可無為方言之所域矣。乃客有曰：“是編以字而正音，何如因音以識字，使農工商賈按卷而稽，無事載酒問字之勞乎?”予喜其見解之闢，輯成一編，以五十字母為經，以十五音為緯，以四聲為梳櫛。俗字土音，皆載其中，以便村塾事物什器之便。悉用泉音，不能達之外郡，固不免貽大方之誚也。藏之家塾為手姓之用。親友見之，以為有裨於初學不淺，慫恿付梓，以公同人。餘不能辭，爰綴數言，而陳其例于左。

黃謙的“自序”是我們瞭解其所撰的《彙音妙悟》的最好材料。首先，我們可以瞭解到黃謙有很深厚的音韻學功底，並有相當熟悉閩南方音的特點，如無輕唇、正齒、撮口之音；其次，提供了已經亡佚方言學著作、富知園先生所輯的《閩音必辨》一書；再次，簡介《彙音妙悟》的編撰形式，即“以五十字母為經，以十五音為緯，以四聲為梳櫛”，並兼記載一些“俗字土音”。序之後有“例言”云：

> 一反切之法，先讀熟五十字母十五音，然後看某聲在何字母，以十五音切之，呼以平仄四聲，如律字是入聲，其平聲在倫字，倫與春同韻，屬春字字母，切以十五音，在柳字管下，然後呼以四聲而律字得矣。餘類倣此。
>
> 一是編欲便末學，故悉用泉音，不復例。官韻如一東之東與七陽之當同一字母。
>
> 一有音有字者，固不憚搜羅；即有音無字者，亦以土音俗解增入為末學計也。高明之士，固無藉資於是。一八音中有聲無字者，置空圈；有聲多字寡者，以黑線為界。
>
> 一字類因字尋音，是編因音尋字，隨字注解，一覽瞭然。雖粗識字義者，亦為有用，即以當一小本字類補，無不可也。

這段話有幾層含義：一是如何掌握反切法來使用《彙音妙悟》中五十字母、十五音和平仄四聲；二是指明該韻書所反映的是泉州音，與官韻是有區別的；三是該韻書中收了“有音有字者”和“有音無字者”兩種；四是該韻書可以“因字尋音”“因音尋字”，使用起來十分方便。

據筆者所知，《彙音妙悟》自刊行以來，由於頗受歡迎，因此屢經翻版再印。目前已知版本有下列數種：清嘉慶五年（1800）刻本，熏園藏版，二卷；清光緒二十年（1894）刻本，文德堂梓行；清光緒二十九年（1903）刻本，集新堂藏版；清光緒三十年（1904）石印本，廈文書局；清光緒三十一年（1905）石印本二種，上海源文書局及廈門會文書莊；民國八年（1919）石印本，泉州郁文堂書坊。

我們目前採用的《彙音妙悟》版本是光緒甲午年孟春重鐫的文德堂梓行版，全稱《增補彙音妙悟》，桐城黃澹川鑒定和清光緒三十年

(1904) 石印本，廈文書局；清光緒三十一年（1905）石印本二種，上海源文書局及廈門會文書莊等進行校證。

一 《彙音妙悟》聲母系統研究

《彙音妙悟》"十五音念法"：柳䆀。邊盆。求君。氣昆。地敦。普奔。他吞。爭尊。入朐。時孫。英溫。文顒。語穏。出春。喜分。柳獜。邊彬。求巾。氣炊。地珍。普信㕵。他狆。爭真。入仁。時新。英因。文閔。語銀。出親。喜欣。

《彙音妙悟》"十五音"，即柳邊求氣地普他爭入時英文語出喜，模仿了《戚林八音合訂本》(1749)，即《戚參軍八音字義便覽》（約 16 世紀末 17 世紀初）和《太史林碧山先生珠玉同聲》（17 世紀末）的合訂本。現將兩種韻書"十五音"比較如下：

戚參軍本	柳	邊	求	氣	低	波	他	曾	日	時	鶯	蒙	語	出	非
彙音妙悟	柳	邊	求	氣	地	普	他	爭	入	時	英	文	語	出	喜

《彙音妙悟》"十五音"與《戚參軍八音字義便覽》"十五音"字面上相同者有八個字，即柳邊求氣他時語出，字面上不同者七個，即"地普爭入英文喜"。

現將《彙音妙悟》"十五音"與現代泉州地區的方言聲母系統比較如下：

彙音妙悟	柳	邊	求	氣	地	普	他	爭	入	時	英	文	語	出	喜
鯉城話	l/n	p	k	k‘	t	p‘	t‘	ts	l	s	ø	b/m	g/ŋ	ts‘	h
晉江話	l/n	p	k	k‘	t	p‘	t‘	ts	l	s	ø	b/m	g/ŋ	ts‘	h
南安話	l/n	p	k	k‘	t	p‘	t‘	ts	l	s	ø	b/m	g/ŋ	ts‘	h
安溪話	l/n	p	k	k‘	t	p‘	t‘	ts	l	s	ø	b/m	g/ŋ	ts‘	h
惠安話	l/n	p	k	k‘	t	p‘	t‘	ts	l	s	ø	b/m	g/ŋ	ts‘	h
永春話	l/n	p	k	k‘	t	p‘	t‘	ts	dz	s	ø	b/m	g/ŋ	ts‘	h
德化話	l/n	p	k	k‘	t	p‘	t‘	ts	l	s	ø	b/m	g/ŋ	ts‘	h

柳、文、語三個字母，在非鼻化韻母之前讀作濁音聲母［l－、b－、g－］；在鼻化韻母之前讀作鼻音聲母［n－、m－、ŋ－］。所以柳［l/n］、文［b/m］、語［g/ŋ］是在不同語音條件下所構擬的音值。至於入母，英国传教士杜嘉德在《廈英大辭典》擬音為 j，可读作［dz］而现在的泉州方言惟独永春方言保留［dz］的读法。因此，《彙音妙悟》聲母系統的音值如下表：

十五音	韻字	十五音	韻字	十五音	韻字	十五音	韻字	十五音	韻字
柳［l/n］	礳獜	邊［p］	盆彬	求［k］	君巾	氣［k‘］	昆炊	地［t］	敦珍
普［p‘］	奔信旉	他［t‘］	吞狆	爭［ts］	尊真	入［dz］	胸仁	時［s］	孫新
英［ø］	溫因	文［b/m］	顒閔	語［g/ŋ］	穏銀	出［ts‘］	春親	喜［h］	分欣

二　《彙音妙悟》韻母系統研究

1.《彙音妙悟》“五十字母”

《戚參軍八音字義便覽》用三十六字編成句子表示韻母：“春花香，秋山開。嘉賓歡歌須金杯，孤燈光輝燒銀缸。之東郊，過西橋。雞聲催初天，奇梅歪遮溝”，其中“金”與“賓”、“梅”與“杯”、“遮”與“奇”同，所以，實有三十三個韻母。《彙音妙悟》有“五十字母”，有部分字母字與《戚林八音》相同。

戚參軍本	春	燒	輝	花	香	歡	歌	○	杯	○
彙音妙悟	春	朝	飛	花	香	歡	高	卿	杯	商
戚參軍本	缸	郊	開	須	孤	嘉	賓	○	奇	銀
彙音妙悟	東	郊	開	居	珠	嘉	賓	莪	嗟	恩
戚參軍本	西	天	○	秋	○	東	○	山	○	溝
彙音妙悟	西	軒	三	秋	箴	江	關	丹	金	鉤
戚參軍本	○	歪	○	○	燈	之	○	○	○	○
彙音妙悟	川	乖	兼	管	生	基	貓	刀	科	梅
戚參軍本	聲	雞	○	○	橋	光	○	○	○	○
彙音妙悟	京	雞	毛	青	燒	風	箱	弎	熋	嘐
戚參軍本	初	催	過	○						
彙音妙悟	○	○	○	○						

由上表可見，《彙音妙悟》有部分字母字與《戚林八音》相同，尤其與《戚參軍八音字義便覽》字面相同者更多一些，與《太史林碧山先生珠玉同聲》相同則少一些。

《彙音妙悟》正文之前有《字母法式》：

春蠢上平	朝地喬切	飛惠上平	花呼瓜切	香向上平
歡土解～喜	高古上平	卿苦京切	杯背上平	商信香切
東卓上平	郊姣上平	開去哀切	居巨上平	珠主上平
嘉古查切	賓擯上平	莪我平聲	嗟者上平	恩於筋切
西勢上平	軒現上平	三先甘切	秋此周切	箴子欣切
江講上平	關土解～門	丹旦上平	金耿心切	鉤苟上平
川七宣切	乖拐上平	兼急占切	管漳腔	生索上平
基共知切	貓土解捕鼠也	刀俗解槍～	科土解～場	梅俗解青梅
京土解～城	雞俗解～犬	毛俗解頭～	青～草	燒俗解火燒
風～雨～云	箱俗解～籠	弎俗解數名	箴乃上平	嘐有音無字

上表可見，字母法式有五種類型：

（1）直音上平法，即指聲母和韻母相同、聲調不同而特指應讀上平聲的字。如“春蠢上平”“飛惠上平”“香向上平”“高古上平”“杯背上平”“東卓上平”“郊姣上平”“居巨上平”“珠主上平”“賓擯上平”“莪我平聲”“嗟者上平”“西勢上平”“軒現上平”“江講上平”“丹旦上平”“鉤苟上平”“乖拐上平”“生上平”“箴乃上平”。

（2）反切法，即指以兩個字拼讀一個字的讀音，上字取聲母，下字取韻母。如“朝地喬切”“花呼瓜切”“卿苦京切”“商信香切”“開去哀切”“嘉古查切”“恩於筋切”“三先甘切”“秋此周切”“箴子欣切”“金耿心切”“川七宣切”“兼急占切”“基共知切”。

（3）土解法，即指泉州方言土語的讀法；如“歡土解～喜”“關土解～門”“貓土解捕鼠也”“科土解～場”“京土解～城”。

（4）俗解法，即指泉州方言通俗的讀法，“刀俗解槍～”“梅俗解青梅”“雞俗解～犬”“燒俗解火燒”“箱俗解～籠”“弎俗解數名”。

（5）說明法，即指對少數字母所作的說明，如“管漳腔”，表示該韻屬漳州腔而不屬泉州腔，“嘐有音無字”，表示該韻屬有音無字的韻部。

2. 韻部系統的歷時比較及其音值構擬

要考證《彙音妙悟》韻部系統的音值，必須運用歷史比較法，將其50個韻部與現代泉州地區各個縣市的方言進行歷史地比較，才能得出比較可靠的結論。我們設計了五個“方言比較表”。

【方言比較表】一

	彙音妙悟	鯉城區	晉江市	南安縣	安溪縣	惠安縣	永春縣	德化縣
1	春	春 ts‘un¹	春 ts‘un¹	春 ts‘un¹	春 ts‘un¹	春 ts‘un¹	春 ts‘un¹	春 ts‘un¹
2	朝	朝 tiau⁵	朝 tiau⁵	朝 tiau⁵	朝 tiau⁵	朝 tiau⁵	朝 tiau⁵	朝 tiau⁵
3	飛	飛 hui¹	飛 hui¹	飛 hui¹	飛 hui¹	飛 hui¹	飛 hui¹	飛 hui¹
4	花	花 hua¹	花 hua¹	花 hua¹	花 hua¹	花 hua¹	花 hua¹	花 hua¹
5	香	香 hiɔŋ¹	香 hiɔŋ¹	香 hiɔŋ¹	香 hiɔŋ¹	香 hiɔŋ¹	香 hiɔŋ¹	香 hiɔŋ¹
6	歡	歡 huã¹	歡 huã¹	歡 huã¹	歡 huã¹	歡 huã¹	歡 huã¹	歡 huã¹
7	高	高 kɔ¹	高 kɔ¹	高 kɔ¹	高 kɔ¹	高 kɔ¹	高 kɔ¹	高 kɔ¹
8	卿	卿 k‘iŋ¹	卿 k‘iŋ¹	卿 k‘iŋ¹	卿 k‘iŋ¹	卿 eŋ¹	卿 k‘iŋ¹	卿 k‘iŋ¹
9	杯	杯 pue¹	杯 pue¹	杯 pue¹	杯 pue¹	杯 pue¹	杯 pue¹	杯 pue¹
10	商	涼 liaŋ⁵	涼 liaŋ⁵	亮 liaŋ⁷	亮 liaŋ⁷	亮 liaŋ⁷	亮 liaŋ⁷	涼 liaŋ⁵

從上表可見，《彙音妙悟》“春、朝、飛、花、香、歡、高、卿、杯、商”諸韻在泉州各個縣市方言中的各自讀音基本上是一致的，惟獨惠安方言“卿”韻讀作［eŋ］。此外，“商”本字在泉州各個縣市方言中均不讀［iɔŋ］，而且本韻中也不收“商”字，但韻中其他韻字是有讀［iaŋ］的。以上十韻中“朝、花、香、歡、高、杯、商”諸韻，洪惟仁（1996）、姚榮松（1988）、陳永寶（1987）、樋口靖（1983）、黃典誠（1983）、王育德（1970）均擬音為“朝［iau］、花［ua］、香［iɔŋ］、歡［uã］、高［ɔ］、杯［ue］、商［iaŋ］”；王育德（1970）“春”“飛”二韻分別擬音為［uɨn］和［uɨi］，其餘各家均擬音為［un］和［ui］；洪惟仁（1996）、王育德（1970）“卿”韻擬音為［iɨŋ］，其餘各家均擬音為［iŋ］。我們參考各家的擬音及泉州各縣市方言的情況，將以上十韻分別擬測如下：

1. 春［un/ut］	2. 朝［iau/iauʔ］	3. 飛［ui/uiʔ］	4. 花［ua/uaʔ］	5. 香［iɔŋ/iɔŋ］
6. 歡［uã/uãʔ］	7. 高［ɔ/ɔʔ］	8. 卿［iŋ/ik］	9. 杯［ue/ueʔ］	10. 商［iaŋ/iak］

【方言比較表】二

	彙音妙悟	鯉城區	晉江市	南安縣	安溪縣	惠安縣	永春縣	德化縣
11	東	東 tɔŋ¹	東 tɔŋ¹	東 tɔŋ¹	東 tɔŋ¹	東 tɔŋ¹	東 tɔŋ¹	東 tɔŋ¹
12	郊	郊 kau¹	郊 kau¹	郊 kau¹	交 kau¹	交 kau¹	郊 kau¹	交 kau¹
13	開	開 k'ai¹	開 k'ai¹	開 k'ai¹	開 k'ai¹	開 k'ai¹	開 k'ai¹	開 k'ai¹
14	居	居 kɯ¹	居 ki¹	居 kɯ¹	居 kɯ¹	居 kɯ¹	居 kɯ¹	居 kɯ¹
15	珠	珠 tsu¹	珠 tsu¹	珠 tsu¹	珠 tsu¹	珠 tsu¹	珠 tsu¹	府 hu²
16	嘉	嘉 ka¹	嘉 ka¹	嘉 ka¹	加 ka¹	加 ka¹	佳 ka¹	加 ka¹
17	賓	賓 pin¹	賓 pin¹	賓 pin¹	賓 pin¹	賓 pen¹	賓 pin¹	因 in¹
18	莪	我 gɔ̃²	莪 gɔ̃⁵	莪 gɔ̃⁵	魯 lɔ̃²	我 gɔ̃²	我 gɔ̃²	我 gɔ̃²
19	嗟	嗟 tsia¹	嗟 tsia¹	嗟 tsia¹	遮 tsia¹	遮 tsia¹	遮 tsia¹	爺 ia⁵
20	恩	恩 un¹	恩 un¹	恩 ən¹	恩 un¹	恩 ən¹	恩 ən¹	恩 ən¹

從上表可見，《彙音妙悟》“東、郊、開、居、珠、嘉、賓、莪、嗟、恩”諸韻在泉州各個縣市方言中的各自讀音基本上是一致的，惟獨“居”“恩”“賓”三韻讀音有分歧：(1) 因晉江方言無［ɯ］韻，故“居”韻讀作［i］而不讀作［ɯ］，其餘方言均有［ɯ］韻；(2) 惟獨惠安話“賓”韻獨作［en］外，泉州其餘方言均讀作［in］；(3)“恩”韻與“春”韻是對立的，既然“春”韻擬音作［un］，那麼“恩”韻則根據南安、惠安、永春和德化方言擬音為［ən］。以上十韻中“東、郊、開、嘉、莪、嗟”諸韻，洪惟仁（1996）、姚榮松（1988）、陳永寶（1987）、樋口靖（1983）、黃典誠（1983）、王育德（1970）均擬音為“11. 東［ɔŋ］、12. 郊［au］、13. 開［ai］、16. 嘉［a］、18. 莪［ɔ̃］、19. 嗟［ia］”；姚榮松（1988）、黃典誠（1983）“居”韻擬音為［ɯ］，洪惟仁（1996）、王育德（1970）“居”韻擬音為［ɨ］，陳永寶（1987）、樋口靖（1983）“居”韻擬音為［ï］；王育德（1970）“珠”韻擬音為［uɨ］，其餘各家均擬音為［u］；洪惟仁（1996）、王育德（1970）“賓”韻擬音為［iɨn］，其餘各家均擬音為［in］；洪惟仁（1996）、王育德（1970）“恩”韻擬音為［ɨn］，姚榮松（1988）、黃典誠（1983）擬音為［ɤn］，陳永寶（1987）擬音為［un］，樋口靖（1983）擬音為［ən］。我們參考各家

的擬音及泉州各縣市方言的情況，將以上十韻分別擬測如下：

11. 東［ɔŋ/ɔk］	12. 郊［au/auʔ］	13. 開［ai/aiʔ］	14. 居［ɯ］	15. 珠［u/uʔ］
16. ［a/aʔ］	18. 莪［ɔ̃］	17 賓［in/it］	19. 嗟［ia/iaʔ］	20. 恩［ən/ət］

【方言比較表】三

	彙音妙悟	鯉城區	晉江市	南安縣	安溪縣	惠安縣	永春縣	德化縣
21	西	西 se^1	西 se^1	西 se^1	西 se^1	西 se^1	西 se^1	帝 te^3
22	軒	軒 $hian^1$	軒 $hian^1$	軒 $hian^1$	掀 $hian^1$	軒 hen^1	掀 $hian^1$	沿 ian^5
23	三	三 sam^1	三 sam^1	三 sam^1	杉 sam^1	杉 sam^1	杉 sam^1	暗 am^3
24	秋	秋 ts‘iu[1]	秋 ts‘iu[1]	秋 ts‘iu[1]	秋 ts‘iu[1]	秋 ts‘iu[1]	秋 ts‘iu[1]	丟 tiu^1
25	箴	箴 tsəm[1]	箴 tsəm[1]	箴 tsəm[1]	箴 tsəm[1]	針 $tsem^1$	箴 tsəm[1]	森 səm[1]
26	江	江 kaŋ[1]	江 kaŋ[1]	江 kaŋ[1]	工 kaŋ[1]	工 kaŋ[1]	江 kaŋ[1]	江 kaŋ[1]
27	關	關 ku ĩ[1]	關 ku ĩ[1]	關 ku ĩ[1]	關 ku ĩ[1]	關 ku ĩ[1]	關 ku ĩ[1]	關 ku ĩ[1]
28	丹	丹 tan^1	丹 tan^1	丹 tan^1	單 tan^1	丹 tan^1	丹 tan^1	安 an^1
29	金	金 kim^1	金 kim^1	金 kim^1	今 kim^1	金 kem^1	今 kim^1	金 kim^1
30	鉤	鉤 kau^1	鉤 kau^1	鉤 kau^1	鉤 kau^1	鉤 kau^1	鉤 kau^1	拗 au^2

從上表可見，《彙音妙悟》“西、軒、三、秋、箴、江、關、丹、金、鉤”諸韻在泉州各個縣市方言中的各自讀音基本上是一致的，惟獨“軒”“箴”“金”和“鉤”四韻的擬音值得探討：（1）“軒”韻除惠安話讀作［en］外，其餘方言均讀作［ian］；（2）“箴”韻惠安方言讀作［em］，其餘方言均讀作［əm］；（3）“關”韻和“管”韻是對立的，我們把“管”韻擬音為［uḭ̃］，那麼“關”韻則擬音為［uãi］；（4）“金”韻惠安方言讀作［em］，其餘方言均讀作［əm］；（5）《彙音妙悟》“鉤”韻和“郊”韻是對立的，但泉州各縣市方言均讀作［au］，我們把“郊”韻擬音為［au］，“鉤”韻就擬音為［əu］。黃典誠指出：“《彙音》‘鉤’［əu］，今存於永春、德化一帶，泉州梨園戲師承唱念猶存此音，社會已併入‘燒’［io］韻。”①

① 黃典誠：《泉州〈彙音妙悟〉述評》，載《黃典誠語言學論文集》，廈門大學出版社 2003 年版。

以上十韻中“西、軒、三、江、丹”諸韻，洪惟仁（1996）、姚榮松（1988）、陳永寶（1987）、樋口靖（1983）、黃典誠（1983）、王育德（1970）均擬音為“21. 西［e］、22. 軒［ian］、23. 三［am］、26. 江［aŋ］、28. 丹［an］”；洪惟仁（1996）、王育德（1970）“秋”韻擬音為［iɨu］；洪惟仁（1996）“箴”韻擬音為［ɨm］，姚榮松（1988）、黃典誠（1983）擬音為［ɤm］，陳永寶（1987）、王育德（1970）擬音為［ɔm］，樋口靖（1983）擬音為［əm］；洪惟仁（1996）“關”韻擬音為［uɨ ĩ］，姚榮松（1988）、陳永寶（1987）、樋口靖（1983）擬音為［u ĩ］，黃典誠（1983）擬音為［uãi］，王育德（1970）擬音為［ə ĩ］；洪惟仁（1996）、王育德（1970）“金”韻擬音為［iɨm］，其餘各家均擬音為［im］；洪惟仁（1996）、樋口靖（1983）“鉤”韻擬音為［əu］，姚榮松（1988）、黃典誠（1983）擬音為［ɤu］，陳永寶（1987）擬音為［ɔ］，王育德（1970）擬音為［eu］。我們參考各家的擬音及泉州各縣市方言的情況，將以上十韻分別擬測如下：

21. 西［e/eʔ］	22. 軒［ian/iat］	23. 三［am/ap］	24. 秋［iu/iuʔ］	25. 箴［əm/əp］
26. 江［aŋ/ak］	27. 關［uãi］	28. 丹［an/at］	29. 金［im/ip］	30. 鉤［əu］

【方言比較表】四

	彙音妙悟	鯉城區	晉江市	南安縣	安溪縣	惠安縣	永春縣	德化縣
31	川	川 ts‘uan1	川 ts‘uan1	川 ts‘uan1	喘 ts‘uan2	喘 ts‘uan2	川 ts‘uan1	彎 uan1
32	乖	乖 kuai1	乖 kuai1	乖 kuai1	乖 kuai1	乖 kuai1	乖 kuai1	乖 kuai1
33	兼	兼 kiam1	兼 kiam1	兼 kiam1	兼 kiam1	兼 kem1	兼 kiam1	鹽 iam5
34	管	《彙音妙悟》注“漳腔”，無字。						
35	生	生 siŋ1	生 siŋ1	生 səŋ1	生 siŋ1	生 seŋ1	生 siŋ1	英 iŋ1
36	基	基 ki1	基 ki1	基 ki1	基 ki1	基 ki1	基 ki1	機 ki1
37	貓	貓 niãu1	貓 niãu1	貓 niãu1	貓 niãu1	貓 niãu1	貓 niãu1	貓 niãu1
38	刀	刀 to1	刀 to1	刀 to1	刀 to1	刀 to1	刀 to1	哥 ko1
39	科	科 k‘ə1	科 k‘o1	科 k‘ə1	科 k‘ə1	科 k‘ə1	科 k‘ə1	鍋 kə1
40	梅	梅 m5	梅 m5	梅 m5	姆 m2	姆 m2	姆 m2	姆 m2

從上表可見，《彙音妙悟》“川、乖、兼、管、生、基、貓、刀、科、梅”諸韻除了“官”韻注“漳腔”，其餘方言在泉州各個縣市方言中的各自讀音基本上是一致的。其中“兼”“生”和“科”三韻值得探討：（1）“兼”韻惟獨惠安話讀作［em］，其餘方言均讀作［iam］；（2）“生”韻惟獨南安話讀作［əŋ］、惠安話讀作［eŋ］外，其餘方言均讀作［iŋ］；（3）“科”韻惟獨晉江話讀作［o］，其餘方言均讀作［ə］。“生”韻與“卿”韻是對立的，既然“卿”韻擬音作［iŋ］，那麼“生”韻只能根據南安方言擬音為［əŋ］。

以上十韻中“川、乖、兼、貓、刀、科、梅”諸韻，洪惟仁（1996）、姚榮松（1988）、陳永寶（1987）、樋口靖（1983）、黃典誠（1983）、王育德（1970）均擬音為“31. 川［uan］、32. 乖［uai］、33. 兼［iam］、37. 貓［iãu］、38. 刀［o］、39. 科［ə］、40. 梅［m］”。洪惟仁（1996）、黃典誠（1983）“管”韻擬音為［u ĩ］，姚榮松（1988）擬音為［ua ĩ］，陳永寶（1987）擬音為［ŋ］，王育德（1970）擬音為［uɨ ĩ］；洪惟仁（1996）“生”韻擬音為［ɨŋ］，姚榮松（1988）、黃典誠（1983）擬音為［ɤŋ］，陳永寶（1987）擬音為［iŋ］，樋口靖（1983）、王育德（1970）擬音為［əŋ］；王育德（1970）“基”韻擬音為［ɨi］。我們參考各家的擬音及泉州各縣市方言的情況，將以上十韻分別擬測如下：

31. 川［uan/uat］	32. 乖［uai/uaiʔ］	33. 兼［iam/iap］	34. 管［u ĩ］	35. 生［əŋ/ək］
36. 基［i/iʔ］	37. 貓［iãu］	38. 刀［o/oʔ］	39. 科［ə/əʔ］	40. 梅［m］

【方言比較表】五

	彙音妙悟	鯉城區	晉江市	南安縣	安溪縣	惠安縣	永春縣	德化縣
41	京	京 kiã^{1}	京 kiã^{1}	京 kiã^{1}	京 kiã^{1}	京 kiã^{1}	京 kiã^{1}	件 kiã^{7}
42	雞	雞 ke^{1}/kue^{1}	雞 ke^{1}/kue^{1}	雞 ke^{1}/kue^{1}	雞 kue^{1}	雞 kue^{1}	雞 kue^{1}	雞 kue^{1}
43	毛	毛 mŋ^{5}	毛 mŋ^{5}	毛 mŋ^{5}	毛 mŋ^{5}	毛 mŋ^{5}	毛 mŋ^{5}	毛 mŋ^{5}
44	青	青 ts‘ ĩ^{1}	青 ts‘ ĩ^{1}	青 ts‘ ĩ^{1}	星 ts‘ ĩ^{1}	星 ts‘ ĩ^{1}	星 ts‘ ĩ^{1}	年 n ĩ^{5}
45	燒	燒 sio^{1}	燒 sio^{1}	燒 sio^{1}	燒 sio^{1}	燒 sio^{1}	燒 sio^{1}	椒 tsio^{1}

续表

	彙音妙悟	鯉城區	晉江市	南安縣	安溪縣	惠安縣	永春縣	德化縣
46	風	風 huaŋ¹	風 huaŋ¹	風 huaŋ¹	風 huaŋ¹	風 huaŋ¹	風 huaŋ¹	風 huaŋ¹
47	箱	箱 si ũ¹	箱 si ũ¹	箱 si ũ¹	薑 kiV¹	薑 ki ũ¹	薑 ki ũ¹	鄉 hi ũ¹
48	弎	三 sã¹	三 sã¹	三 sã¹	衫 sã¹	衫 sã¹	三 sã¹	藍 nã⁵
49	熋	乃 nãi¹	乃 nãi¹	乃 nãi¹	哼 hãi¹	乃 nãi¹	乃 nãi¹	乃 nãi¹
50	嘐	嘐 hãu²	腦 nãu²	腦 nãu²	腦 nãu²	——	貓 mãu¹	敲 k'ãu¹

從上表可見，《彙音妙悟》"京、雞、毛、青、燒、風、箱、弎、熋、嘐"諸韻除了"雞"韻外，其餘方言在泉州各個縣市方言中的各自讀音基本上是一致的。鯉城區、晉江、南安方言"雞"韻有［e］、［ue］二讀，安溪、惠安、永春、德化方言只有［ue］一讀，而"雞"韻與"西""杯"二韻是對立的，既然"西"韻擬音作［e］，"杯"韻擬為［ue］，那麼，我們就將"雞"韻擬為［əe］。

以上十韻中"京、燒、風、弎、熋、嘐"諸韻，洪惟仁（1996）、姚榮松（1988）、陳永寶（1987）、樋口靖（1983）、黃典誠（1983）、王育德（1970）均擬音為"41. 京［iã］、45. 燒［io］、46. 風［uaŋ］、48. 弎［ã］、49. 熋［ãi］、50. 嘐［ãu］"。洪惟仁（1996）"雞"韻擬音為［əe］，姚榮松（1988）擬音為［ɤi］，陳永寶（1987）擬音為［ue］，樋口靖（1983）、王育德（1970）擬音為［əi］，黃典誠（1983）擬音為［ɯe］；王育德（1970）"毛""青"二韻分別擬音為［ɨŋ］和［ĩɨ］，其餘各家均擬音為［ŋ］和［ĩ］；姚榮松（1988）"箱"擬音為［i ɔ̃］，王育德（1970）擬音為［iɨũ］，其餘各家均擬音為［iũ］。我們參考各家的擬音及泉州各縣市方言的情況，將以上十韻分別擬測如下：

41. 京［iã /iãʔ］	42. 雞［əe/əeʔ］	43. 毛［ŋ/ŋʔ］	44. 青［ĩ/ ĩʔ］	45. 燒［io/ioʔ］
46. 風［uaŋ/uak］	47. 箱［i ũ/i ũʔ］	48. 弎［ã/ãʔ］	49. 熋［ãi/ãiʔ］	50. 嘐［ãu］

現將現代八位《彙音妙悟》研究專家的擬音情況清單說明如下：

《彙音妙悟》各家擬音對照表①

年份	1970	1983	1983	1983	1987	1988	1996	2004
专家	王育德	黃典誠	王爾康	樋口靖	陳永寶	姚榮松	洪惟仁	馬重奇
1. 春	uɨn	un	un	un	un	un	un	un/ut
2. 朝	iau	iau	iau	iau	iau	iau	iau	iau
3. 飛	uɨi	ui	ui	ui	ui	ui	ui	ui
4. 花	ua	ua	ua	ua	ua	ua	ua	ua
5. 香	iɔŋ	iɔŋ	iɔŋ	iɔŋ	iɔŋ	iɔŋ	iɔŋ	iɔŋ
6. 歡	uaN	uaN	uaN	uaN	uaN	uaN	uaN	uaN
7. 高	ɔ	ɔ	ɔ	ɔ	ɔ（o）	ɔ	ɔ	ɔ
8. 卿	iɨŋ	iŋ	iŋ	iŋ	iŋ	iŋ	iɨŋ	iŋ
9. 杯	ue	ue	ue	ue	ue	ue	ue	ue
10. 商	iang	iang	iang	iang	iang	iang	iang	iang
11. 東	ɔng	? ɔng	ɔng	ɔng	ɔng	? ɔng	ɔng	ɔng
12. 郊	au	au	au	au	au	au	au	au
13. 開	ai	ai	ai	ai	ai	ai	ai	ai
14. 居	ɨ	ɯ	ɯ	ï	ï	ɯ	ɨ	ɯ
15. 珠	uɨ	u	u	u	u	u	u	u
16. 嘉	a	a	a	a	a	a	a	a
17. 賓	iɨn	in/it	in/it	in/it	in/it	in/it	iɨn	in/it
18. 莪	ɔN	ɔN	ɔN	ɔN	ɔN	ɔN	ɔN	ɔN
19. 嗟	ia	ia	ia	ia	ia	ia	ia	ia
20. 恩	ɨn	rn	rn	ən	un	rn	ɨn	ən
21. 西	e	e	e	e	e	e	e	e
22. 軒	ian/iat	ian/iat	ian/iat	ian/iat	ian/iat	ian/iat	ian/iat	ian/iat
23. 三	am	am	am	am	am	am	am	am
24. 秋	iɨu	iiu	iiu	iiu	iiu	iiu	iɨu	iu
25. 箴	ɔm	rm	rm	əm	ɔm	rm	ɨm	əm
26. 江	ang	ang	ang	ang	ang	ang	ang	ang
27. 關	əiN	uaiN	uaiN	uiN	uiN	uiN	uɨi	uaiN

① 參考洪惟仁《〈彙音妙悟〉與古代泉州音》，文史哲出版社有限公司1996年版，第78—79頁。

续表

年份	1970	1983	1983	1983	1987	1988	1996	2004
专家	王育德	黃典誠	王爾康	樋口靖	陳永寶	姚榮松	洪惟仁	馬重奇
28. 丹	an	an	an	an	an	an	an	an
29. 金	iɨm	im	im	im	im	im	iɨm	im
30. 鉤	eu	ru	ru	əu	əu	ru	əu	əu
31. 川	uan	uan	uan	uan	uan	uan	uan	uan
32. 乖	uai	uai	uai	uai	uai	uai	uai	uai
33. 兼	iam	iam	iam	iam	iam	iam	iam	iam
34. 管	uɨN	uiN	uiN	uiN	Ng	uaiN	uiN	uiN
35. 生	əng	rng	rng	əng	ing	rng	ɨng	əng
36. 基	ɨi	i	i	i	i	i	i	i
37. 貓	iauN	iauN	iauN	iauN	iauN	iauN	iauN	iauN
38. 刀	o	o	o	o	o	o	o	o
39. 科	ə	r	r	ə	ə	r	ə	ə
40. 梅	m	m	m	m	m	m	m	m
41. 京	iaN	iaN	iaN	iaN	iaN	iaN	iaN	iaN
42. 雞	əi	ɯe	re	əi	ue	ri	əe	əe
43. 毛	ɨng	ng	ng	ng	ng	ng	ng	ng
44. 青	iɨN	iN	iN	iN	iN	iN	iN	iN
45. 燒	io	io	io	io	io	io	io	io
46. 風	uang	uang	uang	uang	uang	uang	uang	uang
47. 箱	iɨuN	iuN	iuN	iuN	iuN	iuN	iɔN	iuN
48. 弎	aN	aN	aN	aN	aN	aN	aN	aN
49. 熋	aiN	aiN	aiN	aiN	aiN	aiN	aiN	aiN
50. 嘐	auN	auN	auN	auN	auN	auN	auN	auN

《彙音妙悟》五十個韻部中“春、朝、飛、花、香、歡、高、東、郊、開、珠、嘉、賓、莪、嗟、三、秋、江、關、丹、川、乖、基、貓、刀、梅、京、毛、青、燒、風、箱、弎、熋、嘐”等三十五個韻在泉州各個縣市方言中的各自讀音基本上是一致的。有爭議的韻部主要有：“卿、居、恩、杯、賓、西、軒、箴、金、鉤、兼、生、科、雞”等十四個韻。

通過上表比較，我們發現：《彙音妙悟》五十個韻部中最能反映泉州方音特點的韻部是“居［ɯ］、恩［ən］、箴［əm］、鉤［əu］、生［əŋ］、科［ə］、雞［əe］”。其中鉤［əu］與郊［au］、雞［əe］與杯［ue］在現代泉州方言中很難加以區別，其餘五個韻部則反映了泉州各縣市方言的語音特點：

（1）居［ɯ］：《彙音妙悟》有居［ɯ］、珠［u］、基［i］三韻的對立，除了晉江話無居［ɯ］韻外，三韻的對立反映了鯉城、南安、安溪、惠安、永春、德化方言的語音特點。

（2）恩［ən］：《彙音妙悟》有恩［ən］與賓［in］的對立，惟獨鯉城區、晉江話、安溪話無此恩［ən］，而南安、惠安、永春、德化方言均有［ən］韻，存在［ən］與［in］的對立。因此，恩［ən］與賓［in］的對立，反映了南安、惠安、永春、德化的方音特點。

（3）箴［əm］：泉州各個縣市均有箴［əm］韻，惟獨惠安話無此韻，反映了鯉城、晉江、南安、安溪、永春、德化等地的方音特點。

（4）鉤［əu］：根據黄典誠考證認為，“《匯音》鉤［əu］①，今存於永春、德化一帶，泉州梨園戲師承唱念猶存此音。”

（5）生［əŋ］：惟獨南安話有生［əŋ］韻，泉州其餘縣市均無此韻，反映了南安的方音特點。

（6）科［ə］：惟獨晉江話無科［ə］韻，泉州其餘縣市均有此韻，反映了鯉城、南安、安溪、惠安、永春、德化等地的方音特點。

（7）雞［əe］：此韻與杯［ue］韻在現代泉州方言中很難加以區別，舊時梨園戲、南音還唱“雞”為［əe］音。

“居［ɯ］、恩［ən］、箴［əm］、生［əŋ］、科［ə］”五個韻部俱全者，只有南安話；具有居、恩、箴、科四個韻部者，只有永春話；具有“居、箴、科”三個韻部者，除了鯉城區、安溪話外，惠安話也有三個韻部（居、恩、科）；唯獨晉江話只有一個韻部（箴）。因此，我們認為，《彙音妙悟》“自序並例言”中提到所反映的是“泉音”，應該是以泉州音為主，並綜合泉州地區各方音特點編撰而成的。

根據上文的分析，現將《彙音妙悟》五十個韻部九十二個韻母擬音如下表：

① 黄典誠：《黄典誠語言學論文集》，廈門大學出版社2003年版。

1. 春［un/ut］	2. 朝［iau/iauʔ］	3. 飛［ui/uiʔ］	4. 花［ua/uaʔ］
5. 香［iɔŋ/iɔŋ］	6. 歡［uã/uãʔ］	7. 高［ɔ/ɔʔ］	8. 卿［iŋ/ik］
9. 杯［ue/ueʔ］	10. 商［iaŋ/iak］	11. 東［ɔŋ/ɔk］	12. 郊［au/auʔ］
13. 開［ai/aiʔ］	14. 居［ɯ］	15. 珠［u/uʔ］	16. ［a/aʔ］
17 賓.［in/it］	18. 莪［ɔ̃］	19. 嗟［ia/iaʔ］	20. 恩［ən/ət］
21. 西［e/eʔ］	22. 軒［ian/iat］	23. 三［am/ap］	24. 秋［iu/iuʔ］
25. 箴［əm/əp］	26. 江［aŋ/ak］	27. 關［uãi］	28. 丹［an/at］
29. 金［im/ip］	30. 鉤［əu］	31. 川［uan/uat］	32. 乖［uai/uaiʔ］
33 兼［iam/iap］	34. 管［u ĩ］	35. 生［əŋ/ək］	36. 基［i/iʔ］
37. 貓［iãu］	38. 刀［o/oʔ］	39. 科［ə/əʔ］	40. 梅［m］
41. 京［iã /iãʔ］	42. 雞［əe/əeʔ］	43. 毛［ŋ/ŋʔ］	44. 青［ĩ/ ĩʔ］
45. 燒［io/ioʔ］	46. 風［uaŋ/uak］	47. 箱［i ũ/i ũʔ］	48. 弍［ã/ãʔ］
49. 熋［ãi/ãiʔ］	50. 嘐［ãu］		

3.《彙音妙悟》各韻部語音層次分析

《彙音妙悟》屬於最早的閩南方言韻書之一，在韻書的編排上遠不如《彙集雅俗通十五音》那麼清楚，韻字歸調上那麼分明，因此有必要對其聲韻調配合進行一番梳理。《彙音妙悟》五十個韻部，除“嘐”韻之外，共四十九幅韻圖。每幅韻圖中的韻目、韻字中有著者的許多標注，如“解”“土解”“土”“土音”“土話”“俗解”“正”“漳腔”等字眼，表示四種語音層次：（1）表示泉州方言的文讀音；（2）表示泉州方言土語和泉州方言俗語的讀法；（3）表示當時的“正音”；（4）表示韻書收錄其他方音“漳腔”。以下就各韻部語音層次進行分析。

（1）春［un/ut］。此韻以文讀音為主，但夾雜少數泉州土語，如土解、土、俗解、解和其他方音：“分，土解，~物”；“涽，土，水涯”；“煙，解”；“佛，俗解，神~”；“稛，秦人語”等。前例為泉州土語，後一例為秦人語。

（2）朝［iau/iauʔ］。此韻以文讀音為主，還收有少數正音，如：“鈔，正，錢~也”；“孝，正，善事父母”。還夾雜少數泉州土解、土等土語，如：“鮡，土解，花~”；“爪，土，手~”等。

（3）飛［ui/uiʔ］。此韻以文讀音為主，還收有少數正音，如：“彼，正，那個"；"髀，正，大腿也"。還夾雜著少數泉州土解、土、解、俗解等土語，如："唾，土解，口～"；"蕤，土，花下垂貌"；"開，解，花～、～門"；"口，俗解"等。

（4）花［ua/uaʔ］。此韻以文讀音為主，但夾雜泉州土解、土話、俗解、解等土語。如："辛，土解，味～"；"砞，土話，罌～"；"續，俗解，相連接～"；"跋，解，～倒"；"蔡，解，～姓也"等。

（5）香［iɔŋ/iɔŋ］。此韻以文讀音為主，但夾雜極少數的泉州土解。如："悵，土，惆悵，失意"；"戚，土，～急也"；等。

（6）歡（解）［uã/uãʔ］。此韻以白讀音為主，基本上均注明泉州土音、解、解土話。如："灘，土音，水～"；"攔，解，～人"；"煎，解土話，用火之"；等。

（7）高［ɔ/ɔʔ］。此韻以文讀音為主，但夾雜少數的泉州解、土、土音。如："鹵，解"；"胡，土，牛頷下懸肉也"；"瑚，土音"；等。

（8）卿［iŋ/ik］。此韻以文讀音為主，但夾雜部分的泉州解、土、解土音。如："貧，解，急也"；"莖，土，草木幹也"；"柏，解土音，～珠，木名"；等。

（9）杯［ue/ueʔ］。此韻以文讀音為主，但夾雜部分的泉州土、解、土音、土羌。如："兌，土，卦名，～物"；"八，解，數名"；"批，土音，～劄"；"稗，土羌，～子"；等。

（10）商［iaŋ/iak］。此韻以文讀音為主，還記載一些正音，如"江，正"；"講，正"；等。但夾雜個別泉州土音，如："悵，土，惆～，失意"；"衷，土，中正也"；等"。

（11）東［ɔŋ/ɔk］。此韻以文讀音為主，還夾雜個別泉州正音和土音。如："末，正，木～"；"吋，土音，～耐"；等。

（12）郊［au/auʔ］。此韻以文讀音為主，還夾雜部分泉州土解、土、土音、解、土詩等土語。如："老，土解，人多歲也"；"庖，土，～廚也"；"棹，土音，般～"；"蓼，解，～花"；等。

（13）開［ai/aiʔ］。此韻以文讀音為主，還有一些正音，如"買，正，～物也"等。還夾雜著泉州土解、土、解等土語，如"殺，土解，～人"；"槩，土，平門斛也"；"知，解，曉也"；等。

（14）居［ɯ］。此韻以文讀音為主，還有少數正音，如"具，正，俱也”；還夾雜著部分泉州土解、土音、土、土音、解。如：“豬，土解，~犬”；“杼，土，機~梭也”；“鼠，土音，鳥~”；“書，解，讀~”；等。

（15）珠[u/uʔ]。此韻以文讀音為主，還夾雜著土音、土、解、土解等土語。如：“屢，土音，數也”；“具，土，備也”；“瓠，解，~靴”；“㾕，土解，豆~”；等。

（16）嘉[a/aʔ]。此韻以文讀音為主，還有少數正音，如“柞，正，~水，地名”；等。還夾雜著解、土、土解、土話、俗解等土語。如：“膋，解，脂油”；“腳，土解”；“礁，土，地名”；“甲，土解，十幹長也”；“遢，土話，~邋”；“笶，俗解，~曆”；等。

（17）賓[in/it]。此韻以文讀音為主，還有少數正音，如：“巾，正，手~紗~”；等。還夾雜著部分泉州解、土解、土、土話等土語。如：“乳，解，小兒所吸”；“篦，土解，風~”；“絹，土，繪也”；“急，土話，著~”；等。

（18）莪[ɔ̃]。此韻以白讀音為主，乃鼻化韻，如：“唾，土，口液也”。

（19）嗟［ia/iaʔ］。此韻以文讀音為主，還有一些正音，如：“家，正，室~”。還有部分泉州土解、解、土音等土語，如：“掠，土解，~人”；“壁，解，牆~”；“易，土音，~經”；等。

（20）恩[ən/ət]。此韻以文讀音為主，還有一些泉州土語。如：“巾，土，佩也頭~也”；“坤，土，幹~”；等。

（21）西[e/eʔ]。此韻以文讀音為主，還夾雜著泉州不少解、土解、土、俗解等土語。如：“伯，解，父之兄”；“鈀，土解，兵器”；“雞，土，~肉”；“父，俗解，子稱父也”；等。

（22）軒[ian/iat]。此韻以文讀音為主，還有個別正音，如：“彥，正，美士也”。還夾雜部分泉州土音，如：“絜，土，度也”；等。

（23）三[am/ap]。此韻以文讀音為主，還有個別正音，如：“擦，正，摩也”。但夾雜少數泉州解、土等土語，如：“咁，解，~乳”；“銜，土解，吊物”；“含，土，包~”；等。

（24）秋[iu/iuʔ]。此韻以文讀音為主，還有個別正音，如：“頭，正，~面”。但夾雜部分泉州土、解、土解等土語，如：“羑，土，道也"；"手，解，腳～"；"贖，土解，～田～物"；等。

(25) 箴[əm/əp]。此韻以文讀音為主，但夾雜少數泉州土音。如："昝，土，姓也"；"瘁，土，寒病"；等。

(26) 江[aŋ/ak]。此韻以文讀音為主，但還夾雜著泉州部分的解、土解、土、俗解等土語，如："籠，解，箱～"；"通，土解，相～"；"碓，土，～實堅也"；"控，俗解，破～"；等。

(27) 關[uãi]。此韻以白讀音為主，均為鼻化韻，還夾雜著少數泉州解、土解的土語。如："反，解，～正"；"畔，土解，對～"；等。

(28) 丹[an/at]。此韻以文讀音為主，還夾雜著泉州解、土解、土等土語，如："鈴，解，有聲"；"別，土解，～人"；"芟，土，刈也"；等。

(29) 金[im/ip]。此韻以文讀音為主，還夾雜著泉州土、解等土語，如："鴆，土，惡鳥"；"熊，解，獸名，～掌"；等。

(30) 鉤[əu]。此韻以文讀音為主，只夾雜少數泉州土音。如："頭，土，首也，獨也"；等。

(31) 川[uan/uat]。此韻以文讀音為主，還有少數正音，如："掘，正，～井"。還夾雜著部分泉州土語，如："伴，土，侶也，相也"；"篆，土，～刻文字"；等。

(32) 乖[uai/uaiʔ]。此韻以文讀音為主，還有個別正音，如："劃，正，割也"。

(33) 兼[iam/iap]。此韻以文讀音為主，只夾雜少數泉州土音。如："笠，土，簑～"；"鹹，土，～味"；等。

(34) 管（漳腔）[u ĩ]。此韻為漳腔，泉州腔無此韻母。

(35) 生[əŋ/ək]。此韻以文讀音為主，只夾雜少數泉州土音。如："烹，土，煮也"；等。

(36) 基[i/iʔ]。此韻以文讀音為主，還有部分正音，如："力，正，勇～也"；"必，正，期～也"；等。還夾雜著部分泉州解、土解、土等土語，如："裂，解，物也"；"接，土解，相～"；"忌，土，憚也"；"褫，土，革也"；"廿，土字，二十也"；等。

(37) 貓（土解）[iãu]。此韻均為白讀音。書中注明"土解"和"有音無字"。

(38) 刀[o/oʔ]。此韻以文讀音為主，只夾雜少數泉州土解、解、土等土語，如："荖，土解，箈～"；"落，解，花～"；"高，解，姓也"；"波，土，風～"；等。

（39）科（解）［ə/əʔ］。此韻注明"解""此音俱從俗解"，均屬白讀音。如："撚，土解，手～也"；"鰢，土，～鮫"；等。

（40）梅［m］。此韻注明"有音無字"，只有兩個字，均屬白讀音。如："姆，土音"；"不，土話，不也"。

（41）京［iã/iãʔ］。此韻注明"此一字音俱從俗解"，屬白讀音。如："掠，土音，力俗解"；"乒，土話，放～"；"颺，土解，～米"；等。

（42）雞（解）［əe/əeʔ］。此韻注明"解""此字母俱從俗解"，屬白讀音。

（43）毛（解）［ŋ/ŋʔ］。此韻注明"解""此音俱從俗解"，屬白讀音。

（44）青［ĩ/ ĩʔ］。此韻注明"此音只有耳字一聲屬土音，餘俱俗解"，屬白讀音。如："鑷，土話，捏～"；"結，土解，～石"；等。

（45）燒［io/ioʔ］。此韻注明"解""此音俱從俗解"，屬白讀音。

（46）風［uaŋ/uak］。此韻注明"此一音有聲無字"，只有五個字。"光"和"闖"應為正音，"風""放""伏""袱"均為土音。

（47）箱［iũ/iũʔ］。此韻注明"此一字俱從俗解"，屬白讀音。

（48）三［ã/ãʔ］。此韻注明"此一字母只有文語二韻從土音，餘皆俗解"，屬白讀音。

（49）熋［ãi/ãiʔ］。此韻注明"此字母只有柳字平上二聲及文字上去一聲從土音，餘俱俗解"，屬白讀音。

（50）嘐［ãu］。《彙音妙悟》一書前"字母法式"中"嘐"韻目下注："有音無字"。

綜上所述，我們發現《彙音妙悟》五十字母所屬韻圖韻目旁有以下幾種情況：

（1）韻目旁沒有任何標注，基本上以文讀音為主。如："春、朝、飛、花、香、高、卿、杯、商、東、郊、開、居、珠、嘉、賓、莪、嗟、恩、西、軒、三、秋、箴、江、關、丹、金、鉤、川、乖、兼、生、基"。但也不盡然，如"關"韻，《彙音妙悟》正文之前就有《字母法式》："關土解～門"，應屬白讀音。又如"莪"韻，屬鼻化韻，也應屬白讀音。

（2）韻目旁標注“解”“土解”“此一音俱從土解”“此音俱從俗解”“此一字音俱從俗解”，基本上是以白讀音為主。如：“解歡”“土解貓有音無字”“刀此一音俱從土解”“解科此音俱從俗解”“俗解梅有音無字”“京此一字音俱從俗解”“解雞此字母俱從俗解”“解毛此音俱從俗解”“青此音只有耳字一聲屬土音，餘俱俗解”“解燒此音俱從俗解”“風此一音又聲無字”“箱此一字俱從俗解”“三此一字母只有文語二韻從土音，餘皆俗解”“熋此字母只有柳字平上二聲及文字上去一聲從土音，餘俱俗解”。

（3）韻目旁標注“漳腔”，表示“管”韻屬漳州方音，而非泉州方音。

（4）《彙音妙悟》正文之前有《字母法式》：“嘐有音無字”，表示該韻部無韻字。

我們還注意到《彙音妙悟》各韻韻字中還標注了“土解”“土音”“俗解”“土話”“土”“解”等字眼，即使是以文讀音為主的韻部裡也出現這樣的字眼，說明文讀韻之中還夾雜著泉州的白讀音。但文白讀音雜糅程度不一，或較為嚴重，如“郊、開、嘉、嗟、西、秋、江、丹”；或較為少數，如“春、朝、飛、香、高、卿、東、居、珠、軒、三、金、鉤”。韻書中的正音也不同程度地反映出來，或基本上注明“正”音的，如“商”韻；或文讀、白讀、正音雜糅在一起，如“基”韻就是這種情況。

三 《彙音妙悟》聲調系統研究

黃謙《彙音妙悟》聲調系統分為八個調類，即上平、上上、上去、上入、下平、下上、下去、下入。前有“八音念法”：

> 春蠢寸出怍㨃寸怵　鏖碖嫩等倫惀論律　英影應益榮郢詠亦　方訪放福皇奉鳳伏

關於“去聲分上下兩類”的問題，有人認為《彙音妙悟》全書有陰去、陽去之分，純出形式上的求全，沒有實際口語的根據。也有人認為《彙音妙悟》雖號稱有八音，事實上陰去與陽去完全混淆，顯見作者分不清陰陽去，只為了湊合成八音，才勉強地劃分為陰去和陽去。我以前也持這種觀點，原因出於《彙音妙悟》前有“八音念法”，其中有“春蠢寸出㤞𤸫寸怵”一句，上去調和下去調均為“寸”字，故就認為《彙音妙悟》只有去聲調，而不分上下或陰陽。前文說過，黃謙有很深厚的音韻學功底，並又相當熟悉閩南方音的特點，絕對不可能為了湊合成八音，才勉強地劃分為陰去和陽去。最近，我在整理《彙音妙悟》時發現春韻出母上去調有“寸”字，而下去調則無“寸”字。因此，我開始對《彙音妙悟》只有“去聲調說”產生懷疑，於是，筆者重新審視《彙音妙悟》的上去調字和下去調字，做了窮盡式地整理和分析，歸納出以下三種情況：

1. “上去調”和“下去調”列字涇渭分明。例如：（1）春韻：（柳）㛱/論閏潤淪，（邊）坌坌/坌體糞，（求）睔菌/郡棍琨箟𠜾，（氣）困/睡，（地）頓/遁遯鈍，（普）噴/吩噁溢噌哜，（他）褪/瘖飩，（爭）燇/俊駿畯餕焌峻圳浚濬竣悛，（入）眴/潤閏，（時）巽鬊瞚/順遜舜蕣瞬，（英）搵韞縕/韻韵煇䡅，（文）悶紊們㝃絻/問，（语）鋆/積，（出）寸/○，（喜）衅訓分糞僨恩㦏/奮焝牮溷釁；（2）朝韻：（柳）炓炏/料嫽廖療窷尿屎獠尥，（邊）俵/裱，（求）叫/嗷𠁳轎窌獥，（氣）竅/敫撽，（地）弔吊釣/召蓧庢銚藋，（普）票/勡瞟瞟嫖，（他）眺/頫跳糶覜兆隹雃，（争）照炤釂醮/卲灂鄵誚，（入）䌘/笊，（时）笑咲/紹詔肖佋邵卲莎，（英）要窔/耀曜燿曜嬈盌，（文）玅/廟庙妙，（语）○/獟嘄澆，（出）鈔/覞俏笑誚陗，（喜）孝/鼓；（3）飛韵：（柳）累彙纇/纇類酹淚藾篇黑聿沫耒，（邊）痱/吠，（求）貴蹶癸/匱蕢季桂琫肖餽饋簣撅劸櫃鼓劊瞶，（地）懟對/隊碓墜鐓錞兌霴銳駾碌縋碓腿硾霨譈憞，（普）唾/屁，（他）退/碌，（争）悴顇贅蕞裰/萃醉誶最瘁崒惴祽，（入）芮/○，（时）歲晬璲穗稅繐璲襚/遂家燧粹睡隧㒸穟邃彗瑞檖篲，（英）穢磑/位慰尉謂壝渭熨叞薈蔚胃瞶褽尉慰薉畏罻，（文）豿/○，（语）偽/魏，（出）翠毳竁/碎倅淬橤啐脃脆口磢脺嘴，（喜）廢肺芾翽潰繢曦緯/吠諱費喙嘒芔卉剕嘒芔誨會惠蕙憓慧袚屝瞶讀茷湏恚市；（4）花韵：（柳）𩙐/賴瀨，（邊）○/簸，（求）○/卦挂蓋罣掛，（氣）䠑/跨跬𠂈，（地）帶/大，（普）○/破，（他）○/泰，（争）○/誓，（时）○/續，（英）搲/㡪槬，（文）文文/○，（语）○/外，（出）Y /蔡娶，（喜）㕦化/話畵畫畫獲旹蠢吳摦；（5）香韵：（柳）喨/諒量亮釀剠倞喨，（邊）糧/○，（求）○/共弶，（氣）○/躬倆岫咉晄湾，（地）○/仲帳悵脹障瘴嶂，（他）𨚫/

暢暘瞕，（争）〇/醤酱種靡眾，（入）〇/讓懷，（时）上/尚頌訟誦惕相，（英）暎瞌盅/用鞅映擁壅樣漾，（文）雂/〇，（语）山申/〇，（出）倡韔/匠唱縱銃斀揰惷，（喜）餉/向嚮珦鄙……據考察，《彙音妙悟》五十個韻部只有“（34）管、（37）貓和（50）嘐”三韻沒有“上去調”字和“下去調”字，因此，只列四十七個韻。在這四十七韻中“（25）箴、（40）梅、（46）風、（47）箱、（48）三”等五個韻只有下去調字而無上去調字，其餘四十二韻均存在著上去調字與下去調字，也意味著二者語音上是存在對立的。據統計，上去調字有 624 字，下去調字則有 1895 個，二者涇渭分明。

2. “上去調”和“下去調”為異體字。關於異體字的挑選，我們嚴格挑選字形相近、意義相同或基本相同的一組字。結果發現有以下二十九對異體字分別出現在上去調和下去調位置上。這些例字似乎存在著語音上的混淆。（1）春韻：（柳）嫩/嫰；（3）飛韻：（氣）愧/媿；（8）卿韻：（出）穪/秤稱；（11）東韻：（地）洞/窌（文）夢/夢梦；（12）郊韻：（地）罩/罩，（爭）棹/櫂；（13）開韻：（地）黛/黱；（14）居韻：（求）據/據，（英）畬/譽；（18）莪韻：熬傲/慠；（21）西韻：（他）替/普暜，（出）厠/廁。（喜）系/繫係；（22）軒韻：（氣）俔/悓，（時）饍/膳。（23）三韻：（求）鑒/鑑鑒；（24）秋韻：（爭）詋/呪；（28）丹韻：（氣）看/看；（29）金韻：（時）渗/滲；（30）鉤韻：（爭）鬬/閗鬥；（31）川韻：（柳）亂/亂。（時）筭/祘；（32）乖韻：壞；瓌；（33）兼韻：（求）劎/劍。（爭）占/佔。（語）騐/驗；（38）刀韻：（求）個/個；箇；（45）燒韻：（爭）炤/照。以上二十九對異體字，前者為上去調字，後者為下去調字，二者語音上似乎存在混淆。

3. “上去調字”和“下去調字”同列一個字。例如：（5）香韻：（地）漲/漲；（16）嘉韻：（他）吒/吒；（24）秋韻：（時）獸/獸；（31）川韻：（柳）亂/亂，（出）爨/爨；（36）基韻：（柳）泣/蒞莅。（邊）泌/泌，備/備。以上八對屬同字異調，應是上去調和下去調混淆。

據統計，《彙音妙悟》第一種情況存在“上去調”與“下去調”對立的例字居多，計 2519 例；第二、三種情況“上去調”與“下去調”似乎混淆的例字只有 37 例；總數為 2556 例。第一種情況“上去調”與“下去調”對立的 2519 例占總數 2556 例的 98.55%；第二、三種情況

“上去調”與“下去調”似乎混淆的37例只占總數2556例的1.45%。可見，《彙音妙悟》的去聲分上下兩調占絕大多數，分為兩調是客觀存在的，也是更合理一些。《彙音妙悟》与謝秀嵐《彙集雅俗通十五音》正文前有“五十字母分八音”不一樣。請看下表：

君	堅	金	規	嘉	干	公	乖	經	觀	沽	嬌	稽	恭	高	皆	巾	姜	甘	瓜	江	兼	交	迦	檜
滾	蹇	錦	鬼	假	柬	廣	拐	景	琯	古	皎	改	拱	果	改	謹	襁	敢	凹	港	檢	狡	者	粿
棍	見	禁	季	嫁	澗	貢	怪	敬	貫	固	叫	計	供	過	介	艮	○	鑑	卦	降	劍	教	寄	檜
骨	結	急	○	骼	葛	國	孬	格	決	○	勪	○	菊	閣	○	吉	腳	鴿	嘓	角	夾	鋏	壁	郭
群	年	琳	葵	枷	蘭	狂	懷	煢	權	糊	橋	鮭	窮	翗	來	麟	强	銜	籮	聋	廉	侯	伽	葵
滾	蹇	錦	鬼	假	柬	廣	拐	景	琯	古	皎	改	拱	果	改	謹	襁	敢	凹	港	檢	狡	○	粿
郡	健	襟	櫃	下	爛	狂	○	便	倦	怙	轎	易	共	膏	利	近	倞	艦	○	共	鐱	厚	崎	跀
滑	傑	及	○	逆	辣	咯	○	極	槩	○	噭	○	局	落	○	粸	矍	納	辣	磔	粒	雹	屐	鱠

監	艍	膠	居	丩	更	禪	茄	梔	薑	驚	官	鋼	伽	間	姑	姆	光	閂	糜	嗚	箴	爻	扛	牛
敢	韮	絞	己	久	耞	捲	表	染	兩	囝	寡	影	短	醂	努	姆	鈁	○	○	鳥	怎	撓	我	○
酵	句	教	既	救	徑	卷	叫	見	漲	鏡	觀	槓	退	歎	○	○	○	○	○	酢	譖	○	貨	○
摑	欹	甲	築	○	喀	○	腳	囁	○	○	○	○	莢	○	○	○	吃	鶡	妹	○	嘇	○	麼	○
擥	鐭	爬	期	求	平	傳	茄	墘	強	行	寒	郎	瘸	○	奴	梅	○	○	糜	○	丼	茅	傩	牛
敢	韮	絞	己	久	耞	捲	○	○	○	囝	寡	○	○	醂	○	○	○	○	○	○	○	○	○	○
餡	舅	齩	具	舊	病	卵	轎	辮	醬	件	汗	丈	袋	鼐	怒	不	闖	樣	○	○	○	貌	二	○
○	○	蠟	裂	○	嗄	○	略	物	○	○	○	○	笠	○	○	○	咉	閫	○	岋	○	○	膜	○

由上可见，《彙集雅俗通十五音》上上声与下上声同用一个字，计有三十四例；有上上声字而无下上字，计有十三例；无上上声字与下上声字，计有三例。书中确实有上上声而无下上声。因此，筆者認為，早在1800年前後，泉州去聲調是分為上下兩類的，但仍然存在少數韻字有上下混淆的情況。這是泉州音從1700年前後去不分上下的現象到1800年前後去分上下的演變。

【參考文獻】

（清）黃謙：《增補彙音妙悟》，光緒甲午年（1894）文德堂梓行版。

（清）廖綸璣：《拍掌知音》，梅軒書屋藏。

（清）無名氏：《增補彙音》，上海大一統書局 1928 年石印本。

黃典誠主編：《福建省誌·方言誌》，方誌出版社 1998 年版。

黃典誠：《泉州〈彙音妙悟〉述評》，載《黃典誠語言學論文集》，廈門大學出版社 2003 年版。

洪惟仁：《〈彙音妙悟〉與古代泉州音》，1995 年“中央圖書館”臺灣分館印行。

馬重奇：《閩台閩南方言韻書音系比較研究》，中國社會科學出版社 2008 年版。

徐通鏘：《歷史語言學》，商務印書館 1996 年版。

福建省泉州市地方誌編纂委員會編：《鯉城區誌·方言誌》，中國社會科學出版社 1999 年版。

福建省晉江市地方誌編纂委員會編：《晉江市誌·方言誌》，上海三聯書店 1994 年版。

福建省南安縣地方誌編纂委員會編：《南安縣誌·方言誌》，江西人民出版社 1993 年版。

福建省安溪縣地方誌編纂委員會編：《安溪縣誌·方言誌》，新華出版社 1994 年版。

福建省惠安縣地方誌編纂委員會編：《惠安縣誌·方言誌》，方誌出版社 1998 年版。

福建省德化縣地方誌編纂委員會編：《德化縣誌·方言誌》，新華出版社 1992 年版。

新編《增補彙音妙悟》

馬重奇　新著
黄　謙　原著

光緒甲午年孟春重鐫

文德堂梓行

增補彙音妙悟

桐城黃澹川鑒定

韻學難言矣哉此蓋出於天籟非可強而致故雖無知之童雅矢口歌謠自叶於韻似不待學而能矣然攷之周禮大行人九歲諭書名而外史掌達書名於四方則又不能無待於學夫書之有韻寧獨詩為然哉即以五經之有韻者言之詩備四始六義其間勞人思婦孝子忠臣燕享贈答其叶於韻固不必言若書之君臣交儆明良興感喜起載賡韻也易之有餘慶有餘殃禮之儼若思安定辭亦韻也至春秋言公入大隊之中其樂融融何莫非韻乎齊梁以來定以四聲至唐則專以詩賦試士韻學自此而嚴士子兢相研究皆守其韻亦惟中州之士清淑之

氣為得其正僻處一方者各囿於地雜以土音於四聲未能悉合雖有韻書聲吻互異欲全憑天籟謂不必學而能有是理乎吾阿宜思遜因念

功令歲科兩試以及鄉會諸試皆不能離韻學著為彙音妙悟其苦心用功閱幾寒暑而成郵寄來興以相質置之座右諸生見之皆稱賞焉余觀其平仄無訛有互通而義同與不同者各為指出至以類推之有聲無字者亦有字焉蓋不獨學士大夫執筆為詩有所補益即農工商閱之於俗語俗字所不經見者亦出其中則是書之為用寔韻學之指南雖云發於天籟而尤

不可以不學而能也思逊心有所歉欲梓以正於當代之鴻儒碩彥用出數言以弁於首時

嘉慶五年正月上元日愚叔瞻二大振題於興

安府学官署

自序并例言

古無所為韻也音而已矣樂記所謂聲成文謂之音也蓋均字即古韻字義取均調也今所謂韻書者自魏李登之韻書始嗣是而切韻集韻唐韻廣韻諸書不能枚舉然而疆域既分鄉音各異山陬海澨與中州之聲韻迥殊況閩省喉齶嘆諵加之輕唇正齒撮口之音並缺故臨文操觚聲律不諧應酬失次吾泉富知園先生少熟等韻之書壯遊燕遼之地諸任既該群音悉解爰輯為閩音必辨一書於唇喉齒舌分別鼇然鄉里後生熟復之可無為方言之所域矣乃客有曰是編以字而正音何如因音以識字使

農工商賈按卷而稽無事載酒問字之勞乎予喜其見解之闢輯成一編以五十字母為經以十五音為緯以四聲為梳櫛俗字土音皆載其中以便村塾事物什器之便悉用泉音不能達之外郡固不免貽大方之誚也藏之家塾為手姓之用親友見之以為有裨於初學不淺慫恿付梓以公同人余不能辭爰綴數言而陳其例於左

一反切之法先讀熟五十字母十五音然後看某聲在何字母以十五音切之呼以平仄四聲如律字是入聲其平聲在倫字倫與春同韻屬春字字母切以十五音在柳字管下然後呼以

四聲而律字得矣餘類倣此

一是編欲便未學故悉用泉音不復例　官韻如

一東之東與七陽之當同一字母

一有音有字者固不憚搜羅即有音無字者亦以土音俗解增入為末學計也高明之士固無藉資於是一八音中有聲無字者置空圈有聲多字寡者以黑線為界

一字類因字尋音是編因音尋字隨字注解一覽瞭然雖粗識字義者亦為有用即以當一小本字類補無不可也

柏山主人黃謙思遜氏題

新鐫彙音妙悟全集

依字典校訂　栢山黃　謙思遜纂輯

字母法式

春蠢上平　朝地喬切　飛惠上平　花呼瓜切　香向上平　歡土解丨喜　高古上平　卿苦京切　杯背上平

商信香切　東董上平　郊姣上平　開去哀切　居巨上平　珠主上平　嘉古查切　賓擯上平　莪我平声

嗟者上平　恩於筋切　西勢上平　軒現上平　三先甘切　秋此周切　箴子欣切　江講上平　關土解丨門

丹旦上平　金耿心切　鉤苟上平　川七宣切　乖拐上平　兼急占切　管漳腔　生索上平　基共知切

貓土解捕鼠也　刀俗解鎗丨　科土解丨場　梅俗解青丨　京解城丨　雞俗解丨犬　毛俗解頭丨　青草丨　燒俗解火丨

風丨雨丨雲　箱俗解丨籠　弎數名　熋乃上平　嘐有音無字

〇十五音念法

柳麘邊盆求君氣昆地敦普奔他吞爭尊入胸

時孫英溫文頵語䅟出春喜分

柳獜邊彬求巾氣炊地珍普儁他狆爭真入仁

時新英因文閔語銀出親喜欣

〇八音念法

春蠢寸出悖𤸫寸怵　麘碖嫩等倫惀論律

英影應益榮郢詠亦　方訪放福皇奉鳳伏

圈破法式

上	去
行	
平	入

上	去
樂	
平	入

三推新數法

五十字母念法

一春二朝三飛四花五香六歡七高八卿九杯十商

十一東十二郊十三開十四居十五珠十六嘉十七

賓十八莪十九嗟二十恩二一西二二軒二三三二

四秋二五箴二六江二七關二八丹二九金三十鉤

三一川三二乖三三兼三四管三五生三六基三七

貓三八刀三九科四十梅四一京四二雞四三毛四

四青四四五燒四六風四七箱四八弎四九覕五十嘐

十五音念法

一柳二邊三求四氣五地六普七他八爭九入十時

十一英十二文十三語十四出十五喜

新數念法

一从主二半口三点水四残月五一角六钩耳七倒

戈八左戾九草斤十歸滚

一 二 三 四 五 六 七 八 九 十

從主 、 半口 乚 点水 √ 残月 ^乚 一角 ㇆ 钩耳 倒戈 ノ 左戾 ㇋ 草斤 丨 音滚

三推成字歌

先從字母弁於頭反切聲音左位收平仄分明居右

畔完成一字傳千秋

三推之法意何如但願世人喜讀書凡字旁通心內

得無忘昔日誦於斯

三推難識字樣

[illegible]六昆切 鵧田鳥切 [illegible]卓水切 掗益瓦切 鉚五中切 [illegible]共道切 [illegible]舌回切 [illegible]午兵切 掿力卜切 流力較切

三推易識字樣

甲嘉十六乙賓十七丙卿八丁卿八戊高十七己基三六庚生三五辛賓十七壬金二九癸飛三

一是書凡在店鋪者或學業未深或舉筆忘字置之座上閱之便無別字之錯亦免問字之勞

一是書增補千餘字內無注解者皆屬人名

一是法專為忘記而作非係大用四方謀利者倘若放樣翻刻便是

主人黃謙

增補彙音妙悟

1 春部

柳上平●⿸麻香香也腀皮｜箣｜子船具

上上●碖硎｜石｜恩行無廉隅⿰火内｜物熱也稐束也忍土解｜氣也

上去●嫨弱也好貌嫩細弱也

上入●訥難言也⿱竹寽竹箭以射鳥吶｜｜不輕言也

下平●倫五｜｜理綸經｜絲｜輪車｜｜流掄｜元淪沒也崙崑｜菕｜藷草名崘山｜圇囫｜

下上●惀思也

下去●論議｜說也閏積日｜月嫩弱也潤土淡｜瀹水中曳船

下入●律法｜｜法驈白跨馬欻疾飛也肉難言也欥銓詞也葎花始生者殿不滑利也膟｜膋

●汨水流葎蔓草繘汲水繩索翻飛貌遹｜追來孝繂大繩也鷸知天有雨悴憂憫也矞驚遽

●硉｜矹厓也⿰矞風｜風

邊上平●盆缶也又姓分土解｜物

上上●本始也根也⿱大品古本字奄草器畚蒲器以盛種畚盛土器軬車上篷

上去 ● 莖 以草為界 坌 平也

下入 ● 不 非也 扒 土解爬也

下平 ● 噴 土解丨穴 吹 土解丨簫

下上 ● 笨 竹裹貯物又粗率也 体 性不慧也

下去 ● 坌 水出貌 体 劣也 糞 土解以壅丨

下入 ● 勃 丨然變色貌 浡 興起貌 渤 丨海齊地 艴 怒色也 孛 彗星也怪氣也 佛 俗解神丨 騂 獸似馬

● 焞 煙起貌

求 上平 ● 君 人主也又丨子 軍 六丨三丨 鶤 丨鷄 鈞 三十斤又平也 斤 同上俗字 麇 楚小國 褌 褻衣也

上上 ● 袞 丨衣有九章 衮 同上俗字 滾 大小流貌 硍 聲高 箘 竹名 輥 耕種也 鯀 鮦 惃 亂也

● 蓘 壅苗曰丨 稛 輪丨求也 鯀 禹父名 𦓤 再耕 緄 織帶也又縫也 丨 上下通也 鯤 大魚也

● 菎 香草 睔 鄭伯名

上去 ● 睔 日光也 菌 香木之根

上入 ● 骨 肉核也 鶻 丨鶻 榾 枸丨木名 搰 丨丨用力貌

下平 ● 群 輩也眾也 羣 同上 帬 裳也 裙 同上俗字 䍣 朋侵也 宭 丨居 麇 鹿麕也 麕 鹿屬 䖵 蟲之總名

●顜 楚人名

下上 ○

下去 ●郡 州| 棍 木棒也 琨 美玉也 箟 美竹 剶 削也

下入 ●掘 穿地 倔 梗戾貌 堀 突也 猾 狡|乱也 汩 |乱 滑 和也不澀也 [illegible] 玉名 淈 尽也

●硝 |石藥名

氣 上平 ●昆 兄也同也 坤 乾|地道也 堃 人名 崑 山名 崐 同上|崙 [illegible] 斫木枝也 琨 美玉 猑 大犬也

●晜 兄弟也 顐 無髮 錕 赤金 鵾 鳥名 鯤 大魚 髡 人名 髡 [illegible]髮

上上 ●梱 門橛也 壼 宮中巷也 悃 |愊實情 捆 叩椓也 窘 迫也 稛 束也卷衣 硱 |碖石落 綑 縛衣

●閫 宮| 閫 宮中門也 綑 織也 莙 草生水底 箘 美竹 䇹 同箘

上去 ●困 窮也

上入 ●窟 孔穴也 屈 曲也請也 [illegible] 蛣|蟲也 詘 詞塞也曲也 顝 大頭獨也 矻 |窮極也 趉 走貌

下平 ●囷 聚也 悃 勞倦也 峮 山相連也

下上 ●稛 |束 硱 |磳石危

下去 ●睡 土解臥也

下入●倨盡也 歎鞍也

地 上平●敦厚也大也 諄懇至貌 迍｜邅 墩平地堆也 啍誨人｜｜

上上●捆推也 盾幹櫓人名 潡大水也 楯欄｜ 𥫱竹圍穀盛

上去●頓下首至地

上入●柮榾｜短木 䮠騆｜ 腯肥貌 䧯谷也

下平●屯聚也卦名 脣口｜ 漘水際也 涽土涯水 臀腿臋 豚小豕 囤｜貨 盹目藏也 臋古同臀

●燉火盛赤色 𨳝闐門也 惇厚也 燉火盛貌 窀｜穸下棺也 芚愚也

下上●坉水不通也 沌渾｜不開

下去●遁逃｜ 遯退也隱也 鈍不利也頑也

下入●湥流貌 凸｜出 𠫓不孝之子 咄咨嗟語也 嘟呵也 揬搪｜不順 窋空也 泏水出貌 笜筍也

●柮短｜

普 上平●奔疾走也 泍水急也 歕吐也 犇同奔

上上●翉飛起也 㖹潠也 捹車也

上去●噴鼓鼻也

上入●哱吹氣聲

下平●湓水名　盆土缶也又姓

下上○

下去●吩吐氣　⿰口忩同上　湓含水噀也　喯噀水　⿰口普潠也

下入●⿰立孛按物聲也　朏月未盛貌

他上平●吞咽也　⿰享黃黃色人名　暾日始出貌　旽日欲出貌　椿木名丨萱　⿰忄隶忽也　焞明也

上上●畽行無廉隅　⿰言典狠貌　黗黑色　氽水推物也　輪束禾也

上去●褪花謝也又卸衣

上入●黜貶斥也　⿰忄聿丨忽不張　泬滑丨也　宊出見貌　𠬛入水　絀退也贏丨　⿰忄隶肆也忽也　⿱⺮突竹器

下平●⿰犭軍豕也

下上○

下去●⿸疒春病善食　飩厚味

下入○

爭上平●尊貴也丨卑　蹲踞也　逡丨巡退也　遵循也　僎遵法　鱒魚名

上上● 準｜繩平也則也 準同上法也 啍大口 攅裁抑也 隼鷙屬 噂聚語也

上去● 燇火也

上入● 卒兵｜終也 卆同上

下平● 存恤問也在也 船解用以載人

下上● 捘推也

下去● 俊秀也｜人 駿良馬也 畯勸農之官 餕所食之餘 焌然火 峻高大也 圳俗解水｜ 浚深也衛邑

● 濬深也｜哲 竣退也事｜ 悛改也止也

下入● 捽持頭髮也 猝倉遽貌 朮白｜藥名 炢煙出貌

入上平● 幭人名

上上● 嘆吮也

上去● 䏏｜腮蟲聲

上入● 㕯言難

下平● 瞤目動

下上○

下去● 潤 澤也濕| 閏 |月

下入● 呐 音義闕

時 上平● 孫 子|公| 飧 熟食也 飱 同上夕食 湌 水沃飯也

上上● 損 減也卦名 榫 剡木入竅 笋 芽也 筍 竹| 簨 以懸鐘磬 ⿰月員 熟肉也

上去● 巽 入也卦名 鬊 亂髮也 瞚 目數搖也

上入● 窣 突然钻出 率 循也 恤 憂滑也 卹 搔摩也 ⿰血欠 |虫|鳴 帥 將| ⿰血阝 周| 呅 口吹也 蟀 蟋|

下平● 純 |粹全也又絲也 惇 實心 徇 以身從 鶉 鳥名 珣 玉名 犉 黃牛黑脣 杊 木名 紃 絲條也

● 詢 咨也 ⿰酉屯 美酒也 醇 厚也 旬 十日為| 殉 從也 恂 信也 狥 行示也 焞 明也 荀 姓也

● 洵 信也 揗 拊| 巡 |視 淳 |質 惇 厚也 郇 |伯 循 有序 馴 漸致也

下上〇

下去● 順 不逆也從也 遜 謙|順也 舜 堯|聖帝 蕣 木槿 瞬 |息

下入● 術 道|心| 述 傳| 沭 水名 秫 稷之黏者

英 上平● 溫 和厚也習也 昷 日暖 氳 氤| 熅 鬱烟 昷 仁也和也 瑥 人名 鰮 |魚 馧 香也 瘟 疫|病也

上上● 蘊 蓄也|藉 醞 釀也 穩 安也|妥 薀 水草 殞 歿也 霣 雲轉起也

上去 ● 搵 手擫物也 韞 藏也 緼 枲也

上入 ● 鬱 ｜氣也 鬱 芳草｜鬯 膃 肥也 殟 心悶也 菀 茂貌 頞 納頭水中 欝 俗鬱字

下平 ● 云 說也 芸 香草去草 匀 偏也齊也 鄖 地名 昀 墾田 筠 竹青皮 坛 水｜也 沄 水轉流也

● 耘 去草也 熉 黃貌 紜 紛｜亂也

下上 ○

下去 ● 運 轉會｜｜ 慍 含怒也 鄆 地名 腪 膜也 顐 禿也 韗 為鼓之人 暈 日月傍氣 韵 詩｜音｜

● 韻 音｜詩｜ 韻 声｜詩｜ 煇 日光氣也 [illegible] 戲也

下入 ● 越 土解｜過

文 上平 ● 顅 不曉也

上上 ● 吻 口｜ 刎 割也 伆 離也 悗 廢志也 潣 濊也 [illegible] 蘼草 抆 揩拭也

上去 ● 悶 煩也鬱｜ 紊 亂也 們 肥滿貌 [illegible] 服之輕者 [illegible] 同上

上入 ● 魩 ｜魚

下平 ● 文 ｜章美也 門 兩戶為｜ 聞 耳受声也 穈 赤粱粟也 玟 玉文 聓 聽也 璺 器破未離 蚡 ｜泉魯地

● 蟁 嚙人飛蟲 汶 水出琅琊｜｜玷辱也 亹 水流峽中如門 璊 玉赤色 琝 同上 捫 撫持也 雯 雲成章也

● 紋織文也 潬地名 蚊同蟲 旻丨天 們丨然不覺

下上● 伆離也

下去● 問訊也諮也

下入● 勿禁止也 物事丨庶丨 坳埋丨 歾終也 歿死也 沕丨穆深微 叜手也 沒沉丨終也

● 玟玉屬 芴菲也

語上平● 覃人名

上上● ⿸疒旁名花

上去● 鋆名人

上入● 矹硉丨石崖 ⿰米兀米粖也 阢山戴土 屼⿰山盧丨 ⿰亻兀臲丨不安

下平● 攟義闕

下上○

下去● 積隱丨

下入● ⿰禾豈秦人語

出上平● 春四時之首 ⿳屮屯日古春字 旾 萅並古春字 鶞鳥名 輴載柩車 鰆魚名 鳫鴳丨 櫄木名

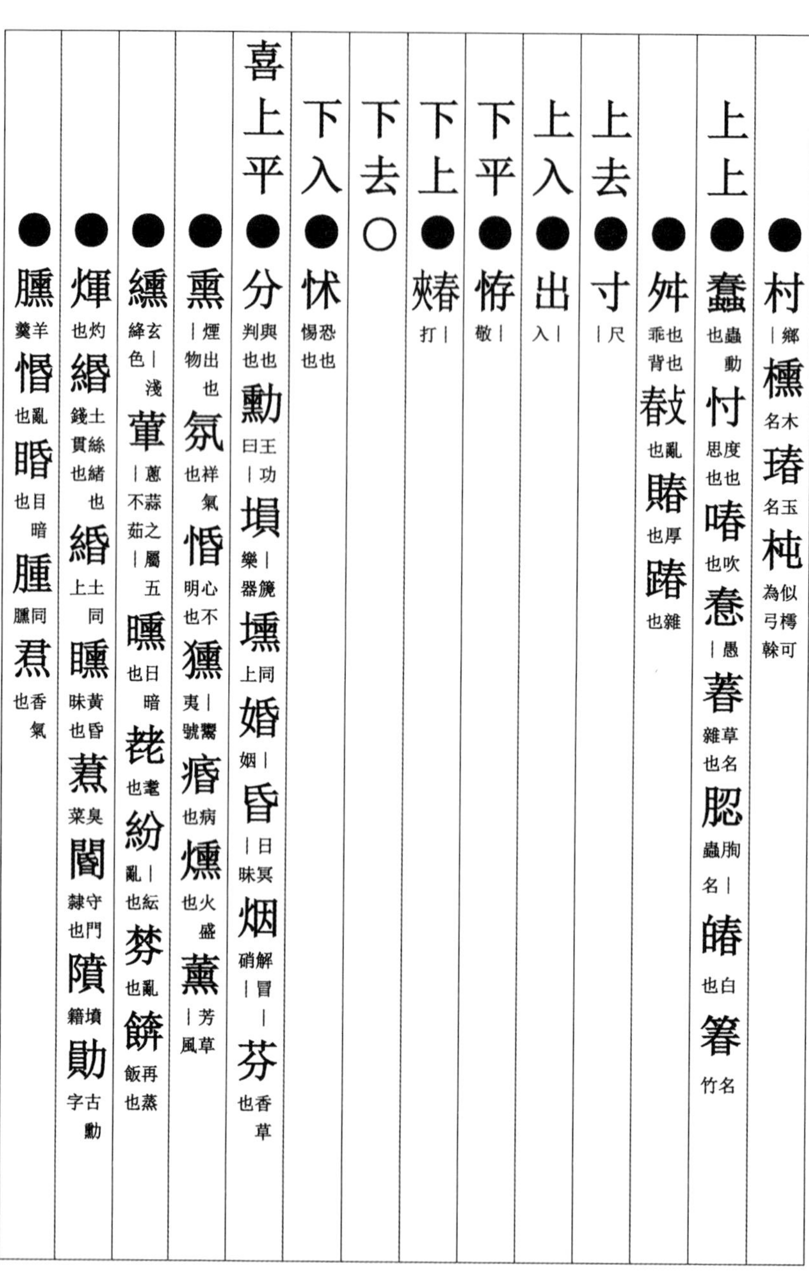

- ● 村 鄉｜ 欑 木名 瑃 玉名 杶 似榑可為弓幹
- 上上 ● 蠢 蟲動也 忖 度也思也 唇 吹也 惷 愚｜ 萶 草名雜也 朐 朐｜蟲名 睶 白也 箺 竹名
- ● 舛 乖也背也 敽 亂也 賰 厚也 踳 雜也
- 上去 ● 寸 尺｜
- 上入 ● 出 ｜入
- 下平 ● [illegible] ｜敬
- 下上 ● [illegible] ｜打
- 下去 〇
- 下入 ● 怵 恐也惕也
- 喜上平 ● 分 與也判也 勳 王功曰｜ 塤 ｜篪樂器 壎 同上 婚 ｜姻 昏 日冥｜昧 烟 解冒｜硝｜ 芬 香草也
- ● 熏 煙出也｜物 氛 祥氣也 惛 心不明也 獯 ｜鬻夷號 痻 病也 燻 火盛也 薰 芳草｜風
- ● 纁 玄｜淺絳色 葷 蕙蒜之屬五｜不茹｜ 曛 日暗也 毴 毳也 紛 ｜紜亂也 棼 亂也 餴 再蒸飯也
- ● 煇 灼也 緡 土絲緒也錢貫也 緍 土同上 曛 黃昏昧也 焄 臭菜 閽 守門隸也 隫 墳籍 勛 古勳字
- ● 臐 羊羹 惛 亂也 睧 目暗也 腫 同臐 焄 香氣也

喜上上 ● 忿也也恨怒 粉粖丨米花 憒丨濍發丨 扮握也 黺綵也 緫結也 膹肉羹也

上去 ● 訓誨也丨誥 分職丨 糞穢也用以壅田 僨僕也敗也 釁冤丨 慁悶亂也汙辱也 㥵同上

上入 ● 弗休也 笏玉丨 忽倏丨丨然 拂逆也除也 惚恍丨 咈違也戾也 黻黼丨 乀古戾也 髴丨髣

● 祓除惡祭也 祓潔也除也 紼引柩也 囫丨圇 痦多睡 茀福也治也 紱印紐也朱丨 甶鬼頭

● 袚蔽膝也 彿彷丨 炥火盛也 帗舞器 紼大索也 [illegible]疾也 [illegible]寢熟也 隶灑也

● 昒日出未明 𨁤跳也 䞞赤丨

下平 ● 雲山川氣也 魂丨魄 焚燒也 墳丨墓大防也 鼖大鼓 濆水涯水名 羵大首羊 幩鑣之飾也

● 妢地名 汾水名 渾水流貌 濆水涯水名 豶犗也丨豕之牙 鼖大鼓 馚香氣也 蕡草木之實

● 枌白榆木 炃同焚 篔竹名

下上 ● 混丨沌 坋塵塕也 渾丨丨 睴大目

下去 ● 奮揚也丨發 釁丨隙也 焝火貌 夆跳躍自撲 溷亂也

下入 ● 核果也實中 狘飛貌 颫風也 敇破也 佛神丨戾也 沸泉湧出貌 烕狂也 肷牛肉

春部終

增補彙音妙悟

2 朝部

柳上平○

上上● 鳥飛禽之總名 了決也物｜ ⿱大子軟好也 瞭目睛明也 憭照察也 裊軟美也 嬲相戲擾也

● 繚繞也 瞭明也 ⿰扌裊搦也 ⿰舟了小船也 蔦寄生草 蓼辛苦之菜 ⿰酉尞面白也 鄝國名

● 敹長貌 嫋｜娜

上去● 炓火光也 尞柴祭天也

上入○

下平● 寮宷｜官名 廖人名又姓 鷯鷦｜鳥名 寥空虛也 僚朋也官｜ 敹持也擇也 嶚險也 遼遠也

● 橑簷前｜椽 尞姓也 燎庭大｜燭 嘹｜亮鳴也 撩理也挑弄 尞火｜祭天 憀恨也 獠宵田曰｜

● 簝盛食器 聊助語也又且也 翏高飛也 漻水清也

下上● 撩取物也

下去● 料度也計也 嫽好也 廖姓也 療治病也 窷穿也 尿小便也 屪同上 ⿰礻尞燔柴祭天 尥行脛相交

下入● 炓火光貌

邊
上平●標木杪舉也 蔈香草 杓門| 摽麾也
上上●表外也明|旌也 殍餓死人也 苞草名可為履也 莩同殍 𠬪上下相傳 蔈草名
上去●俵散|
上入○
下平●俵东西送人
下上●摽落也又付心也
下去●褾領巾袖端
下入●⿰票寸義闕

求
上平●驕矜誇|傲 嬌妖|美色 鷮雉名 獢短喙犬 簥樂器 憍矜也 梟不孝鳥 徼求也要也 嬈妖|
上上●矯強貌 皎潔也明也 晈光明也 皦明也 蟜姓也 撟手動也 儌行也 鱎白魚 敿迪也繫也
●繳纏也絲以著箭 ⿰目乚目重皮 敫繫也 ⿰囟乚白重也 狢獪也
上去●叫呼也
上入○
下平●橋水梁也 喬高也 僑旅寓也又人名 荍芘芣紫色 蕎俗荍字 ⿱艹翹連|藥名 翹企也秀起也 嶠嵩也

下上● 嶠山鋭而高 敿擊也

下去● 嗷丨應 彳行也 轎肩行之車 穷靜也 獥狼子

下入● 㹾進也

氣上平● 蹺丨蹊不直 墝土不平也 蹻舉足高行 趫捷也 撟舉也 橇禹泥行所乘

上上● 髜高也 巧不癡也

上去● 竅穴也空也

上入○

下平● 𣪍擊也

下上○

下去● 𪖐仰鼻 撽擊也

下入● 砝丨碼

地上平● 雕章明也刻琢也 凋丨落 貂毛溫暖也 朝旦也丨夕 芀葦花可作帚也 苕淩霄花也 剧琢也

上上● 嬥獨立也 嬥直好也 掉搖動也 敁撲也 杓禾垂穗也 㧁橙丨

上去● 弔丨死 吊俗弔字 釣魚丨

上入○

下平●潮海之嘯息 鯈魚名 攸去草田器 蜩鳴｜蟬也 迢遠也 刟斷也 晁姓也 鰷白｜魚也

●髫少兒垂髮 齠始毀齒也 笤｜箒 條｜幹枯｜ 鞗｜草 調和也

下上●兆葡｜吉也 肇始也正也 趙利也又姓 肈敏也戟也 眺田中穴 旐旐也 銚鑊之小者

下去●召呼也地名 蓧去草器 肁開也始也 銚挑｜燒器 藋藜｜草名

下入●挑畔也

普上平●飄｜風吹也 麃舞貌耘也 僄眾貌 猋犬疾 㶾火飛也 𢽾擊也 慓急性也 穮耘也 藨也耘

●驃馬銜也 鑣馬銜鐵也 瀌雨雪貌 飈狂風也 嘌疾吹不安 飃風聲 磦｜磧藥名 㵱浮也

●飆暴風下而上也 縹輕舉也｜緲

上上●漂水中洗絮 剽末也 皫鳥無潤澤 鰾魚｜可作膠 醥清酒 摽落也 膘髀前肉也

上去●票搖也

上入○

下平●瓢瓠也 薸萍也

下上●殍餓死也

下去● 勡 剝也截也 皫 白也 ⿰耳票 行聽 嫖 ｜妓

下入○

他 上平● 挑 杖荷也取也 佻 獨行也偷薄也 ⿰車兆 輕｜ 刁 ｜｜微動也 祧 宗｜ 恌 偷薄也 ⿰兆刂 剔也 ⿰矢召 犬短尾

上上● 窕 窈｜也閒靜也 窱 同上深遠 宨 放肆也 朓 明也

上去● 眺 望也

上入○

下平● 鮡 土解花｜

下上● 柱 土解椽｜

下去● 跳 躍也 糶 賣米穀也 頫 俯首而聽 覜 視也 ⿰兆隹 低頭聽也

下入● ⿰石兆 同磽山田也

爭 上平● 昭 明也｜穆 招 手招呼也 嘲 言相調也 蕉 芭｜ 膲 三｜ 爂 火傷也 釗 勉也人名

上上● 沼 池｜ 勦 殺也絕也 剿 同上 劋 絕也 爪 覆手取物 煍 變色也 鳥 解飛禽也

上去● 照 明所燭也 炤 同上 釂 飲盡 醮 冠禮也

上入○

下平● 樵取薪之人 焦傷於火也 譙｜｜殺也 鷦｜鷯小鳥 僬明察貌 噍聲瞅也 顦｜顇憂患

● 椒似茱萸辛而香 梀同上俗字 憔｜悴憂也

下上● 灑醮酒也

下去● 卲｜問也 灂漆也 釂取魚籠 誚以言相責

下入● 昭鳴也

入上平● 饒豐也餘也 襓劍衣也 蕘采薪

上上● 擾煩也亂也 抓亂搔 𦬠菓名藥草 爪土手｜ 繞纏也 遶環｜

上去● 縐｜紗

上入○

下平● 嬈妍媚貌

下上○

下去● 笊｜籬

下入○

時上平● 燒火然也 逍｜遙遊也 消滅也｜息 蕭荻也｜條 銷鑠金 翛羽聲敝也 蠨小蜘蛛也 綃生絲繒也

上平 ● 箾舜樂 瀟風雨暴疾又丨湘 硝硭丨 焇鑠也丨金 簫樂器洞丨 玿美玉 縿縑也 霄雲近天氣

● 韶舜樂 磬大丨 宵夜也

上上 ● 小微也細也 少不多也 ⿱艹小丨草遠志 謏丨聞小也 篠竹小為箭 筱小竹可作箭

上去 ● 笑喜也 咲同上

上入 ○

下平 ● 牊牀別名

下上 ○

下去 ● 紹繼也續也 詔告也 肖似也類也 佋介行也 邵邑名又姓 卲高也 ⿱艹少草名

下入 ● 杪樹梢枝細

英 上平 ● 夭丨丨和舒也又少好貌 妖丨嬌丨孽 喓丨丨蟲聲 葽草盛 祅地反物為丨 吆丨丨聲也 嬰妖嬌

● 枵玄丨星名 邀招也求也 憢懼也 腰身丨

上上 ● 杳冥也深丨 窈窕丨幽靜 鷕雌雉聲 苭草長貌 皛明也顯也 窅深目也 宧冥也 歀出氣也

● 蕌草名 夭丨壽 ⿰氵窅丨溟 殀壽促 宧戶樞聲 舀抒臼也 窔室東南隅

上去 ● 要切丨丨會 窔深也

上入〇

下平● 遙遠也 瑤美玉 姚舜姓也 蘨草盛貌 珧蜃屬 鰩飛魚 銚羊桃 暚明也 謠歌｜

● 匋瓦灶 愮惑也 陶臯｜ 洮湖名 搖撼也動也 颻飄｜ 繇同謠茂也 窯瓦｜ 窰同上

● 軺小車 烑光也

下上● [illegible]美目

下去● 耀光也 曜日光也 燿光照熠｜ 㫐光也 嶢高也 盄器中不平

下入● [illegible]闕義

文上平● 渵水大

上上● 杪木末 邈遠也 淼大水也 吵雉鳴 藐輕視也 秒禾芒也 緲微也縹｜ 渺水貌冥也

● 仯小貌 聈視也幽靜

上去● 玅精微也

上入〇

下平● 苗禾之凡草始生曰｜ 貓捕鼠之獸 猫同貓 [illegible]｜師

下上● 眇一目小也

下去●妙神化不測 廟|宇宗| 庙同廟俗字

下入●逳義闕

語上平●譊鳴也

上上●撟強貌

上去○

上入○

下平●嶤土陶唐氏 嶢高也 橈船|

下上●劓土仰鼻

下去●獟土狂也 嘷叫也 澆寒促之子

下入●獢古同驍

出上平●超|越邁也 招人名 弨弓弛也

上上●悄憂也急也 愀||憂也 愀色變也 ⿰麥酋糗也

上去●鈔正錢|也

上入○

下平●鍪舌也舂也

下上○

下去●覞普視貌　俏好貌　笑土喜也　趙立貌　陗峻也險也

下入●踿迫急

喜上平●驍猛也　鴞鴟|惡鳥　僥偽也　儌土求也　幺小也　膮禮豕肉羹　囂喧也　歊人名　傲土|倖

●嘵恐懼也　熇炎氣熱也　膮豕臛　憿|倖

上上●曉明也悟也

上去●孝正善事父母

上入○

下平●[illegible]妖也不貞正

下上○

下去●[illegible]悲意

下入●[illegible]厚也

朝部終

增補彙音妙悟

3 飛部

柳上平●蕤土花下垂貌

上上●蘂土花|壘軍壁也儡傀|木戲藟葛屬虆盛土器蘂土花心磊眾石|落蕊聚生叢也

●蕋俗蕊字餧飢也

上去●彙字|茂也累事相|也纇絲節也

上入〇

下平●雷陰陽薄震之氣擂研物罍酒器櫑同上纍聯絡貌欙同欙樏似錐禹所乘者灅水出鴈門

●縲黑索也櫑酒尊畾田間也藟盛土器檑木名礧磈|虆土龍

下上〇

下去●類也也等似酹以酒沃地淚目液藾草名䉪|稻米䃮𪑾黑色涞相漬染也耒耕田曲木

●絫十絲為|

下入〇

邊上平●吡訾也

上上 ● 彼正那個 髀正大腿也

上去 ● 痱同疿

上入 ○

下平 ● 肥多肉也

下上 ○

下去 ● 吠犬｜

下入 ● 拔｜起也

求上平 ● 規｜矩 歸還也 窺小視 龜甲蟲神｜ 閨宮中小門 闚邪視 瑰瓊｜ 媯｜汭 溈水名

● 帰俗歸字 圭｜璧 亀俗字 龜 机解用以織布

上上 ● 詭詐也 跬｜步 蘬香草 氿｜泉 傀｜儡 匭匣也 垝毀垣也 揆度｜百｜舜官也

● 厬旁出泉水 鬼｜神

上去 ● 貴尊也富｜ 蹶 癸十干名屬水

上入 ○

下平 ● 葵菜名｜花 夔木石之精 戣戟屬 逵通道也 騤馬強盛也 馗九交之道 夔人名又鬼 頄面顴

聲母	聲調	標記	例字
	下上	●	跪拜|
	下去	●	匱匣也乏也 蕢草器 季四| 桂|花清香 ⿰王季玉也 肖物也| 餽送也貽也 饋餉也
		●	簣土籠也 撅揭衣也 劫力乏也 櫃小||仔 ⿰士支放也 劊土|子手 瞶人名
	下入	○	
氣	上平	●	虧缺也失也 魁門首星名大|又科頭 開解花|門|
	上上	●	軌法也車| 宄姦| ⿱白皿盛黍稷器 磈|礧 晷日影也 頍弁貌
	上去	●	愧慚也
	上入	○	
	下平	○	
	下上	○	
	下去	●	媿|羞
	下入	○	
地	上平	●	追逐也 堆聚土為| 磓聚石也 ⿺走𠂤聚| 搥擊也 槌擲也 𠂤積土 ⿸厂隹聚土 隹鳥短尾之總名
	上上	●	⿳亠口⿱冖子磊| 捶以杖擊也 騳馬走也

上去● 懟怨也 對答也揚也

上入○

下平● 頹暴風也 槌擊也

下上○

下去● 隊丨伍 碓春具 墜隕落也 鐓戈戟柄底平者 錞同上 兌交易通也 ⿱雨隊雲貌 銳利也矛也

● 駾突也疾行 ⿰石彖礧丨也 縋以繩懸也 碓丨白 腿胖疼 硾鎮也 ⿱雨對雲貌 譈怨也

● 憞惡也

下入○

普

上平○

上上○

上去● 唾土解口丨

上入○

下平○

下上○

下去●屁放|

下入○

他上平●推進之也又排也梯解階|

上上●腿股也

上去●退進|

上入○

下平●槌木|杵舂|錘秤|鎚鐵|

下上○

下去●礤下落也

下入○

爭上平●椎張良鐵|錐銳也檑木節朘赤子陰也雛鳥名

上上●觜鳥喙也沝二水名

上去●悴憔|憂愁顇顦|贅以物而質錢又進|蕞|爾小也醊重祭也

上入○

下平●厜山巔也嶲地名摧折也竄塞也

下上○

下去●萃聚也卦名醉酒｜誶詬也最凡要勝也瘁焦｜勞也崒山危也惴憂懼也

●祽月祭也

下入○

入上平●甤正草木實｜｜也蕤｜賓律名㮃薑｜

上上●蘂正花心鬚緌冠之纓絲

上去●芮正草生貌

上入○

下平○

下上●蘂花｜繠垂也茸也華荊木也

下去○

下入○

時上平●綏安也登車索也雖設兩之辭濉水名簑棕｜荽胡｜香菜睢陽｜縣名

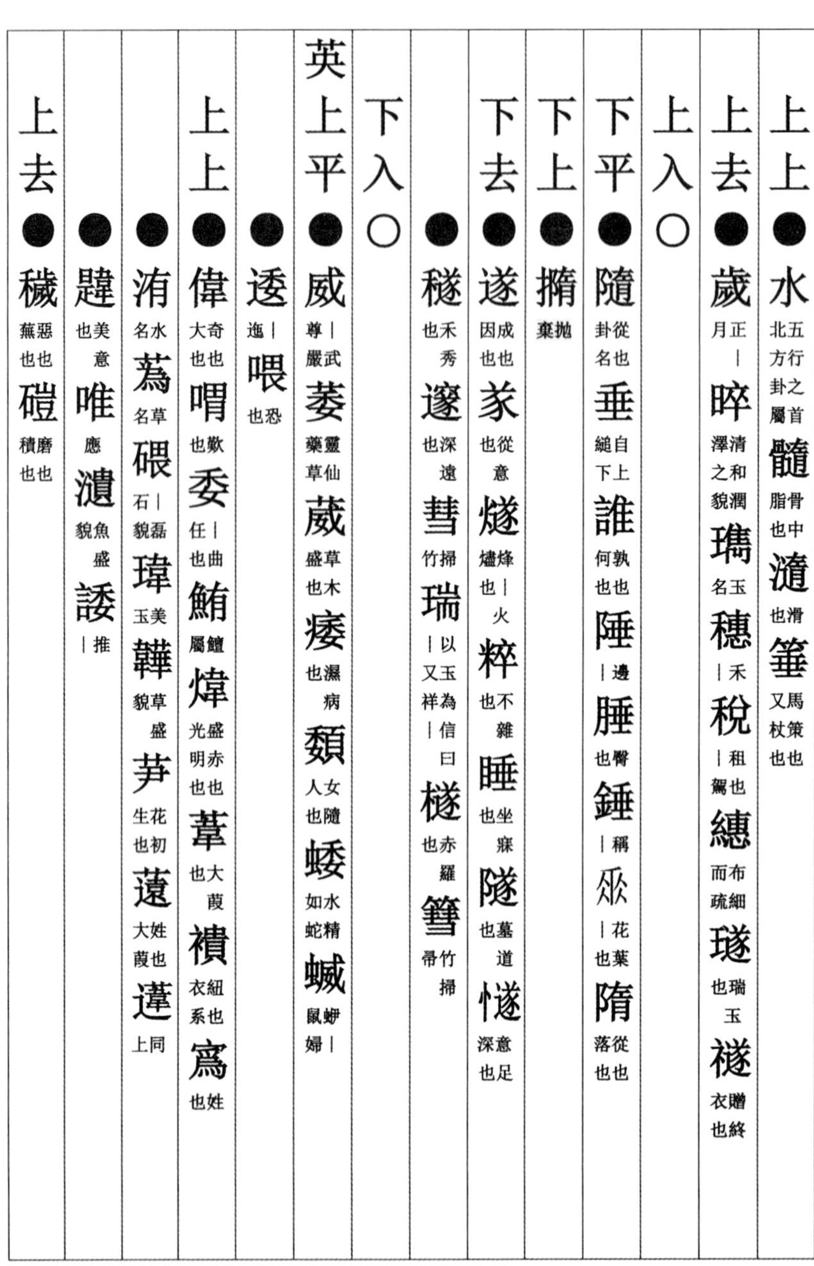

上上 ● 水五行之首北方卦屬 髓骨中脂也 瀡滑也 箠馬策也又杖也

上去 ● 歲正｜月 晬清和潤澤之貌 瓗玉名 穗禾｜ 稅租也｜駕 繐布細而疏 璲瑞玉也 襚贈終衣也

上入 ○

下平 ● 隨從也卦名 垂自上縋下 誰孰也何也 陲邊｜ 腄臀也 錘稱｜ 𠂹花葉｜也 隋從也落也

下上 ● 撱抛棄

下去 ● 遂成也因也 㒸從意也 燧烽｜火爐也 粹不雜也 睡坐寐也 隧墓道也 ⿰忄遂意足深也

● 穟禾秀也 邃深遠也 彗掃竹 瑞以玉為信曰｜又祥｜ 檖赤羅也 篲竹掃帚

下入 ○

英 上平 ● 威｜武尊嚴 萎靈仙藥草 葳草木盛也 痿濕病也 ⿰委頁女隨人也 蜲水精如蛇 蝛蛜｜鼠婦

● 逶｜迤 喂恐也

上上 ● 偉奇也大也 喟歎也 委｜曲任也 鮪鱣屬 煒盛赤也光明也 葦大葭也 ⿰衤貴紐系衣也 寪姓也

● 洧水名 蔿草名 碨｜磊石貌 瑋美玉 韡草盛貌 芛花初生也 薳姓也大葭 ⿱艹違同上

● 韙美意也 唯應 瀢魚盛貌 諉推｜

上去 ● 穢惡也蕪也 磑磨也積也

上入 ● 挖 土解｜空

下平 ● 韋 姓也草也 違 離也｜背 遺 棄也｜失 囗 古圍字 闈 宮中相通小門 帷 ｜幄 幃 單帳也

● 禕 婦人之｜ 湋 水回曰｜ 圍 守也範｜ 為 創造也作也

下上 ● 胃 土脾｜

下去 ● 位 正也坐｜｜次列｜ 慰 慽心也 尉 安也 謂 與之言也 壝 壇｜ 渭 水出陝西 熨 以火申物 叞 同上

● 薈 草多貌 蔚 茂也 胃 穀府宿名 聵 耳聾 褽 薦也 尉 ｜帖 慰 安也 薉 惡也汙也 畏 怯也怖也

● 罻 鳥網捕

下入 ○

文

上平 ● 蜚 紛也

上上 ● 脥 腹下也 荱 藥名

上去 ● 豣 獸名

上入 ○

下平 ● 薇 菜名

下上 ○

下去○

下入○

語 上平● 粸 惡米也

上上● 磈 衆石貌

上去● 偽 不真也詐也

上入○

下平● 巍 丨大高丨 嵬 崔丨高峻 危 丨殆不安

下上● 隗 高也

下去● 魏 國名又姓

下入○

出 上平● 催 促也 吹 丨嘘丨簫 炊 爨也丨飯 崔 齊邑又姓 蓷 益母草 ⿰口風 呼也 推 土移也

上上● 漼 水深貌 趡 動也地名 氀 毛髮貌 飬 火久也 璀 丨璨玉光 揣 度也量也 綷 會五綵也

上去● 碎 鮮明也又鳥名又平 毳 獸毛縟細 竁 穿壙也

上入○

下平●鐫食也

下上○

下去●碎破|細| 倅副也 淬滅火器染也 橐重擣也 啐咄|呼也 脃小耎物易斷也 脆同上

口俗解 𥓓磓也 脺面貌潤澤 嘴牛|龍

下入○

喜上平●非不是也責也 飛禽鳥之| 馡香也 輝光| 灰 徽美也 妃後| 扉戶扉 騑驂|

●霏雨雪貌 暉日光也 𣄃|旌 揮|毫振也 剕刖足也 撝|謙

●麾之旌屬旂 翬鷹隼大飛

上上●匪竹器非也 篚箱屬 斐文貌 菲薄也 棐輔也 毀壞也謗| 悱欲言而未能 翡|翠鳥名 𢀗別也

●虫鱗介總名 蜚阜螽蝗子 滙水回合也 尾首| 誹|謗 燬火焚也 𩇕雲飛 朏初三日曰|

上去●廢棄也 肺肝|屬金 芾木盛貌 翽鳥飛声也 潰逃散又遂也 繢盡也 噦童声之深廣 緯經|

上入●血土解|型|脂

下平●肥瘦| 厞隱也 痱風病 𣬛鳥名 腓倚庇也又病也 磁土字土器之屬

下上●膭肉羹

喜下去●吠犬丨諱隱丨丨名費用也喙獸口鳥丨嘒微貌芔草之總名卉草也剕刖足也暳小星

●杮削下木片誨教丨訓也會聚也惠恩也愛也蕙似蘭而香憓愛也慧性通解也⿰衤弗蠻夷衣也

●屝草履聵耳聾讀覺悟也茷草盛湏滌面恚怒恨也市小貌

下入○

飛部終

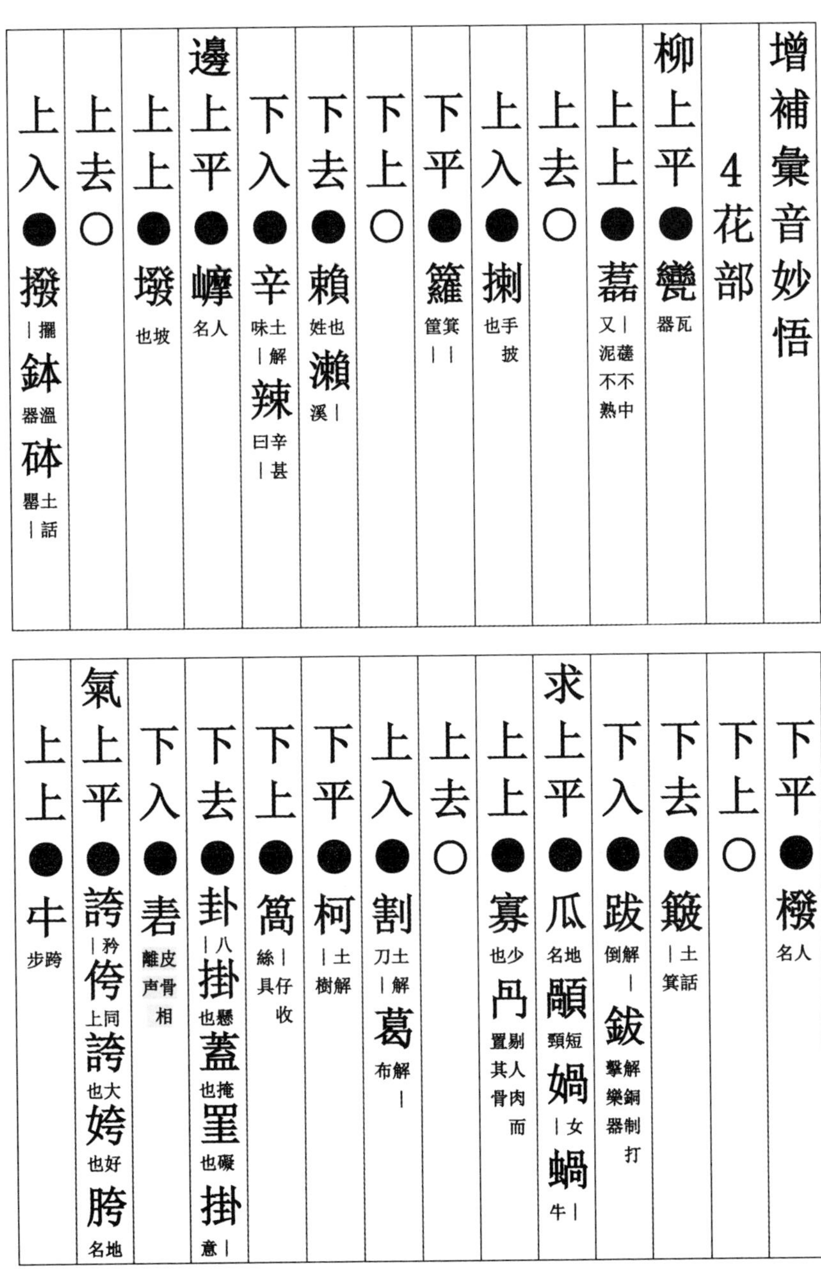

增補彙音妙悟

4花部

柳 上平● [illegible] 瓦器

上上● 藞 丨蘁不中又泥不熟

上去○

上入● 揦 手披也

下平● 籮 箕丨筐丨

下上○

下去● 賴 也姓 瀨 丨溪

下入● 辛 土解味丨 辣 辛甚曰丨

邊 上平● [illegible] 人名

上上● 墢 坡也

上去○

上入● 撥 擺丨 鉢 溫器 砵 土話罌丨

下平● 橃 人名

下上○

下去● 簸 土話丨箕

下入● 跋 解丨倒 鈸 解銅制打擊樂器

求 上平● 瓜 地名 顓 短頸 媧 女丨 蝸 丨牛

上上● 寡 少也 冎 剔人肉而置其骨

上去○

上入● 割 土解刀丨 葛 解丨布

下平● 柯 土解丨樹

下上● [illegible] 丨仔收絲具

下去● 卦 八丨 掛 懸也 蓋 掩也 罣 礙也 掛 丨意

下入● [illegible] 皮骨相離声

氣 上平● 誇 矜丨 侉 同上 誇 大也 姱 好也 胯 地名

上上● [illegible] 跨步

字母	聲調		例字
	上去	●	跨踞也
	上入	●	濶俗解｜大 渴口乾也
	下平	○	
	下上	○	
	下去	●	跨足過騎也 跨越也 㐄一步也
	下入	○	
地	上平	○	
	上上	○	
	上去	●	帶解纖｜衣｜
	上入	○	
	下平	○	
	下上	●	舵土解船｜ 柁同上｜工
	下去	●	大解｜小
	下入	○	

字母	聲調		例字
普	上平	○	
	上上	○	
	上去	○	
	上入	●	潑｜水 撒解｜網
	下平	○	
	下上	○	
	下去	●	破解物｜
	下入	○	
他	上平	●	捺解筆｜去 拖｜欠衣｜地
	上上	○	
	上去	○	
	上入	●	獺食魚｜ 輟土解窻｜
	下平	○	
	下上	○	

下去●泰土解長|
下入○
爭上平●撾擊鼓 鬇鬡|
上上●紙解|筆 帋同上
上去○
上入●窨滿口也
下平●蛇山|水|
下上●礚藹|不中貌
下去●誓土話呪|
下入●窶面短也 窡穴中也
入上平○
上上○
上去○
上入○

聲母	聲調	有無	例字
	下平	○	
	下上	○	
	下去	○	
	下入	●	熱日|　暑|天
時	上平	●	砂解石　沙|泥|
	上上	●	要戲|　⿰夊頁面醜
	上去	○	
	上入	●	煞止也事|　殺解|死也　止解已也
	下平	○	
	下上	○	
	下去	●	續俗解相連接|
	下入	○	
英	上平	●	蛙水蟲　騧白馬黑喙　哇吐也　窪水名　鼃人名　呱小兒　娃吳宮名　⿰扌黽蝦蟇也
		●	洿濁水不流　窊汙下也　溛同上　⿰氵亞深也　⿰足窐牛路跡也　漥溝也深也

上上●骻 髀骨 掗 手｜物也 瓦 土器屋｜
●⿰⻊窊 行不正也 搲 手爬物也
上去●攨 牽也
上入●⿰目畫 眼病
下平●⿰瓜刂 同剞字
下上○
下去●⿱宀瓦 泥｜屋 槬 鐘橫大也
下入●活 解死｜
文上平●⿰糸末 義闕
上上○
上去●⿰文攵 同贇
上入●抹 解｜塗
下平●磨 解｜刀 ⿱艹男 努力著｜
下上○ 下去○

下入●末 細｜ 粖 粉｜
語上平○
上上●我 解自己也
上去○
上入●⿰口執 義闕
下平●⿰王吴 似玉美石
下上○
下去●外 解出｜內｜
下入●蠘 小螃蟹
出上平●髽 古女子服丧时用麻扎成的发髻
上上●⿱艹磋 草名
上去●硊 相｜
上入●掇 土解菜｜
下平○

下上○

下去●蔡 解姓也 娶 俗話｜厶

下入●斜 土解不正

喜上平●花 草木之葩 芲 同上俗字 荂 草木之花 譁 喧｜

上上●蘳 黃花 觟 牝羊角

上去●化 變｜造｜ 窊 橫木不入也

上入●𥈞 地名

下平●華 榮｜ 找 撥進船也 驊 駿馬名

下上●踝 足骨也 瓦 厝｜

下去●話 與人說話 畵 繪也 畫 同上俗字 畫 圖｜ 獲 機檻也 𠯈 古化字 譶 古字談｜ 吴 譁也

●搲 寬也

下入●跬 半步也

花部終

增補彙音妙悟

5 香部

柳上平●鑨器也

上上●兩二也斤｜ 蜽木石之怪 魎魎｜水神 倆伎｜巧也 㒳二入也 驦黑也 㨥整飾也

上去●哴唴｜啼也

上入●掚摍｜不申

下平●良尤｜善也 隆盛也豐也 梁棟｜屋脊 龍鱗蟲之長 樑棟｜ 霳靊｜雷飾 涼寒｜ 糧粮糧之屬穀也

粮同上｜草 蘢古文龍字 窿穹｜天勢 涼薄也助也 癃罷病 礱磨穀也 瓏玲｜玉

●曨曈｜日出貌 朧月出貌 瀧沾漬也 聾耳無所聞也

下上○

下去●諒信也誠也 量門｜分｜度｜ 亮明朗也 釀｜酒 剠奪也 倞索也 喨嘹｜

下入●六老陰數也 陸高平曰｜又姓 僇辱也 戮殺也並力也 恧心愧也 坴梁越地 蓫蔏｜藥名

●籙圖書 祿見玉篇 掠劫｜也 勠並力也 略簡也大｜ 琭玉貌 錄循常也記也 穋重｜同稑

●磟｜碡平田器 菉｜竹｜豆 稑後種先熟曰｜ 綠色也結｜草名 騄駿馬名 甪獸名 剹削也

邊 上平 ● ⿰公刂 刮削物

上上 ● 洗 人名

上去 ● 糎 義闕

上入 ○

下平 ● 緟 人名

下上 ○

下去 ○

下入 ● 恧 人名

求 上平 ● 宮 丨室 躬 身也 恭 謙遜也 㳟 敬也 卭 病也 栱 大杙 供 丨給奉也 龔 給也又姓 ⿱邛石 水邊大石

● 芎 川丨藭名 畺 界也 薑 味辛多食損智藥名 穹 丨蒼天也 弓 屈竹為丨

上上 ● 拱 叉手也 繈 丨襁以負小兒 拲 兩手共一木 弜 彊也 鞏 以皮束物 ⿰王凡 璧也

上去 ○

上入 ● 菊 秋花 鞠 曲身也 鞫 推窮罪也 椈 木名柏也 蹻 履也 梮 治水具也 麴 酒丨 屩 履也 丮 持也

● 匊 兩手捧物 郹 蔡邑 臼 斂手曰丨 諊 窮究罪也 麯 酒媒 ⿱竹鞠 窮理罪人 ⿱日輂 載物之車 ⿱竹鞠 酒母

上入● 腳脛也 腳同上俗字 撽持也 蘜丨有黃花 沠水文 權禹所乘車 掬兩手所捧

下平● 強弱之反也 窮盡也竟也 竆極也究也 僵偃也 ⿱巩玉丨佩 彊暴也 邛勞也 ⿰牜畺扶持也

● 蔃即有合也

下上○

下去● 共公也合也 弶罟也

下入● 局成丨促也 侷丨促 臄口上肉 跼曲也丨蹐 劇煩丨

氣

上平● 羌夷名猶乃也 姜齊姓 旨伟象 穹天形 銎斧空受柄之處

上上● 恐懼也 ⿱䀠大好也 ⿱曲心怕也 繦錢貫

上去○

上入● 曲不直也 却退也止也 郤不受也 礐山多大石 脚脛也 埆地不平也 郄八口即隙 搉擊也

下平● 粱精米

下上○

下去● ⿰身穹曲躬也 ⿰亻曲寒也屈也 ⿰口曲訊罪也 嘵兒泣不止 ⿰目尭目病 ⿰氵穹水急貌

下入● ⿱曲心懼也

地													
上平	上上	上去	上入	下平	下上	下去	下入	普上平	上上	上去	上入	下平	下上
●	●	●	●	●	●	●	●	●	○	○	●	●	●
中不偏不倚 忠盡己為｜ 浺水名 獐麋屬 樟木名 張開｜設也又姓 誏誑也	長上声尊也	漲水泛溢也	竹冬生也 拏以手｜物 築擣也 竺天｜西域 瘃手足凍瘡 筑古樂 茿篇草可食	長短之反也 場｜圃 腸腹｜ 镸古文 镹俗字 萇｜楚羊桃	重厚也不輕 丈十尺曰｜ 杖幾｜ 扙傷也 仗倚｜	仲伯｜ 帳幃｜ 悵土惆｜失意 脹膨｜ 障隔也壅蔽 瘴熱也癘也 漲水滿也 嶂屏｜	着然也 逐追｜ 妯｜娌兄弟之妻 軸杼｜抽也 躅躑｜行貌 舳船後曰｜ 蓫惡菜	松樹名			俥人名	[illegible]人名	巃人名

下去 ○

下入 ● 韄 義闕

他上平 ● 衷 俗字 衷 土中正也 衷 同上正也

上上 ● 寵 愛也得| 冢 高墳|宰 塚 墓| 腫 脹也鍾也

上去 ● 鬯 鬱也香酒

上入 ● 畜 土止也養也 慉 養也 珿 整齊 蓄 聚也積| 豖 ||行也 歜 人名 砫 小石 娖 等也

下平 ● 蟲 土鱗介總名

下上 ○

下去 ● 暢 長也充也 暘 長也 瞕 目生|瞖

下入 ○

爭上平 ● 章 明也文| 鍾 當也酒器 將 欲然也送也 鏜 樂器黃| 漳 水名州名 刣 削物也 終 窮也盡也

上上 ● 螽 |斯皐| 璋 半圭曰| 鄣 壅塞 漿 酒| 粻 糧也 彰 明也 樟 木名

上上 ● 掌 主也手心 奬 |勸|勵 獎 褒| 仉 姓也 尰 同瘇 撐 |船 種 穀||短髮| 爪 覆手曰爪

● 槳 檝| 蔣 姓也

上去〇

上入● 足人|滿也 酌斟|取也 勺挹取舞也 燭蠟|玉| 爵祿|又鳥 囑俗字託也 妁媒也 囑託也付也

● 灼燒也||花盛 喌呼雞重言 雀小鳥 柷樂器 爝爐火 嚼咀| 杓杯| 禚齊地 焯|爍光貌

● 爝火炬也 汋|陵宋地 祝饗神之辭 穛禾皮也 摵打甚也 芍土|藥白|

下平● 從隨也順也 从向陽為|

下上〇

下去● 醬鼓| 酱醢也 種蓺也植也 麠如小鹿 眾多也

下入● 𠯆古文嗜字

入上平● 攮推也竊也 ⿰囊皮剝皮也 禳除癘殃也 穰豐也

上上● 宂散也繁也 冗俗字 壤柔土無塊 嚷喧|

上去〇

上入● ⿰冗辱闕義

下平● 戎兵屬汝也 毧細毛 氄鳥獸幼毛 絨熟絲綢布 勷勴|急遽 儴因也 慵懶也 狨獸名

● 瀼||露多 茸草生貌 葺鹿|

下上○

下去● 讓 謙遜也 懹 憚也

下入● 若 如也汝也 辱 恥也丨臨 褥 藉也裀丨 肉 骨丨 朒 肌丨 鄏 郟丨邑名 縟 丨節細也 箬 丨笠

● 弱 劣也強丨 溺 溼熱丨暑 鄀 邑名 芍 花名白丨 叒 若也

時上平● 商 金音度也 相 共也質也 箱 竹篋容物 廂 東西室也 葙 青丨子藥名 傷 痛也憂丨 觴 酒器

● 殤 未成人死曰丨丨 襄 贊也駕也成也除也 驤 馬騰躍也 娀 丨氏生契 湘 水名烹也 搶 擣也 惷 冥也愚也

● 饟 饋也 舂 擣米也 蔏 丨陸常山 湯 丨丨水流也 慯 直疾貌 炏 火元也 禓 強鬼之名

上上● 賞 嘉也欣丨 想 思也相丨 竦 丨動敬也 扃 戶耳也 鮝 魚乾 攁 挺也 悚 懼也

上去● 上 尊也丨下

上入● 叔 伯丨丨父 縮 直也收也退也 俶 善也始也 淑 和也善也 削 剝丨侵丨 粟 米丨 尗 同叔 玉 琢玉工也

● 夙 早也 蹜 丨丨迫也 宿 止也 尗 豆也 㮚 嘉穀食也

下平● 常 久也庸也 祥 福也丨瑞 詳 審也細丨 徜 丨佯 裳 衣丨 嘗 試也口味 嫦 丨娥 償 還也報也 松 木名

● 庠 丨序學名 嵩 高也 崧 山大也 翔 回飛也 菘 木名 甞 探味也 淞 江名 鱨 黃頰魚也

下上● 像 形丨 象 大獸

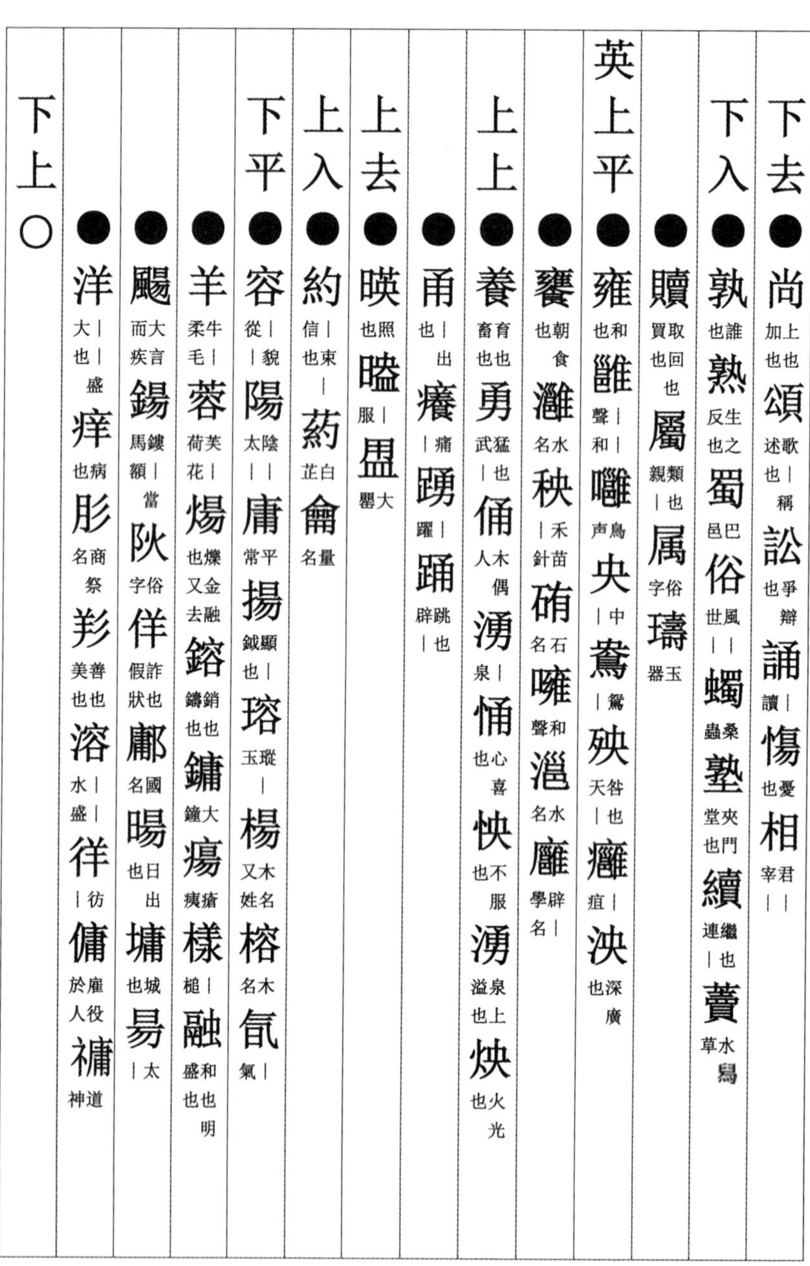

下去 ● 尚 上也加也 頌 歌｜稱述也 訟 爭辯也 誦 ｜讀 傷 憂也 相 君｜宰｜

下入 ● 孰 誰也 熟 生之反也 蜀 巴邑 俗 風｜世｜ 蠋 桑蟲 塾 夾門堂也 續 繼也連｜ 藚 水舄草

● 贖 取回也買也 屬 類也親｜ 属 俗字 璹 玉器

英上平 ● 雍 和也 雝 ｜｜聲和 嗈 鳥声 央 中｜ 鴦 鴛｜ 殃 咎也天｜ 癰 ｜疽 泱 深廣也

● 饔 朝食也 灉 水名 秧 禾苗｜針 硧 石名 噰 和聲 澭 水名 廱 辟｜學名

上上 ● 養 育也畜也 勇 猛也武｜ 俑 木偶人 湧 ｜泉 悀 心喜也 怏 不服也 湧 泉上溢也 炴 火光也

● 甬 ｜出也 癢 痛｜ 踴 ｜躍 踊 跳也辟｜

上去 ● 暎 照也 瞌 ｜服 盎 大罌

上入 ● 約 ｜東｜信也 葯 白芷 龠 量名

下平 ● 容 ｜貌從｜ 陽 陰｜太｜ 庸 平常 揚 顯｜鉞也 瑢 瑽｜玉 楊 木名又姓 榕 木名 氜 ｜氣

● 羊 牛｜柔毛 蓉 芙｜荷花 煬 爍金融也又去 鎔 銷也鑄也 鏞 大鐘 瘍 瘡痍 樣 ｜槌 融 和也明盛也

● 颺 大言而疾 鍚 鏤｜當馬額 阦 俗字 佯 詐也假狀 鄘 國名 暘 日出也 墉 城也 昜 太｜

● 洋 ｜｜盛大也 痒 病也 彤 商祭名 𢒉 善也美也 溶 ｜｜水盛 徉 彷｜ 傭 雇役於人 𥙿 道神

下上 ○

下去●	用施行也使也　鞅丨掌言為王事所拘也　映照也　擁土衛也群從　壅塞也　樣法也式也　漾水搖動也
下入●	欲情也愛也　育養也　毓鍾丨丨秀　昱日光也　慾淫丨嗜丨　浴洗身也　煜耀也　爚光明也
●	瀹水名疏通也　礿春祭薄也　鵒鴝丨即八哥　鬻賣也　藿韭也　躍丨貌　藥治病草
●	粥賣也糜也柔弱　[illegible]風吹水貌　貜郲定公名　禴薄祭也　籥似笛南丨　鑰鎖丨　淯水名
文上平●	肱人名
上上○	
上去●	[illegible]人名
上入○	
下平○	
下上○	
下去○	
下入●	鸀鳥名
語上平●	[illegible]美金
上上●	仰望也丨慕　卬瞻丨

調	標	字
上去	●	岬山名
上入	●	庴人名
下平	●	顒頭大仰也 喁眾口向上
下上	○	
下去	○	
下入	●	玉寶｜ 鈺堅金 虐酷也殘也 獄牢｜拘囚 砡齊也 瘧｜病 贖珍貝
出上平	●	昌日光也 充長也滿也 沖搖動也 倡｜狂 菖｜蒲 沖幼小也 忡憂也 倡優｜女樂又去
	●	創刀｜又去 鯧｜魚 盅器虛 窜穿也 罿罬也鳥網 种稚也 笐竹也 珫珥玉
	●	愴悲惻貌 憧意不定也 倀｜｜無見也 閶｜闔天門 茺益母草 翀直上飛貌 衝｜｜征也
上上	●	聳高也驚也 昶日長也 僘寬也 惝｜惘失意 搶爭取又平 耸耳高 㦪｜悅
	●	悚懼也 敞高也開也
上去	●	倡｜和 韔弓衣
上入	●	綽寬也緩也 碏人名 諄姓也 觸｜犯 犨牛｜也 鵲喜｜ 捉捕也｜獲也 卓高也
	●	搐牽制 蹴躡也 壁土｜急也 浞土寒｜讒人 㲋小貌 涿流下滴也 猎良犬 臅臆中膏也

上入● 斮驚也 斮斬也 鳥鳥名又音昔 矗高起也 樵穀也 踖廉謹 躤不安也 齪齷|

下平● 牆垣墉也 墻俗字 鏘鏗|金玉 戕傷也殘也 摐打也 嬙姓也

下上○

下去● 匠|人工也 唱敬|道也 縱放也發語也 銃火|鳥| 皺不請自來曰|食 揰推擊也 惷禮|而患

下入● 擉以杈刺泥中取物也

喜上平● 香芳也 鄉|裡 胷膺也 胸心| 匈|奴夷名 恟懼也 洶||水勢 凶吉| 兇惡暴也

● 皀穀| 舡吳船名 薌|合香也 種增益也 麐麝| 浤水勢 肛也腫 膷羹牛

上上● 享獻也受也 饗享也飲也燕| 響應也

上去● 餉饁也饋也

上入● 旭日出 郁||文盛貌 勗勉也 勖同上 謔戲| 戫有文章也 薁|李也 彧黍稷成也

● 燠煖也 𥞌茂盛也 稶黍稷盛也 隩地近水涯者 墺同上 澳同上 頊顓|

下平● 雄羽屬之父 熊獸名|掌 𤡾獸似豕

下上○

下去● 向對也地名 嚮上下|應相| 珦玉名 曏往時也

下入● 㱿嘔吐也

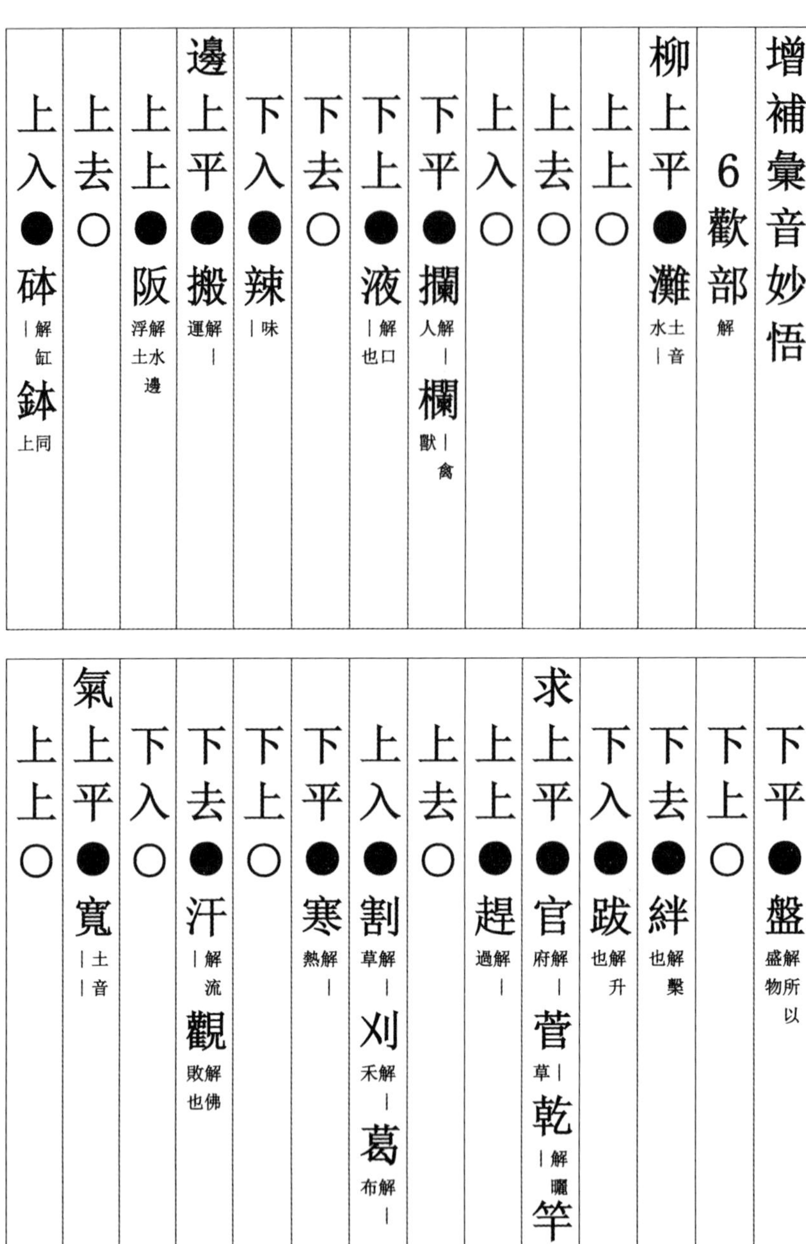

增補彙音妙悟
6歡部 解
柳上平●灘 土音水|
上上○
上去○
上入○
下平●攔 解|人 欄 |禽獸
下上●液 解口|也
下入●辣 味|
下去○
邊上平●搬 解|運
上上●阪 解水浮土邊
上去○
上入●砵 解缸| 鉢 同上

下平●盤 解所以盛物
下上○
下去●絆 解繫也
下入●跋 解升也
求上平●官 解|府 菅 |草 乾 解曬| 竿 竹|
上上●趕 解|過
上去○
上入●割 解|草 刈 解|禾 葛 解|布
下平●寒 解|熱
下上○
下去●汗 解流| 觀 解佛敗也
下入○
氣上平●寬 土音||
上上○

上去○
上入●渴土音口|也
下平○
下上○
下去●曠土話||看|見
下入○
地上平●單解孤|
上上○
上去○
上入○
下平●壇解佛|彈解|琴
下上○
下去●旦土話|占
下入○

普上平●潘土音姓也
上上○
上去○
上入●潑|水
下平●遡土話|山
下上●伴解|行
下去●判|事
下入○
他上平●攤解土話|照
上上○
上去○
上入○
下平○
下上○

下去○

下入●炭 解火丨

爭上平●煎 解土話用火丨之

上上●盞 解酒丨 笊 俗語丨籬

上去●賤 土字丨油

上入●籛 土字丨仔

下平●泉 解山下出丨

下上●濺 丨尿

下去●賤 解土話物丨

下入○

入上平○

上上○

上去○

上入○

下平○

下上○

下去○

下入●熱 寒丨

時上平●山 草木生

上上●產 土話丨米

上去●散 解四丨

上入●煞 上也

下平○

下上○

下去●線 解針丨 傘 雨笠

下入○

英上平●安 土話丨落又姓 鞍 馬丨

上上●碗 解礶丨

上去○

上入○

下平○

下上●旱 土音苦|

下去●晏 解土話早| 換 |物

下入●活 生|

文上平○

上上●滿 解充盈

上去○

上入●抹 涂也

下平●瞞 解遮|人 麻 解楊| 鰻 |魚

下上○

下去○

下入●末 幼|

語上平○

上上○

上去○

上入○

下平○

下上○

下去○

下入○

出上平○

上上○

上去○

上入○

下平○

下上○

下去●櫝 |門 閂 門|

下入○

喜上平●歡 喜解| 欣 上解同

上上○

上去○

上入○

下平○

下上○

下去●岸 |田 墘 上同

下入○

歡部終

增補彙音妙悟

7 高部

柳上平●猱猴屬善升木 麫|麪麥粥 惾劣也 牣獸似牛也 挪搓也 𤝟山名 獿同猱

上上●魯鈍也國名 虜掠也獲也 鹵|奔 卤沙也 擼動也 擄搖動也 裸赤體也 嚧|豬|呼

●嚕語也 𢜌莽|心惑也 滷鹹| 潦路上流水 櫓大盾 擄掠也 瀂鹹|也又縣名 擂搖也

●砢眾石貌 咾辭也 瑙瑪| 腦頭| 老七十曰| 蠃果|精樓也 蓏果|木實曰果草實曰|

●𥬗烤|屈竹為之 艫所以進船

上去●潞水名 臑肩膊也 氌氆|西洋布

上入○

下平●盧田犬又姓 勞勤|疲也 孥妻子也 帑國|貯財 鑼銅|樂器 蘿女|兔絲 醪汁滓為酒 蠃蚌屬

●鵞|駘下乘 撈水底取物曰| 欏|落籬也 艣船頭刺櫂舳| 壚土黑而疏 奴|婢 伮戮也 螺蚌屬

●爐火| 炉俗字 澇水名淫雨 嚹|嘈声也 蘆|菔也 嚧||呼豬 鑪酒器又火牀 㦬憂也

●濾水名 牢所以拘罪人又太| 玈|弓色黑矢 𤮜酒器 籚竹器米| 纑布縷也 羅以絲罟鳥

●膋脂也 膋腸間脂也 臚鴻|傳也 蠃魚身鳥翼 鱸|魚

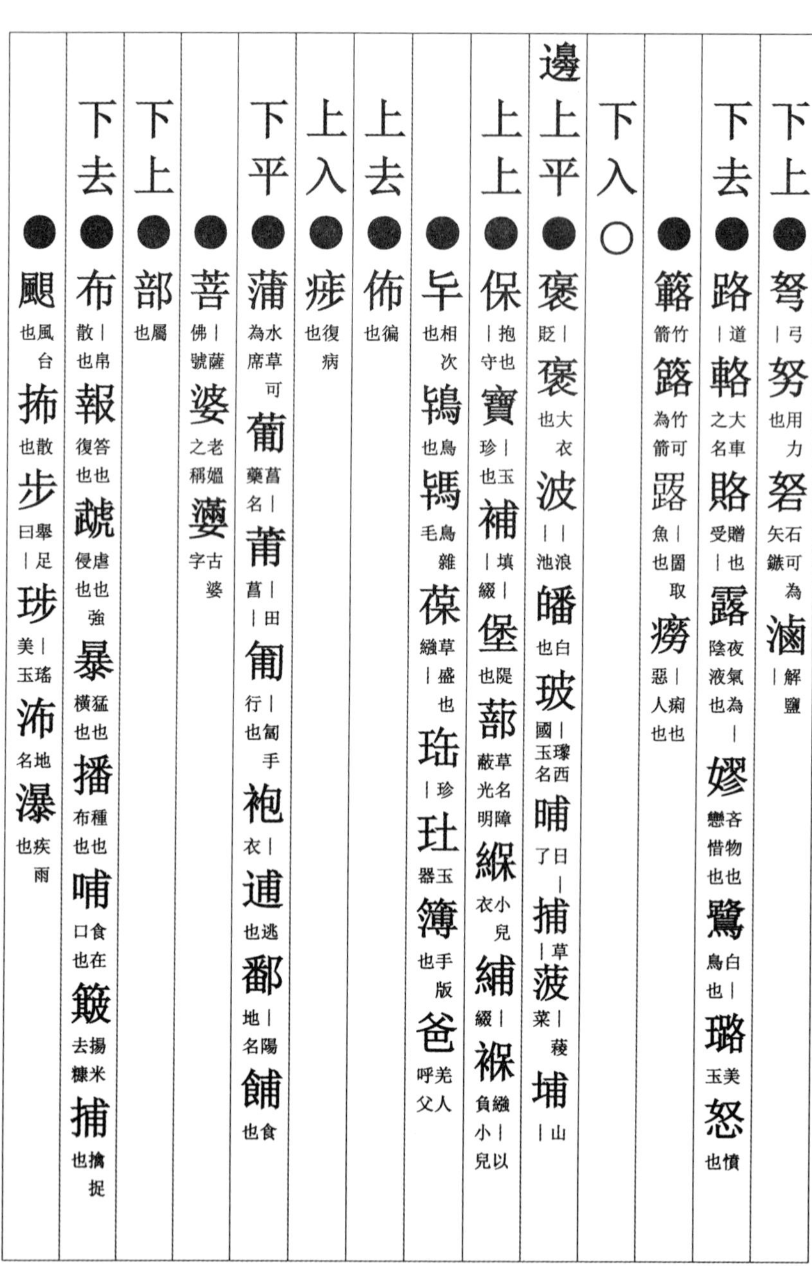

下上 ● 弩弓｜ 努用力也 砮石可為矢鏃 滷解鹽｜

下去 ● 路道｜ 輅大車之名 賂贈也受｜ 露夜氣為｜陰液也 嫪吝物也戀惜也 鷺白｜鳥也 璐美玉 怒憤也

● 簬竹箭 簵竹可為箭 罛｜圖取魚也 癆｜痢也惡人也

下入 ○

邊 上平 ● 褒｜貶 褒大衣也 波｜浪｜池 皤白也 玻｜瓈西國玉名 晡日｜了 捕草｜ 菠｜薐菜｜ 埔山｜

上上 ● 保抱也｜守 寶｜玉珍也 補填｜｜綴 堡隄也 蔀草名障蔽光明 緥小兒衣 ⿰糸甫｜綴 褓以｜繈負小兒

● 毕相次也 鴇鳥也 駂鳥雜毛 葆草盛也繳｜ 珤珍｜ ⿰王土玉器 簿手版也 爸羌人呼父

上去 ● 佈偏也

上入 ● 疺復病也

下平 ● 蒲水草可為席 葡葍｜藥名 莆｜田莆｜ 匍｜匐手行也 袍｜衣 逋逃也 鄱｜陽地名 餔食也

● 菩｜薩佛號 婆老嫗之稱 蔢古婆字

下上 ● 部屬也

下去 ● 布｜帛散也 報答也復也 虣虐也強侵也 暴猛也橫也 播種也布也 哺食在口也 簸揚米去糠 捕擒捉也

● ⿰風甫風台也 抪散也 步舉足曰｜ ⿰王步｜瑤美玉 ⿰氵布地名 瀑疾雨也

下入○

求上平● 高崇｜也 孤獨也公｜ 餜粉餈 觚酒器 軲姓也 姑父之姊妹曰｜又公｜ 歌詠｜曲｜ 哥兄｜

● 夃買也 橰山榆 櫜弓衣 媧女｜神女 辜罪也 恈知也 罛魚罟 膏脂也丹｜ 皋進也 呱泣

● 皐俗皋字 辜怯也 苽彫｜ 菰同上香｜ 鼛役事車鼓 箛以篾束物 皐澤也岸也 戈戟也

● 薅拔去田草 菏澤名 沽買也 糕同餻 羔小羊羊｜ 戙杙也船｜ 泒水名 舠小船仔｜ 鮕｜鯱

● 箍以篾｜桶 鴣鷓｜

上上● 果木實｜決 古遠代也 賈土｜商 詁訓｜ 槁木枯 鼓鐘｜ 牯牡牛 杲日出明也 ⿰月古脾｜

● 稾禾稈 稿同上 鈷溫器 暠白貌 嘏福也大也 ⿱工皿盤也 皷俗鼓字 稾乾魚曰｜ 顆物｜珠｜

● 粿米｜也 股髀幹｜肱 羖牡羊也 盬不堅固也 酤買也 瞽無明也又樂師 ⿰氵蠱水｜ 罟網之總名

● 蠱亂也卦名 槀木枯草｜ 蜾｜蠃細腰蜂 裹包也纏也 縞｜衣白色 鎬｜京 估公｜論計 菓枯草也

● 菓俗果字

上去● 誥告也訓｜ 過失誤也越也

上入● ⿰口枯梱也

下平● 糊解粘也 粘米｜麥｜ 渮澤水名

下上● 𡰪 怙｜人

下去● 告啟也命也 顧回視也思念也又發語辭 故固為之也事已舊也 痼久病也 𦋆𦌾｜取魚

● 箇數也枚也

下入○

氣 上平● 科等也｜甲 柯枝｜斧柄 枯槁也朽也 䈖竹名 軻孟子名也 剞判也 珂玉名 箍解｜桶 萪｜藤

● 窠鳥巢在穴曰｜ 蝌｜蚪蝦蟆子 𥳑篾也 尻脽也 薖草名 𥸮豆｜麻｜

上上● 苦困｜勞｜ 許解姓也 敤研治也

上去● 犒｜勞 課試也文｜

上入● 楛植物名

下平● 瘔困也

下上○

下去● 庫倉｜貯藏 袴股衣也 誥告也 絝衣｜ 靠依｜｜實 敂擊也

下入○

地 上平● 都皇｜｜圖 多大有也眾也 刀兵也 闍城上之臺 𣑰木枝四布 忉｜｜憂也 𢀖古多字

地上上●覩見也禱祈神也求福也島山｜賭｜博躲｜避也垛射｜也堵垣也睹誥朝欲明也

●擣物｜[阝朵]射也｜幬｜也覆被睹也視琽名玉[土瓦]甑別名塢｜壁隖上同

●皺桑白皮倒僕也擣手推也腄耳｜也鬌髮留不剪

上去●蠹蛀蟲白魚綯人名隯山名

上入●筋同箸

下平●徒空也卒｜圖謀也｜畫逃避也｜亡迯同上屠殺也宰豬廜｜麻草菴他彼也誰也駝馲｜

●陀陂｜不平也鞉小鼓有柄鞀｜鼓峹｜山迤透｜行貌塗旅途也紽數也濤波｜

●祹福也神也它誰也淘淅米也碙磚也碃同上柂正船木設於船尾舵同上鞀小鼓兩旁有耳

●綯絞切索也荼苦菜萄蒲｜翿也纛佗倭｜牠牛無角檮｜杌惡名沱滂｜大雨沲同上

●馱騾｜負物也塗泥也砣碾輪石也梌刺木也稌折｜瘏困病也穤禾穗也

下上●杜木名塞也道猶路也｜理肚腹｜塢｜鵬鳥也芏草名[米壽]黏也惰怠也射古文道字

下去●度法｜尺也導引也化｜憜落也墜也數敗也悼傷也哀也燾溥覆照也受姓也盜賊也剁斫也

●蹈足也稻水田所種柘桑｜妬｜忌渡濟｜秏禾百秉到至也

下入○

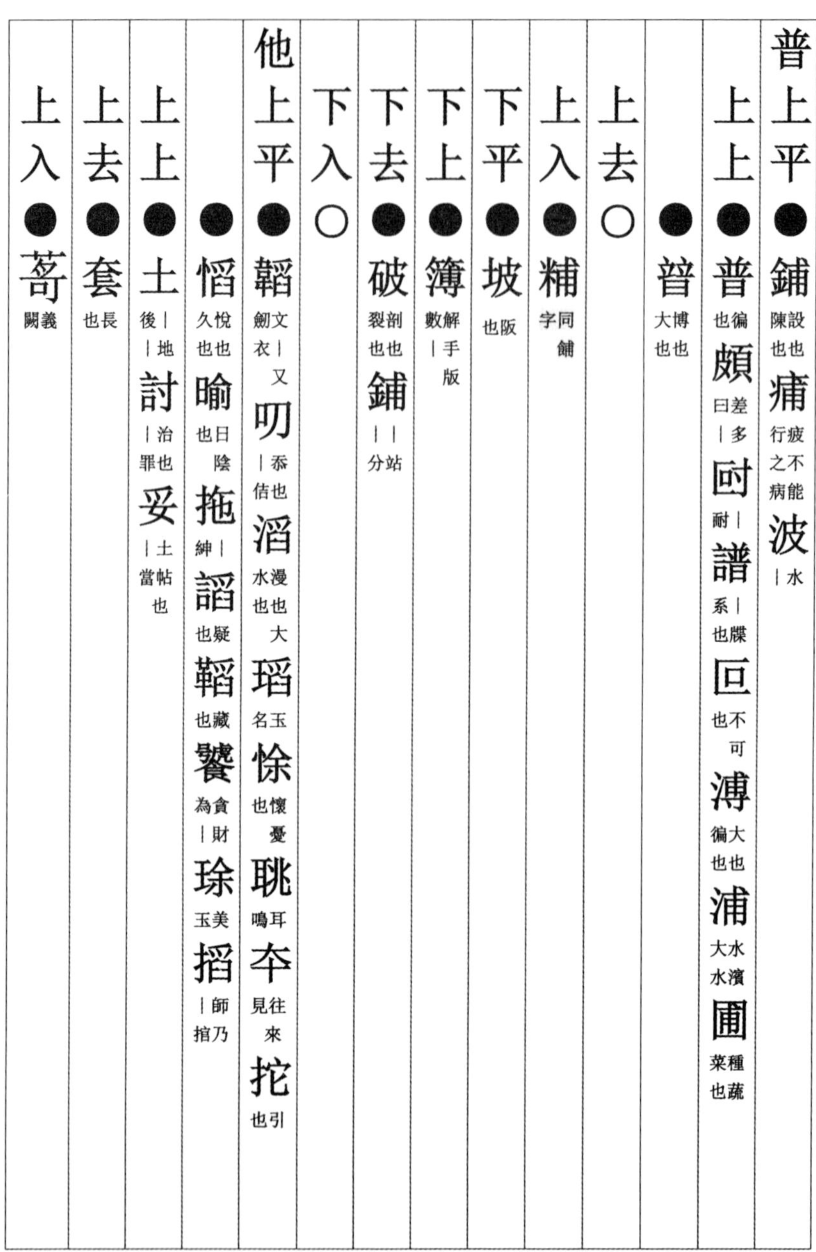

普上平	● 鋪設也陳也 痡疲不能行之病 波水丨
上上	● 普偏也 頗差多曰丨 叵丨耐 譜丨牒系也 叵不可也 溥大也偏也 浦水濱大水 圃種蔬菜也
	● 普博也大也
上去	○
上入	● ⿰米甫同舖字
下平	● 坡阪也
下上	● 簿解手版數丨
下去	● 破剖也裂也 鋪丨站丨分
下入	○
他上平	● 韜文丨又劒衣 叨忝也丨佶 滔漫也大水也 瑫玉名 悇懷憂也 聎耳鳴 夲往來見 拕引也
	● 慆悅也久也 ⿰日俞日陰也 拖丨紳 謟疑也 韜藏也 饕貪財為丨 ⿰王余美玉 搯師乃丨掐
上上	● 土丨地後丨 討治也丨罪 妥土帖丨當也
上去	● 套長也
上入	● ⿱艹哥義闕

下平●桃果名|花

下上●土解|腳

下去●吐出也口|　兔淫鼠　兎同上　菟|絲草名　唾口液也

下入○

爭上平●租田賦也　糟酒滓也　遭遇也|逢　徂往也　殂死也　雛鳥子也　瘥病也　鄒邑名

上上●左|右　祖|考|宗　阻隔也險|　澡洗滌　棗果名　俎|豆祭器　蚤早也　璪玉飾　珇美好也

●早先也晨也　藻草生水底　𠂇左也　齟|齬　皁|隸穀食未堅

上去●竈可炊飯也

上入●笮竹索

下平●曹輩也眾也　槽馬|酒|　漕衛邑　螬蠐|蟲名　鹾鹹也　矬身短　痤小腫人名

下上●坐|起行|　脞小也

下去●助輔|相|　阼東階　詛咒|　做作也　祚福也　⿰扌曹手攪也　座坐位也　挫折|　夎拜失容也

●胙祭肉　躁急進也　佐輔|　懆愁不伸也　趮疾也

下入○

	入							時					
上平	上上	上去	上入	下平	下上	下去	下入	上平				上上	
● 獨獸名	● 畇田名	● 儊不滑	● 鬖丨髮	● 皺面丨	○	○	○	● 蘇複生又姓也 騷丨人 梭織具 搔手爬 酥酒名 梳木丨 慅動也憂也 唆丨使 蔬草菜通號	● 甦死而複生 疎土稀也 繅繹繭為絲 娑婆丨 疏親丨通也 莎挼丨香附子 綀綌屬 [illegible]織具	● 穌息也 臊急躁者其肉丨惡 溞淅米声 [illegible]通也 [illegible]偷視也 𢷳摸丨也 繰同繅	● 蓑草名可為雨衣	● 所指物之辭方丨處也 掃除糞也 嫂兄之妻也 鎖丨鑰 損動也 瑣細也又繁碎 碻小石	● 篠竹名 埽同掃 嫂兄妻也

上去 ● 燥乾也

上入 ○

下平 ● 傞｜｜醉舞貌

下上 ○

下去 ● 素白也情｜ 訴告也 傃向也 喿鳥群鳴 玝玉名 數算也技也 愬｜寃也 瘙疥｜ 躁急也

● 愫直情也 噪鳥｜ 溯逆流而上 泝逆流而上

下入 ○

英上平 ● 烏黑也 屙病也 嘗鵶鳴 融黏也 䳌鳥名 阿曲也 剮草器 嗚｜呼 屙病也 苛｜政虐也

● 荷土芙蕖負｜ 痾疾病 娿｜娜弱態

● 瑦石之似玉者 昈明也

上上 ● 隝山阿也 襖裘屬 鄔地名 [木褭]枝垂也 [髟女]髮長 婀｜娜美貌 [氵烏]水名 媪女老之稱

上去 ● 堊白玉

下平 ● 胡土牛頷下懸肉也 湖土五｜ 渦水回 楜｜椒 壺酒器 壷瓦器水｜ 瑚土音正音呼｜璉祭器

● 餬口｜寄食 蝴｜蝶 窩藏也穴居也 弧弓也懸｜ 瓳器也瓦為之也 猢｜貉 猧犬名 [胡羽]人名

下平●葫大蒜

下上●岵山無草木曰｜怙｜恃倚也祜福也

下去●奧室西南隅曰｜悳堅也惡怨也堊｜室之地懊悔恨也｜惱也澳深也芋解葉似荷可食

●隩氣寒而聚室

下入●唷嘔吐

文

上平○

上上●某｜者未定之辭姆女師也媽父母之母馬馬行貌母父｜畆畎｜厶｜人又作私字姥老母也

●牡畜父拇足大指也扗手指也

上去○

上入○

下平●謨謀也典｜模形｜｜範蟆蝦｜鏌鼎｜摸以手｜也摹同上

下上●舞解蹈｜

下去●慕思也係懸也暮日晚也戊十幹名募廣求也墓塚也墳｜莫旦｜也

下入○

語上平〇

上上●伍參|行|午辰名中|玝人名五|行中數也忤逆也啎逢也頙頭巾仵偶也敵也

上去〇

上入〇

下平●吳大言也又姓浯|溪吾我自稱也蜈|蚣郚|邑名齬齟語不相值也吴俗字梧|桐

●珸琨|美玉牾逆也

下上●五解數名

下去●誤謬也相|寤|寐覺而有言晤明也|對逜相幹|也悞欺也失也⿱吾心悅也悟覺|曉也聕聽也

●⿰忄⿱罒凵倉卒也錯|捂抵觸也忤逆也違戾也

下入〇

出上平●初始也粗|大|略麤物不精也磋磨治也糲米不精也操持也瑳玉也耡耕|治田

●鉏去穢助苗

上上●楚叢木高起也艸百卉總名草|木|創屮|初生也⿰口草|嘐⿰王老俗字瑳玉色鮮白又笑貌

上去●糙米穀

出 上入 ○

下平 ● 蹉 |跎失時也

下上 ● 造 至也詣也

下去 ● 剉 折也剁斫也 銼 折也摧也 慥 言行相顧 措 處置|備 蔞 失容也詐也 莝 斬草 鄅 鄭邑 脞 |錄

● 酢 酸漿也 醋 酒| 挫 折|摧| [illegible] 鳥巢

下入 ○

喜 上平 ● 呼 叫也嗚| 乎 語之餘也又疑辭 虖 嗚|嘆辭 幠 大也 憮 同上 滹 |沱水名 糊 粘也米麵為之

● 嘑 咄啐 虍 虎文也 蒿 多種不一類蓬|杜|

上上 ● 虎 猛獸山君 皓 光也白也 戽 杼也 [illegible] |豆 滸 水涯 琥 |珀

上去 ● 鑊 鼎| 矱 度也

上入 ○

下平 ● 和 順也平也 何 曷也奚也 蠔 生海石相連為| 豪 英也|傑 河 水出積石 狐 |狸性淫多疑 禾 嘉穀也

● 槲 |椒 胡 何也 濠 水名 毫 長毛絲|

下上 ● 顥 大也天邊 灝 夷曠水勢遠 扈 尾也後從桑|鳥名 昊 |天 戶 一扇曰| 鳸 桑| 皓 潔白也

喜下上●皞白貌浩大水龐大貌禍殃也害也楛木名怙倚也滬水名

下去●護大｜湯樂互交｜沍寒凝也號｜令也稱名也号教令穫刈禾也焦｜護救也濩煮也

●絚差｜以收絲耗敗也虛也戽｜門抒水器夥物多而盛瓠甘｜呵｜｜笑

下入○

高部終

增補彙音妙悟

8 卿部

柳 上平 ●盜安也 薴草亂也 濘泥淖也又滑也

上上 ●領項後也受也統理也 嶺山|也 冷寒|

上去 ●另分居也

上入 ●栗樹名嘉穀 鑠銷也 阞地之脈理 軛駕馬之具 仂數之餘也 [車刂]削也 汸水也 芀香草

●鑠銷也盛也 戹木節 坊功大也 勒抑也刻也 抳捉也持也 搮以手理物 泐石解散也 肋脅骨也

●躒人名 搤持也握也 扼同上 爍烵|光貌 秝穀| [目歷]視也 戹小門 慄懼也 㮚古栗實字|

●扐筮者著蓍於指間也

下平 ●靈神也寵也 陵大阜也犯侮也 鈴似鐘而小 零落也 霝雨零 蛉螟|小蟲 鴒鶺| 稜神靈之威曰|

●寧願詞也安也 崚山| 淩冰也冰室 夌越也 灵小熱貌 苓茯|藥名 甯俗寧字 玲|瓏

●齡年也 [犭霝]犬名 伶|俐 鯪|鯉穿山甲 菱菜名 囹|圖獄名 棱窻隔子 軨車轄

●羚|羊 能有才 狑良犬 泠水出丹陽 淩水名犯也 蔆芰二角曰| 蘦|落草曰|木曰落

●昤聽也 甯安也 翎鳥羽 綾帛繒也 伶弄臣也樂工也

下上〇
下去●令善也律|
下入●力氣|心|曆歲時之數壢玉名惄飢意憂也歷傳也經|愵憂也搦按也⿱弱心患也⿰犭力犬爭也
●瀝滴|點|也瓅玓|明珠色也礰石名靂霹|礫小石羃羃|煙貌⿱丰林草木疏貌
●蒚山蒜擽打也捎也匿藏也隱也櫪馬牛皁䰛去滓也轣|轆⿰風歷飂|風綠色也
●櫟山樗也鬼石
邊上平●冰陰氣所聚氷俗字兵戎器掤箭箙蓋也駢並駕也邑名仌水凍為|帡幄也|幪
上上●秉禾||執餅粉麵之餈鉼俗字鞞佩刀之鞘鞸同上炳明也怲憂盛滿也併並也倂相竝也
●⿸广⿱鬼虫蜂也丙十幹名抦持也邴姓也
上去●柄本也柯也
上入●百十十為|迫急|伯長也佰仟|柏|栒也腷|臆意不泄也蔔梔花擘分也手指也
●偪|近湢浴室也揊|肉押同上壁牆|栢俗柏字逼兵至也迫也驅也
下平●平成也正也並一樣也竝併也比也泙穀也凭隱幾也凴同上萍浮生水上又青|劍名
●呯||聲也玶玉名坪地平處苹郱邑名枰版牀

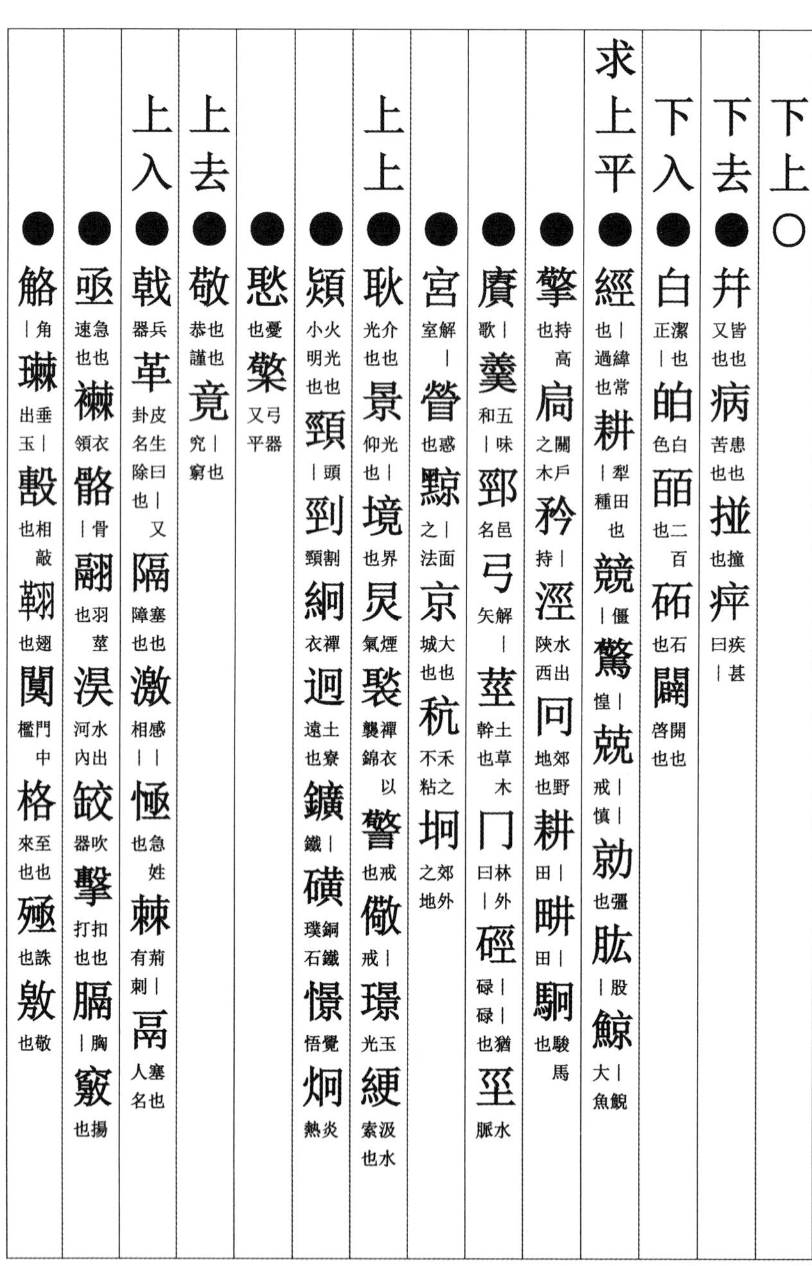

下上 ○

下去 ● 幷皆也又也 病患也苦也 掽撞也 疛疾甚曰丨

下入 ● 白潔也正丨 [白+白]白色 皕二百也 [石+百]石也 闢開也啓也

求上平 ● 經丨緯常也過也 耕犁田丨種也 競僵丨 驚丨惶 兢丨丨戒慎 勍彊也 肱股丨 鯨丨鯢大魚

● 擎持高也 扃關戶之木 矜丨持 涇水出陝西 冋郊野地也 耕丨田 畊丨田 駉駿馬也

● 賡丨歌 羹五味和丨 郢邑名 弓解丨矢 莖土草木幹也 门林外曰丨 硜丨丨猶碌碌也 巠水脈

● 宮解丨室 [曾/目]惑也 黥丨面之法 京大也城也 秔禾之不粘 坰郊外之地

上上 ● 耿介也光也 景光丨仰也 境界也 炅煙氣 褧襌衣以襲錦 警戒也 儆丨戒 璟玉光 綆汲水索也

● 熲火光也小明也 頸頭丨 剄割頸 絅襌衣 迥土寮遠也 鑛丨鐵 磺銅鐵璞石 憬覺悟 炯炎熱

● 憼憂也 檠弓器又平

上去 ● 敬恭也謹也 竟究丨窮也

上入 ● 戟兵器 革皮生曰丨又卦名除也 隔塞也障也 激感丨相丨 [忄亟]急也姓 棘荊丨有刺 鬲塞也人名

● 亟急也速也 襋衣領 骼骨丨 翮羽莖也 湨水出河內 鉸吹器 擊扣也打也 膈胸丨 [穴/毄]揚也

● 觡角丨 璥垂丨出玉 毄相敲也 翮翅也 闃門中檻 格至也來也 殛誅也 敫敬也

上入●狊犬視 挌擊也 瞁閉目也

下平●貧解急也

下上●埂堤封

下去●鏡鑑也 徑小路也 脛足骨也 逕丨庭 摬擊也 勁健也 瀞清也

下入●極至也窮也 鵙伯勞也 谻倦也 屐木丨 劇增也戲也 ⿰口劇戲丨

氣上平●輕不重也 傾側也 卿公丨 硎石声 ⿰山巠克也 坑溝也 筐解菜丨

上上●頃萬丨丨刻 謦丨欬 高小堂也 汫小水貌 漀側水貌 ⿱殸火火乾出也

上去●慶福也丨賀

上入●隙孔也聞丨 虢國名 峈吐 郄姓也 郤地名 綌粗葛 闃寂靜也 聝斷耳 虩心懼

●⿰矛殳長矛也

下平●享孤獨也 嬛丨丨在疚 惸憂也獨也 瓊 煢憂也 睘無所依也

下上●柏解土音丨珠木名

下去●磬樂器石 罄空也又樂器 殸樂俗作器石字 声石聲 聲俗作聲字

下入●喫食也

地上平● 丁十幹名當也 釘鐵｜ 瀓水靜而清 澄同上 玎｜玲玉 懲創也戒也 疔疹｜瘦也 徵驗也

● 灯解｜火 呈下陳情於上也 叮｜嚀 篁鋌也

上上● 頂頭顛 鼎寶｜三足 鼑同上俗字 鋌鏖｜ 耵耳垢也 町田區畔埒 珽玉名 銗受錢器也

上去● 定安也決也

上入● 的明也實也 德恩也福也 菂蓮中子也 冎繫也 嫡正室為｜ 的明也 得有所得也 粍黏也

● 靮｜以控馬 馰馬白額也 摘手取也 滴涓｜水點也 窒塞也 扻梳也治髮 啇本也獸蹄

● 靮｜以控馬 適專主也 竹解 豴豚蹄 猲犬張耳 鏑矢之鋒鏃 厇狹也 讁責也

● 玓｜瓅明珠色也

下平● 廷朝｜ 庭門屏之內 霆雷｜ 重解千｜萬｜ 層解千｜餅

下上〇

下去● 訂議也 躑｜躅 擲投也拋也 矴鎮舟石也 磸硾舟石也 錠錫屬 鄭國名

下入● 狄北｜遠也 澤水鍾聚曰｜ 笛七孔簫也 滌洗也除也 藋｜｜長竿 檡木名棘也 糴買穀也

● 翟雉曰｜羽舞也 蹢｜躅 宅田｜居也 苗蓧草也 敵匹也拒也 直正也平也 荻蘆屬

普上平● 駍聲眾盛也 訇｜訇大聲 砅水擊石聲 砰砅｜石聲 軯車馬聲也 荓草名 頩面色黃也 閛閉門声也

普 上平 ● 烹煮也 棚板也閣也 甹使也 竮同上 淜水貌 抨彈也 崩壞也

上上 ● 頩美貌

上去 ● 聘訪也問也 騁馳｜

上入 ● 僻陋也偏也 甓圭｜子男所執 壁牆｜ 劈剖也破也 躄跛也不行也 拍｜版打也 愊悃｜至誠

● 襞｜擢疊衣 珀琥｜ 霹｜靂迅雷 魄魂｜ 逼迫也 楅｜衡 擗開也 鬼同魄也 湢浴室

● 躃兩足俱癈 澼漂絮 癖嗜好之病

下平 ● 評｜文｜品 彭行也道也 伻使也 澎水名地名

下上 ● 拼搕撞也

下去 ● 聘視也 騁馬｜也

下入 ● 愎戾也咈也 煏火乾物也 甓甂甋

他 上平 ● 汀水際平地 耓耒下木也 矴玉｜也 廳屋內中｜ 汀冰貌 朾門根葉

上上 ● 逞快也 梃杖也｜然 挺直也超拔也 悜意不盡也 壬善也成也 脡脯肉 ⿰矢廷小貌 艇小船 珽分也

上去 ● 聽從也

上入 ● 惕敬也懼也 飭整備也修｜ 陟土登也升也 趯｜｜跳貌 踢以足蹙物 斥大也擯也 聴欲臥貌

上入 ● 逖遠也 剔解骨 惄失常也 聽默｜臥貌 侙惕也 圻裂也分開 鬄削髮 忑志｜怯也 勅同飭

● 倜｜儻 忒差也 惕快也得也 慝惡也淑也 搨拳打也 陟升也 敕擊馬 揚挑｜也 擿挑發也

下平 ● 程章｜品也又姓 裎裸｜露體 亭｜㯳調也 醒酒未醒也 停土止也息也

下上 ○

下去 ● 忊不得去貌 鐙踏｜

下入 ● 邐｜｜躍也 逷遠也 逖同上

爭上平 ● 貞正也 偵問也 廷行也 征同上 楨｜幹剛木 蜻｜蜓 寘人名 鉦鐃也鐲也 晶水｜ 徵驗也召也

● 蒸薪｜細曰｜又眾也進也 蒸同上 精正也細也 旌析羽為又｜表｜ 烝薰也眾也 菁盛貌｜茅 睛目｜

● 禎｜祥正也

上上 ● 井水｜｜田 整齊也飭也 憼同上 種｜子

上去 ● 淨潔｜無垢

上入 ● 積累也聚也 責誚也誅也 跡蹤｜ 隻單｜曰 績蠈｜也 迹足｜舊｜ 鶺｜鴒水鳥 勣事業功也

● 嘖大呼声也 笮狹也 簀狀棧簞也 蹟循道也 脊背｜也又｜令 蹠盜｜ 聻鬼死為｜書此字於門邊能除百鬼

● 蹐跼｜ 織組｜布帛之總名 陟升也 灼香｜ 職主之常也｜分官｜ 乇草葉也 磔裂牲謂｜

上入● 稷黍|社| 磧水渚有石曰| 卽就也此也 即俗字 嚱鼠 績緝麻也功業也 杔|櫨壓酒器

● 精白米也 犴而似騾小 驚陰|

下平● 情性之動處 晴人之陰氣所欲 晴雨止也 蹭高貌 鄫姒姓也

下上● 彰清飾也 靖安也審也 靜寂也安也息也 竫亭安也

下去● 証質|諫也 證驗也 正定也平也 阱陷也 政正|國||事 穽陷也坑也 眾解|人

下入● 寂靜也|安 槭系牛杙也 瘠瘦也 籍典|||語声也 家楚辭野|漠其無人

入

上平○

上上○

上去○

上入○

下平○

下上○

下去○

下入● 褥|子

時

上平 ● 星 列宿之總名 聲 丨氣丨音 升 量名丨門 昇 日上也 陞 登也躋也 胜 不熟也 腥 生肉曰丨

● 猩 獸能言也 惺 靜也

上上 ● 省 視也丨察 醒 覺也 眚 赦也過也 ⿰忄省 悟也

上去 ● 性 天丨理也 剩 益也餘也

上入 ● 昔 前代也往也 瑟 琴丨 色 顏丨女丨 熄 蓄火也滅火也 晢 白色人名 穡 稼丨 ⿱竹息 稍除耳垢

● 索 求也取也 舄 履也 緆 衣緣 ⿰米睪 丨米 奭 盛也赤色 ⿰片責 版也 腊 乾肉 式 法也用也 室 宮丨

● 軾 車丨 錫 鉛類賜也 ⿰風析 風声 襫 襏丨雨衣 蟋 丨蟀 蝨 蟣丨 踖 踐也 識 知也 螫 蟲行毒

● 葸 丨菜 息 止也喘丨 歰 不滑也 悉 盡也知也 惁 敬也 懎 悲恨也 惜 吝也愛也 淅 汰丨丨瀝

● 拭 潔也 ⿰亻嗇 吝也 釋 放也解也 嗇 慳吝也 媳 子婦為丨 晢 明也 晰 同上 栻 木局 析 剖丨分也

● ⿰口析 鳥声 飾 脩丨文丨 裼 祖丨丨衣

下平 ● 成 就也丨功 陾 築牆声 蠅 飛蟲蒼丨 宬 屋所受容 乘 駕也登也 城 丨郭 ⿱二氶 奉丨 礽 福也 珹 玉名

● 誠 實也信也 譝 譽也 氶 奉也受也 承 下載上也 丞 助也 鱦 丨魚 ⿰目⿱龹土 田畔 郕 國名 筬 丨筐織具

● 塍 田中畦埒 晟 飯匱 繩 丨直索也

下上 ○

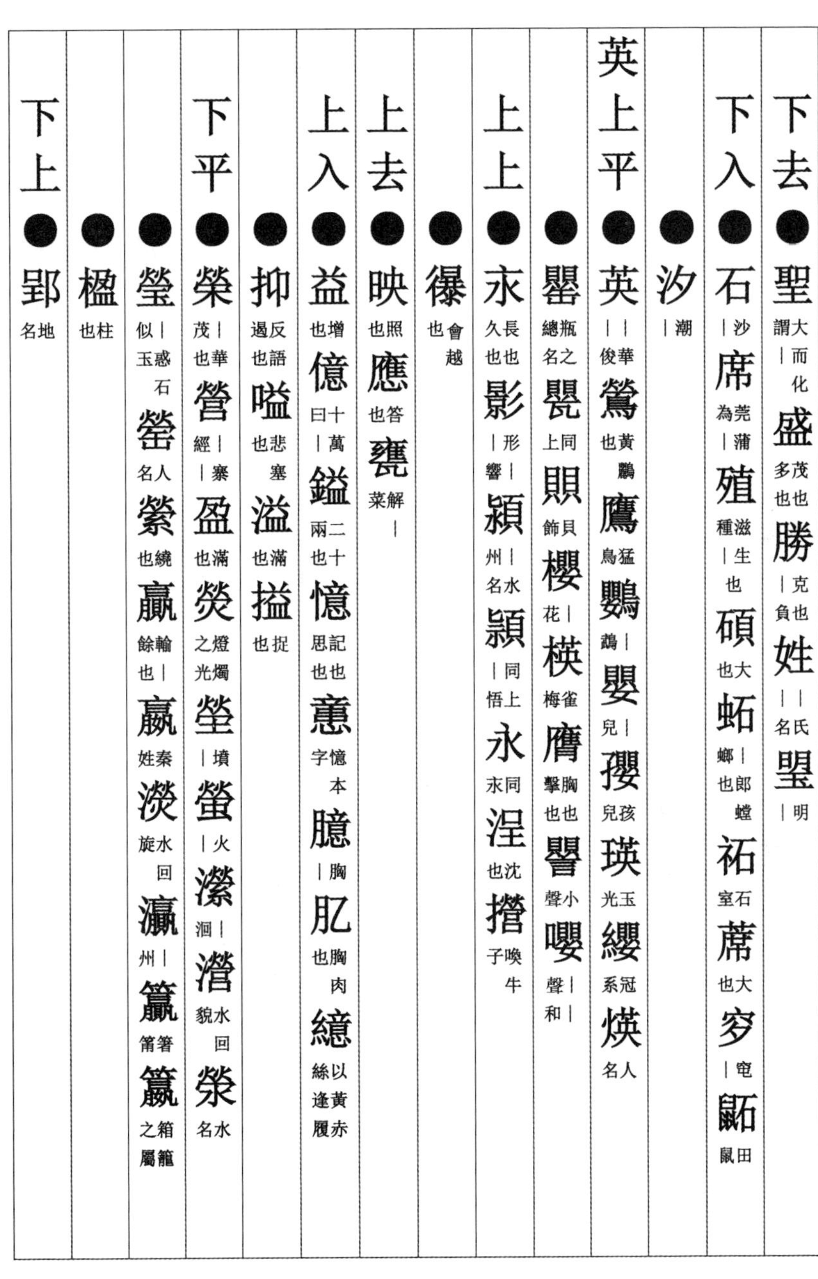

下去 ●聖 大而化謂| 盛 茂也多也 勝 克也|負 姓 |氏|名 盟 明|

下入 ●石 沙| 席 莞蒲為| 殖 滋生種|也 碩 大也 蚸 |郎螳螂也 祏 石室 蓆 大也 穸 窀| 鼫 田鼠

●汐 潮|

英上平 ●英 |華|俊 鶯 黃鸝也 鷹 猛鳥 鸚 |鵡 嬰 |兒 孾 孩兒 瑛 玉光 纓 冠系 煐 人名

●罌 瓶之總名 罃 同上 賏 貝飾 櫻 |花 楧 雀梅 膺 胸也擊也 罌 小聲 嚶 ||聲和

上上 ●永 長也久也 影 形||響 潁 |水州名 頴 同上|悟 永 同永 浧 沈也 撍 喚牛子

●儤 會越也

上去 ●映 照也 應 答也 甕 解|菜

上入 ●益 增也 億 十萬曰| 鎰 二十兩也 憶 記也思也 意 憶本字 臆 胸| 肊 胸肉也 繶 以黃赤絲逢履

●抑 反語遏也 嗌 悲塞也 溢 滿也 搤 捉也

下平 ●榮 |華茂也 營 |寨經| 盈 滿也 熒 燈燭之光 塋 墳| 螢 火| 瀅 |洄 瀯 水回貌 滎 水名

●瑩 |惑石似玉 鎣 人名 縈 繞也 贏 輸|餘也 嬴 秦姓 濙 水回旋 瀛 |州 籯 箸筩 䉰 箱籠之屬

●楹 柱也

下上 ●郢 地名

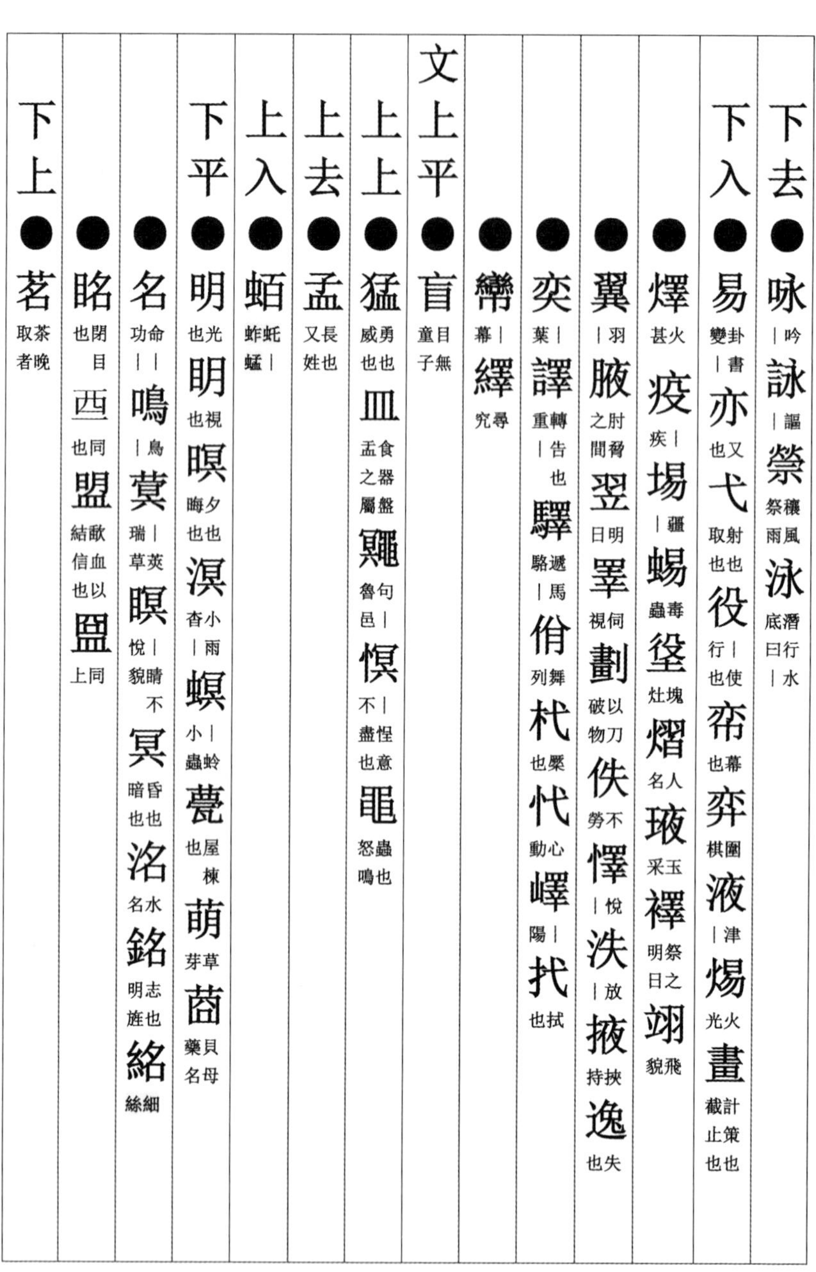

下去 ● 咏吟丨 詠謳丨 禜禳風祭雨 泳潛行水底曰丨

下入 ● 易卦書變丨 亦又也 弋射也取也 役丨使行也 帟幕也 弈圍棋 液津丨 焬火光 畫計策也截止也

● 燡火甚 疫丨疾 埸疆丨 蜴毒蟲 垼塊灶 熠人名 ⿰王夜玉采 ⿰礻睪祭之明日 翊飛貌

● 翼羽丨 腋肘脅之間 翌明日 睪伺視 劃以刀破物 佚不勞 懌悅丨 泆放丨 掖挾持 逸失也

● 奕丨葉 譯轉告也重丨 驛遞馬駱丨 佾舞列 杙橜也 ⿰忄弋心動 嶧丨陽 ⿰扌弋拭也

● ⿰巾睪丨幕 繹尋究

文上平 ● 盲目無童子

上上 ● 猛勇也威也 皿食器盤盂之屬 鼆句丨魯邑 慏丨惺意不盡也 黽蟲也怒鳴

上去 ● 孟長也又姓

上入 ● 蛨蚝丨蚱蜢

下平 ● 明光也 明視也 暝夕也晦也 溟小雨杳丨 螟丨蛉小蟲 甍屋棟也 萌草芽 莔貝母藥名

● 名命丨功丨 鳴鳥丨 蓂丨莢瑞草 瞑丨睛不悅貌 冥昏也暗也 洺水名 銘志也明旌 ⿰糸名細絲

● 眳閉目也 西同也 盟歃血以結信也 ⿱囧皿同上

下上 ● 茗茶晚取者

下去●命天｜也｜名䀕閉目也

下入●覓求也脉血理分腋於四肢也脈血｜氣｜霢｜霂小雨冪巾覆物也糸細絲也鼏覆也

●幦覆軾之皮幭淺｜塓塗也羃覆食也幂周禮巾｜䉱白狗皮也冖覆也熐燒｜蠡也幕帷｜

●⿰目覓邪視也篾車覆驀上馬也又越也

語上平●皏白貌

上上●⿰犭巠狩也⿰矢夭短小貌

上去○

上入●頟頽也｜｜不休息

下平●凝冰堅也成也迎｜接也

下上●⿰目巠視貌

下去●硬強也堅也鞕同上

下入●額頽也逆不順也迎也鷁水鳥春秋六｜退飛鷊綬鳥也又草也玉解寶｜鶂鳥名獄解牢｜

●⿰身鳥水鳥

出上平●清潔也澈也青東方木色靘青黑色也蟶蚌屬也稱揚也舉也穪同上頳魚勞列尾赤

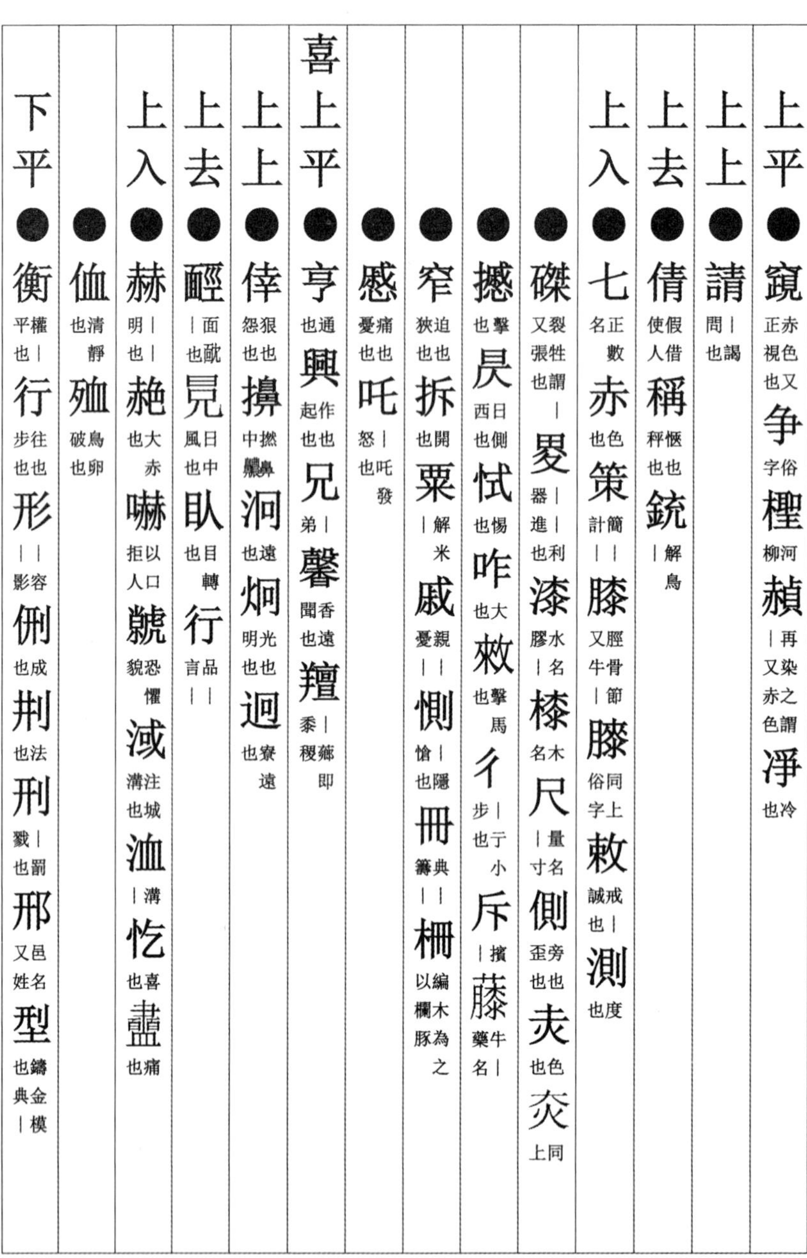

上平 ● 窺 赤色又正視也 争 俗字 檉 河柳 赬 再染之謂|又赤色 淨 冷也

上上 ● 請 |謁問也

上去 ● 倩 假借使人 稱 愜也秤也 銃 解鳥|

上入 ● 七 正數名 赤 色也 策 簡|計| 膝 脛骨節又牛| 滕 同上俗字 敕 戒|誡也 測 度也

● 磔 裂牲謂|又張也 畟 ||利器進也 漆 水名膠| 榛 木名 尺 量名|寸 側 旁也歪也 夫 色也 烾 同上

● 摵 擊也 昃 日側西也 忒 惕也 咋 大也 敕 擊馬也 彳 |亍小步也 斥 擯| 藤 牛|藥名

● 窄 迫也狹也 拆 開也 粟 解米| 戚 親|憂| 惻 |隱愴也 冊 典|籌| 柵 編木為之以欄豚

● 慼 痛也憂也 吒 |吒發怒也

喜 上平 ● 亨 通也 興 作也起也 兄 |弟 馨 香遠聞也 馦 |馦即黍稷

上上 ● 倖 狠也怨也 擤 撚鼻中齈 泂 遠也 炯 光也明也 迥 遼遠也

上去 ● 𩈠 面䩄|也 晛 日中風也 眏 目轉也 行 品|言|

上入 ● 赫 ||明也 赩 大赤也 嚇 以口拒人 虩 恐懼貌 淢 注城溝也 洫 溝| 忔 喜也 衋 痛也

● 侐 清靜也 殈 鳥卵破也

下平 ● 衡 權|平也 行 往也步也 形 |容|影 侀 成也 刑 法也 刑 |罰戮也 邢 邑名又姓 型 鑄金模也典|

下平 ● 訇 訇|大声 姮 |娥也 竑 量度也 紘 冠冕之繫 綋 維也 桁 横木 恆 久也常也 轟 群車之声

● 恒 俗恆字 恆 同上 鈜 鐘声 泓 水際也 横 縱| 鉶 羹器 鞃 車軾横木 珩 佩首横玉也

● 宏 大也 陘 楚地 翃 飛貌 閎 巷門 弘 廣也大也 甍 亡也眾也

下上 ● 幸 不常得而得曰|又愛也 倖 儌| 杏 |果名|花 荇 接餘也根生水底

下去 ● 興 起也 矎 直視貌 [illegible] 馬怒也 瀇 小津也

下入 ● 或 疑辭迷也 域 界局也 惑 疑也迷| 棫 白桵也柞也 閾 門限也 馘 斷首也截耳也 獲 得也臧|

● 罭 罟也取魚 [illegible] 古字 緎 裘之界| 肉 解魚| [illegible] 縫也 [illegible] 吐声 蜮 短狐能射人 琙 人名

● 㦽 乖戾也 覡 能事神明者

卿部終

增補彙音妙悟

9 杯部

柳上平○

上上●誄（|文以禱神）餒（飢也爛也）餧（土同上）

上去○

上入○

下平●醔（|飯）

下上○

下去●內（里也）

下入●嗗（飲聲）

邊上平●杯（酒器）桮（飲器）篦（土竹|）狉（群走貌）盃（器也酒|）

上上○

上去○

上入●八（解數名）

下平 ● 陪 重也｜臣 賠 ｜補 坯 益也 裴 衣長也又姓 ⿰丕頁 曲頤也 坏 益也 培 益也助也 棓 姓也 徘 ｜徊

下上 ● 倍 加也

下去 ● 輩 等也同｜ 輩 同上俗字 背 身後曰｜ ⿱非牛 兩壁耕 珮 ｜玉 貝 寶｜ 焙 煏也 狽 狼｜相依

● 泼 白肉 郶 邑名 背 身後也 佩 大帶也玉｜ 悖 背也｜逆 倍 ｜師相｜ 邶 國名 ⿱艹貝 母｜藥名

● 孛 土｜星 褙 襦也 琲 ｜飾 旆 旂飛揚也

下入 ● 拔 ｜起

求上平 ● 瓜 解葉生｜｜

上上 ○

上去 ● 檜 木名似柏 襘 帶所結也 獪 狡｜ 澮 水注溝也

上入 ○

下平 ● ⿰豕夾 獸名

下上 ○

下去 ● 鄶 國名 旝 旍也 ⿰禾會 粃糠 禬 除殃之際 怪 解土話｜人 憒 心亂也 慖 恨也 鱠 魚｜

● 膾 牛羊魚腥聶而切之為｜ 糩 粗糠也 薈 土草多貌

下入●
氣 上平● 魁 斗首｜星 盔 盂器 悝 悲也大人名也 詼 ｜諧
上上● 跬 半步
上去○
上入○
下平● ⿸疒卷 手屈病
下上○
下去● 凷 墣也
下入● ⿰火奎 火貌
地 上平○
上上○
上去○
上入○
下平● 魋 隤 摧也病也 穨 暴風也又病也 頹 穨之譌

下上○
下去● 兊 土卦名｜物 逓 傳｜
下入○
普 上平● 抔 披也 炋 火也 批 土音｜劄 鎞 ｜鑿
上上○
上去○
上入○
下平○
下上○
下去● 配 對也合也 霈 雨貌 稗 土羗｜子
下入○
他 上平○
上上● 俀 弱也魯宣公名
上去○

上入○
下平●煺｜燖毛也
下上○
下去●退卻也進｜蛻蟬解皮也
下入○
爭上平○
上上○
上去○
上入○
下平●摧傷也摧挫也折也䊫精米也
下上●罪辠也犯｜
下去●最土尤也勝也嘬齧也贅土進｜
下入○
入上平○

入上上○
上去○
上入○
下平●羸弱也病也蚋蠅屬汭水相入也蜹蠛蠓
●蕤土｜賓律名緌土冠之纓結於頷下
下上○
下去●睿深明通達叡同上芮細貌水涯枘木耑入鑿
下入○
時上平●衰微也弱也榱椽也
上上○
上去○
上入○
下平○
下上○
下去●歲年｜｜序税租也帥主也將｜帨用以拭手
●涗過水清也祟神禍也

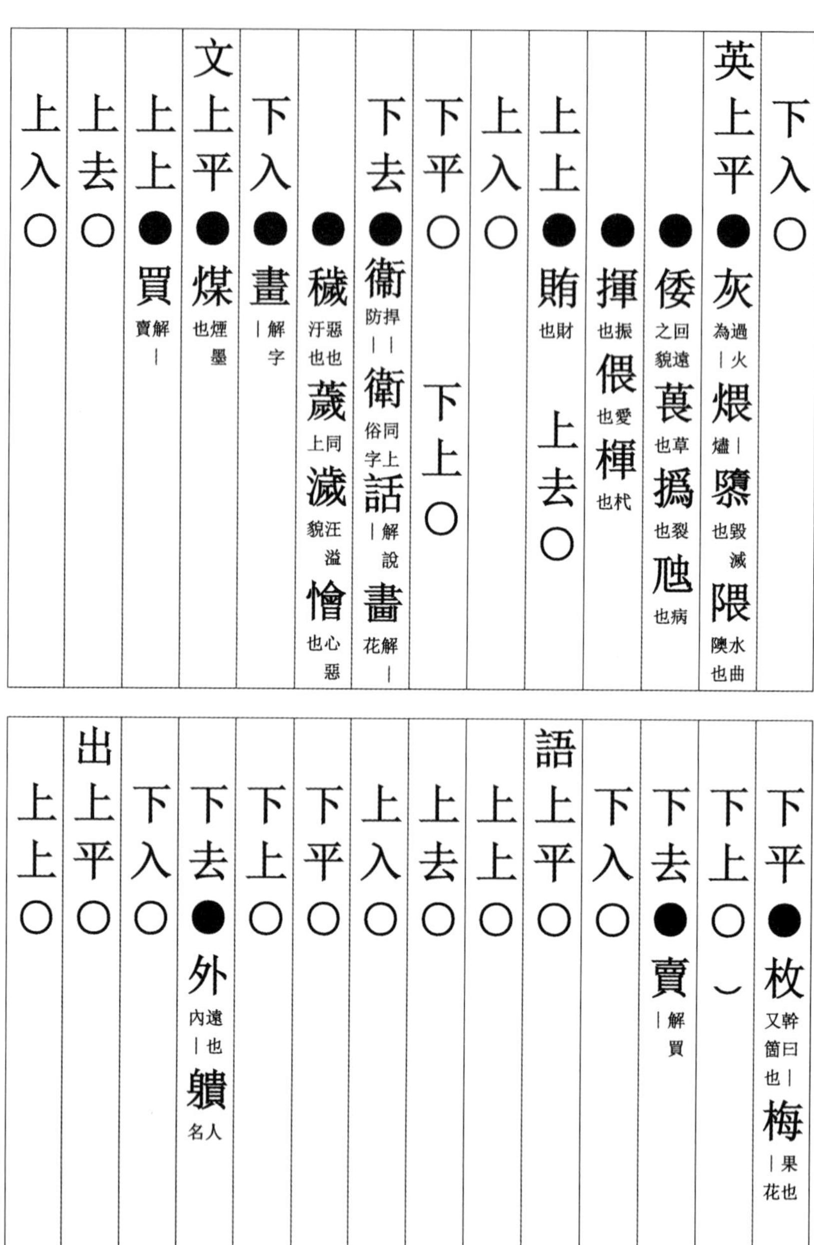

聲母	聲調	字
	下入	○
英	上平	● 灰 過火為| 煨 |爐 燬 毀滅也 隈 水曲隩也
		● 倭 回遠之貌 萎 草也 撝 裂也 虺 病也
		● 揮 振也 偎 愛也 楎 杙也
	上上	● 賄 財也
	上去	○
	上入	○
	下平	○
	下上	○
	下去	● 衛 捍|防| 衞 同上俗字 話 解說| 畫 解|花
		● 穢 惡也汙也 薉 同上 濊 汪溢貌 懀 心惡也
	下入	● 畫 解字|
文	上平	● 煤 煙墨也
	上上	● 買 解|賣
	上去	○
	上入	○

聲母	聲調	字
	下平	● 枚 幹曰|又箇也 梅 果也|花
	下上	○ ︶
	下去	● 賣 解買|
	下入	○
語	上平	○
	上上	○
	上去	○
	上入	○
	下平	○
	下上	○
	下去	● 外 遠也內| 聵 人名
	下入	○
出	上平	○
	上上	○

上去○
上入○
下平○
下上○
下去○
下入○

喜
上平●花解｜草
上上●悔知過能改愧｜反｜ 㤄心自疚也
上去●癈不舉也衰也 晦不明也月盡也 靧洗面 匯水會合也｜書 瀩｜水 滙俗字
上入○
下平●回避也往｜ 囘律也 廻同回 迴同上 鉶埔｜ 洄逆流而上 徊徘｜ 郈鄉名 茴｜香 佪俳｜
下上●輠迴也
下去●誨訓｜ 會總也聚也 蘬蘆｜ 岪古字 鉞車鑾声 繪書文
下入○

杯部終

增補彙音妙悟

10商部 正

柳 上平●娘 正女｜

上上●兩 斤｜ 擃 撞也

上去●亮 明也

上入○

下平●涼 薄也

下上○

下去●喨 声音響亮

下入○

邊 上平○

上上○

上去○

上入○

下平○

下上○

下去○

下入○

求 上平●江 正江河

上上●講 正講課

上去○

上入○

下平○

下上○

下去○

下入○

氣 上平●鏘 撞擊金石之声

上上○

上去○
上入○
下平○
下上○
下去○
下入○
地上平○
上上○
上去○
上入○
下平○
下上○
下去○
下入○

普上平○
上上○
上去○
上入○
下平○
下上○
下去○
下入○
他上平○
上上○
上去○
上入○
下平○
下上○

下去○
下入○
爭上平○
上上●掌 管｜｜守
上去○
上入○
下平○
下上○
下去○
下入○
入上平○
上上○
上去○
上入○

下平○
下上○
下去○
下入●褥 子｜
時上平●先 正｜後
上上●賞 正｜給 想 思｜
上去○
上入○
下平○
下上○
下去○
下入○
英上平○
上上●勇 正有力

上去○
上入○
下平○
下上○
下去●用正應｜映｜照
下入○
文 上平○
上上○
上去○
上入○
下平○
下上○
下去○
下入○

語 上平○
上上○
上去○
上入○
下平○
下上○
下去○
下入○
出 上平●清正｜水｜泉
上上○
上去○
上入○
下平○
下上○

下去●唱正曲 倡夫隨婦

下入〇

喜上平●香正花 鄉里

上上●響影 響亮

上去〇

上入〇

下平〇

下上〇

下去〇

下入〇

商部終

增補彙音妙悟

11 東部

柳上平●攏擁也巃山峻

上上●朗明也曩昔也烺爦|火貌⿰黍農果子總名壠冢也攮推|朧肥貌

上去●浪波|

上入●搙手|搦按也摝搖也撈也傉虜姓漉淋也竭也

下平●農耕田也郎官名又稱稂莠屬穠花木多也狼豺|儂我也瑯|琊郡名憹憂悶也廊|舍

●襛衣厚貌灢泱|濁也琅|玕似珠榔檳|藥名閬高門也濃厚也螂螳|膿血|

●蓈草害苗籠土器蜋螳|囊有底曰|莨|尾草也筤幼竹也⿰歹良甚也硠石聲朧月出貌

下上●隴大阪

下去●弄戲也玩也誏譃|

下入●祿俸也福|洛水名鹿多壽有角濼地名麓山足也駱白馬黑鬣雒水名鳥名樂喜|酪醋也

●⿰忄樂喜也諾應辭烙燒灼紂作炮|馲|駝熝煉也淥水名⿰歹各殂也笿籠|⿱竹洛籬|

●落衰謝也隕墜也絡脈|筋也犖卓|超絕也珞瓔|碌|碡田器摝撈|

邊上平● 幫(襪|治鞋)

上上● 榜(甲名標|) 㮄(同上) 牓(同上) 氆(|氌邪文) 綁(|笞) [illegible](小兒皮履)

上去● 謗(讟也毀也)

上入● 北(朔方也) 卜(|筮) 駁(馬雜色又木名) 濮(水名地名) [illegible](昌意妻)

下平● 房(室也) 龎(高屋也) 㝑(側也) 旁(|邊) 彷(|徨) 徬(同彷) 膀(|胱) 螃(|蟹) 憉(|惶恐貌)

● 蒡(牛|藥名)

下上● 唪(瓜多實) 棒(杖也) 琫(佩刀上飾也) 玤(石次玉) 鞛(佩刀飾)

下去● 傍(倚也) 傍(同上)

下入● 薄(厚|迫也) 泊(止息也) 亳(湯都) 僕(|從奴|) 襮(繡黼為領) 匐(匍|) 雹(雨氷陰包陽為|) 箔(簾也)

● 菐(煩瀆) 礴(磅|混同) 懪(悶也) 縛(束|) 窇(土室也) 蔔(蘿|)

求上平● 光(明也) 公(無私) 綱(|領) 功(勳也|勞) 攻(治也) 杠(橋也) 侊(大也) 剛(堅強勁也) 洸(武貌)

● 玒(玉名) 掆(對舉也) 扛(同上) 岡(山|) 犅(特牛) 珖(玉名) 矼(聚石水渡) 胱(膀|) 蚣(蜈|) [illegible](大甕)

● 缸(同上) 鋼(同上) 亢(人名) 工(官也石|) 阬(墟也) 崗(山脊也)

上上● 廣(|澗)

上去●誑詐昧迋往也欺也

上入●國｜家郭外城閣樓｜各異辭谷山｜槨外棺椁同上蟈螻｜牿閑牛馬穀五｜善也

●袼袖與衣接轂車｜㖗鳥名鷟布｜幗巾｜

下平●狂志高也洭大水

下上●逛走也

下去●貢獻也進｜贛端木賜玒飛至也磺龍｜烱堅也

下入●鄺鄉名

氣上平●康安也樂也空太｜虛也匡正也洭水名劻｜勷椌器物樸也穅穀之皮濂虛也糠米皮

●悾｜｜無知箜方曰｜崆｜峒山名腔｜調

上上●孔甚也又姓慷｜慨忼竭誠也

上去●控引也告也亢過也炕火｜抗｜拒

上入●廓開｜酷殘也恪恭也謹也愙敬也哭哀也擴大也充也嚳帝｜梏手械也鵠鴻｜鳥也

●鞹皮去毛鞟同上

下平●夻大聲

氣 下上● 砊石聲

下去● 伉|儷配偶 曠空也大也 壙墓穴也 纊絮之細者 鞚馬勒 砊|硍石聲

下入● 钁大鉏也 趯大步也 攫爪持也 矍視遽也又健貌 躩盤辟貌

地 上平● 當合如是也又抵| 鐺金聲 苳草名 東|方屬木 冬|季屬水 璫充耳之珠 涷暴雨

上上● 黨裡|類也 党同上俗字 灙水名 董正也又姓 儻倜|卓異

上去● 咔言不高也 洞|澈佛寺 凍冰| 棟|宇 詷諓|言急

上入● 篤厚也實也 督責也正也 硺擊也 椓同上 沰滴也 桌高也 卓特立也 裻新衣 簹厚也

● 倬明貌 琢治玉也選擇也 斱消也 啄鳥食物也 啅同上 㧻推也 启尾下竅也 斵雕也 棹椅|

下平● 唐國名又姓 銅赤金 餹飴也 糖同上 憧不定也 筩截竹為| 童未冠之稱 筒竹|也 哃妄語

● 懞憂也 同共也合| 鏜鼓聲 峒崆|山名 螗蜩|蟬也 螳|螂 僮頑也|奴 彤赤色也

● 堂殿也正寢 獞犬名 瞳目|子 潼水名 瑭玉也 疼痛也 侗童蒙 烔熱氣|| 煻煨也

● 桐梧|美材 穜先種後熟曰| 㼧牡瓦 膛胸| 𦍩羊無肉也 溏池| 曈日出貌 塘聚水曰|

● 仝相| 棠甘|木名 朣|朧月欲明貌 艟|艨戰船

下上● 蕩||廣遠 動|靜|作 捒打也 碭石之有文 簜大竹 像放也 潒潒動也

下去●礑底也 盪滌器推丨 擋摒丨 潒滌丨也 閜門不開也 宕放也排丨 ⿱穴同地丨窟穴 慟哀過也

●儅正中也 湩乳汁又水濁 蝀虹也

下入●獨孤也單也 讟怨謗也 匵匱也 瀆溝丨 韣弓衣 鐲鉦也 濁水不清也 牘簡丨書版 犢牛子 ⿰牛蜀同上

●罜魚網 ⿱艹獨落丨藥名 毒害也育也 纛馬丨旂丨 襡韜藏也 碡碌丨田器 覿見也 韣弓衣 騳馬走

●黷垢也濁也 鐸木丨 默同獨 殰胎病 韇盛弓衣

普上平●⿰月奉腹脹滿也

上上●⿰奉見視物也 掬丨物

上去●⿰酉奉面腫也

上入●愽廣也 鎛去草田器 撲擊也 髆肩丨礫也 粕糟丨 剝裂也削也 𢷾擊也 爆火裂 搏手擊也

●樸質丨丨素 墣塊也 ⿰米菐米丨 攴擊也 扑杖也 ⿰石卜硝丨藥名 朴丨實

下平●磅隕石 滂丨沱大雨 ⿰虛工虛脹也

下上●⿵冂⿰口寸土音丨耐

下去●⿰口丰反也 肨脹臭貌 炐火声

下入●炇火烈也 炦同上 暴日丨也

他	上平	●	通達也明也　湯商王號又熱水　涌水聲　蓪木丨藥名　侗無知也　恫呻吟也　痌痛也
	上上	●	統緒也系也　統同上俗字　桶木器　倘忽止貌　戃丨慌失意也　[甬攵]搏擊
	上去	●	痛隱也傷也
	上入	●	秃無髮也　託寄丨也　托人相丨也　[王乇]玉名　柝夜行所擊也　蘀草木皮葉落也　橐無底曰丨
		●	袥衣也開領　突卒相見也　籜竹筍皮　拓手承物又開丨也
	下平	●	膛丨丨肥貌
	下上	○	
	下去	●	場排丨　鍚平木器
	下入	●	讀誦也丨冊
爭	上平	●	宗主也祖丨　莊嚴也端丨　妝女丨飾也　裝裹也飾也　棕木名　椶木高無枝葉重疊可為雨衣　豵　豵一歲豕
		●	葼鳥飛斂足　騣馬鬣　㚇同騣俗字　稯束也　臧善也丨獲　鬷斧屬眾也　[片女]畫飾　葼木細葉青
		●	庄堡丨　牂母羊也　[爿弋]船大杙也　牀榻也　粧粉飾也
	上上	●	總皆也束也　憁不悅也　緫同總　揔領也合也　䆵禾聚束也　奘彊犬也　奘大也盛也
	上去	●	壯彊也大也　葬埋也藏也　塟同上　葬同上

上入● 作造也興| 昨昔日也 柞櫟也|薪 怍慙也愧| 沯水激石也 醋酬|今作酸|

下平● 崇高也山名 叢聚也 䕺同上 潨小水入大水 藏隱也蓄也 藂灌木曰| 琮瑞玉黃|

● ⿱竹聚取魚器 悰樂也 灇水會也 䕺草|生貌

下上○

下去● 狀形象也類也 粽角黍也 糉同上 臟五|九| 撞持也|突 綜機縷 欉叢生曰| ⿰巾藏返|

下入● 族宗| 擢拔也抽也 濯浣也洗| 濁土水不清也 鏃利也箭|

入

上平● ⿰普工脹也

上上● ⿰王叟玉器

上去● 觀視不明

上入● ⿰王卜玉器

下平● ⿰豸同獸名

下上○

下去○

下入● 韇入日

時 上平 ● 雙偶也 双同上 霜凝露為丨 孀嫠婦 桑木名 桒蠶葉 鬆薄也 鬖髮亂也 欆棹船羽也

● 喪居服曰丨

上上 ● 爽清快失也 顙額也 磉柱下石 㥦性明 愯懼也

上去 ● 送餞也隨也

上入 ● 速疾也 束縛也約丨 渢風聲 溯逆流而上 餗鼎實 鋉金也 肅恭敬也 欶口噏 朔旦也北方

● 籔篩也 觫懼貌 遡迎也 樕小木 誎促也 嗽口噏也 謏興起也 蔌菜茹總名 槊矛屬

下平 ● 傖丨儜

下上 ○

下去 ● 宋國名又姓 灀殺物也 喪失也

下入 ● 𥻂米壞

英 上平 ● 汪丨洋深廣 翁老者之稱又姓 尪弱也 𡯂深廣 尢曲脛 尫瘠病之人暴之祈雨

上上 ● 往去也過也 枉屈也冤丨 漥池不流也 勜屈強貌 塕塵起貌 𥨪室中暗也 蓊盛貌 擁抱也

上去 ● 王致丨天下

上入 ● 屋房舍 沃灌溉也 鋈白金 惡醜也善丨 𤨏白玉 堊丨室在中門外屋下 翯潔白 蠖尺丨 曤明也

下平 ● 王 天下主也又姓

下上 ● 忹 古同趆

下去 ● 旺 光美興| 瓮 罌也 甕 汲水缾 罋 同上 汪 大水 盎 盛貌

下入 ● 篗 收絲具

文上平 ● 鄚 地名

上上 ● 網 |罟取魚 惘 |然失意 莽 草| 莾 草深貌又鹵| 茻 眾草 罔 無也 蛧 |蝄山川之精 网 結繩以漁之具

● 魍 |魎水神 蟒 龍| 輞 |川

上去 ● 夢 眠|

上入 ● 末 正本|

下平 ● 蒙 覆也冒也 忘 失誌忽也 饛 盛器滿貌 蝱 貝母草 㠓 山名 尨 犬也 邙 山名

● [麥亡] 麥| 盳 仰視貌 [巾荒] |氏湅絲 肓 病人膏| 茫 |洋 忙 心迫也 朦 |朧月欲入也 矇 |瞍樂師

● 蘉 勉也 哤 語雜亂也 [穴亡皿] 豐|滿也 冡 冒也 艨 艟|戰船 [禾亡] 禾| 硭 |硝藥名 濛 涳|細雨 亾 失也

● 亡 逃| 茫 滄|水貌 杗 大樑也 䵨 冥暗 芒 草端句| 𦬒 同上 幪 蛢|覆也 幏 同上 恾 憂貌

● 懵 ||無知 懞 同上 懜 慙也 盲 無目

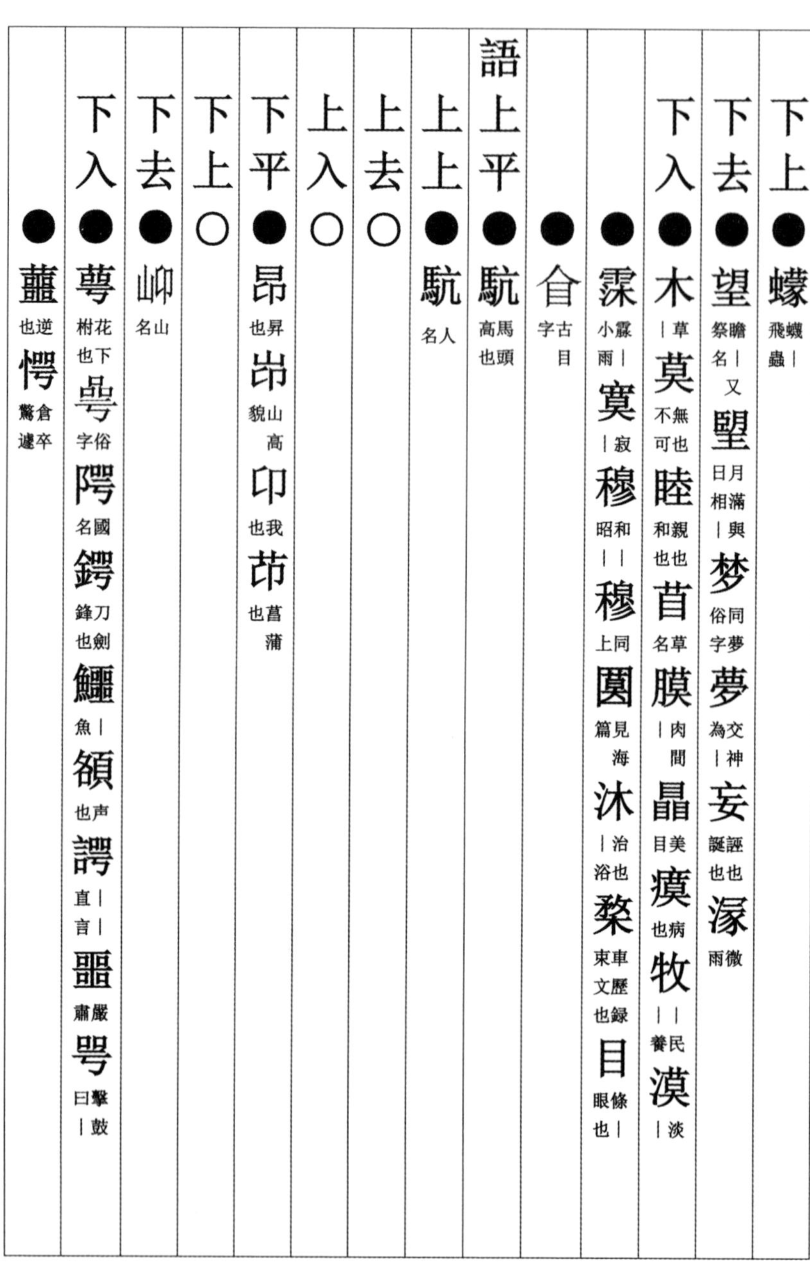

下上 ● 蠓 蠛|飛蟲

下去 ● 望 瞻|祭名又 朢 月滿與日相| 梦 同夢俗字 夢 交神為| 妄 誣也誕也 潒 微雨

下入 ● 木 草| 莫 無也不可 睦 親也和也 苜 草名 膜 肉間| 瞐 美目 瘼 病也 牧 |民|養 漠 淡|

● 霂 霢|小雨 寞 寂| 穆 和|昭| 穆 同上 圞 見海篇 沐 治也|浴 桼 車歷錄束文也 目 條|眼也

● ⿱亼目 古目字

語上平 ● 骯 馬頭高也

上上 ● 骯 人名

上去 ○

上入 ○

下平 ● 昂 昇也 ⿱山卬 山高貌 卬 我也 茚 菖蒲也

下上 ○

下去 ● 岇 山名

下入 ● 萼 花下柎也 咢 俗字 ⿰阝咢 國名 鍔 刀劍鋒也 鱷 |魚 頟 声也 諤 ||直言 噩 嚴肅 咢 擊鼓曰|

● 蘁 逆也 愕 倉卒驚遽

出上平

● 窓戶| 倉|廩藏也 聰明也 聦同上俗字 蹌趨| 窻在內窺外 悤||急遽貌 驄青白色

● 鶬|鶬鳥也 滄|浪水名 蓯|蓉藥名 ⿰礻悤祭壇不毀 牕在屋曰| 怱同聰 樅懸鐘磬器 瑲玉聲

● 繱青帛白色 蒼穹|草色 鏦矛屬 蔥青色能通氣 怱擾也 瘡痍也傷也 䆫|助戶為明

上上

● 甐以碎瓦石去垢 ⿰衤悤裩也

上去

● 謥|詷言急貌

上入

● 蔟聚也 錯誤也 趗||慢行也 剒治犀 娖||廉謹 娕整也 擨促也 瘯疥癬 ⿱族手斂也

下平

● 床俗牀字 ⿷匚公盛米器 戕傷也 檣船帆柱也 斨斧也 牀臥榻也 薔|薇花名

下上

● 賶積貨

下去

● 刱|造 剏|業造法 刅同傷也 創造也|懲

下入

● 鏧刀| 簇小竹 戳|記

喜上平

● 芳香草芬| 方四||員 風大塊之噫氣又声教也又|俗 凬同上古字 荒穢也飢| 蜂|毒在尾 葑蔓青也|菲

● ⿱艹丰草盛貌 祊祭四方也 鋒劍刀芒 巟水廣 封大也緘也 豊大也厚也 酆邑名 鄷同上

● 蠭飛蟲有毒 峯山高| 防隄|禦也 魴魚名身廣而薄 鰟同上 灃水名 烽邊方防寇 枋木名可作車

● 捀奉也 ⿱夆䖵香木 坊邑里名 夆忤逆也 妨害也 匚受物之器 豐滿也|姿 楓樹高大葉

喜 上平 ● 夆 舉丨烈火 瘋 頭丨病也 肓 心上鬲下 渢 丨丨聲也

上上 ● 訪 問也 紡 績丨丨紗 昉 丨昲 舫 方船也 倣 倣也 慌 丨惚昏也 愰 丨懭心不定也 櫎 帷屏屬

● 怳 惝丨狂貌 恍 丨惚 旒 周禮丨人為纛 滉 丨瀁水際貌 諷 丨誦丨切也 晃 明也光也

● 謊 狂言 渢 水風也 況 土譬擬也 沆 大水貌 賵 贈死之物 仿 丨佛 奛 開明也 髣 丨髴

● 況 發語之辭

上去 ● 貺 賜也 俸 祿也 況 寒水也

上入 ● 霬 大雨 馥 香氣也 壑 穀也坑也 覆 反丨敗也 臒 善丹也 隺 高飛也 虉 鹿豆也 藿 同上

● 腹 丨肚也 擢 手反覆也 福 百順之名祐也祿也 霍 山名又姓 複 重也 幅 廣也 輹 車下縛也 輻 輪丨

● 嗃 嚴厲貌 斛 十斗曰丨 熇 熾盛也 縠 羅丨縐紗 膗 肉羹也 葍 大葉白花 矐 失也目明

● 蠖 尺丨屈伸蟲

下平 ● 黃 中央土也又姓 皇 大也君也 徨 彷丨不安 訌 亂也 逢 遇也值也 蝗 食苗蟲 遑 暇也急也 鴻 丨雁

● 凰 鳳丨靈鳥 騜 馬毛黃白相間 鳿 大雁也 黌 學舍也 馮 姓也依也 鐄 大鐘也 頏 飛而下曰丨

● 昡 日中息 隍 城下池也 媓 女丨堯妻也 杭 丨州 ⿰亢欠 貪貌 湟 水名 烘 火盛貌 珩 玉名

● 洪 大也又姓 潢 積水池 喤 小兒泣也 蓬 蒿也草之難理者 虹 陰氣也 偟 傍丨 惶 恐丨惑也 葒 草也

喜下平 ●蓁草木盛貌 航秉國如乘| 篁竹笛 箻竹笪也 芃草盛貌 粠陳臭米也 紅赤色 縫以鍼紩衣

●簧笙|管中金葉也 擴充也 叿市入声 篷編竹夾箬曰| 焢火氣 煌焜|火輝也 璜半璧也

●笵同蓬 癀疸病 篷覆船也 宏廣也

下上 ●䤇顛頓狀 奉承也獻也 捧兩手拱承

下去 ●放|肆|心廢也逐也 鳳羽蟲之長靈鳥也 哄眾聲也 嵿山名

下入 ●伏匿也潛也 服衣裳也事也 復踐言也再也 艮治也 箙盛弓矢器 袱包| 茯苓|藥名

●䳟||白鳥 鸐白也 菔萊| 涸水竭 鶴白| 䙯姓也 貉似狐善睡

東部終

增補彙音妙悟

12郊部

柳上平●鐃小鉦止鼓也 怓惛丨心亂也 呶讙也 抝鈎也

上上●撓屈也 橈亂也枉也 蓼土解丨花

上去●漖水丨

上入○

下平●流解水丨 劉解姓也 留解人丨 樓土丨

下上●老土解人多歲也

下去●鬧丨熱不靜也 漏解更丨洩也 淖泥也

下入●杋木丨

邊上平●包含也 胞肉吏也同丨 爮飲器 勹裹也 苞甲丨未拆

上上●飽食充滿也 鮑以鹹漬魚曰丨又姓

上去●鉋正木器

上入●犦皮也

下平●匏瓠也 咆虎熊丨哮 匋衣也 鞄柔革工又上声 庖廚也烹飪之所 庖土丨廚也 鞄柔革之工

●炮肉置火中曰丨 枹木叢生 炰炙肉

下上●鼓闕義

下去○

下入●搏土字丨物

求上平●交結也丨易 郊邑外曰丨 膠黏膏固也 艽秦丨藥名 茭乾芻也 鮫魚名丨人居水室織絹 蛟丨龍

上上●姣好也 佼同上 九解數名 狡猾也 絞縛也又死刑 犬解豬丨

上去●教迪也授也

上入●餃餅也

下平●猴解猿丨也 鯸丨鮔

下上●厚解不薄也

下去●到解來丨 較計丨 挍角也 窌地藏也 窖同上

下入●軳闕義

氣上平●敲叩也擊也 㲃擊也 磽丨磝城名 磽石地不平 惡丨伢伏態 搞打也 鬮解拈也

地

上上●巧拙之反也⿰阝丂地名口門丨

上去●礉丨磽也

上入●⿰口皷日丨

下平●憨人名

下上○

下去●哭土解丨泣扣解同音丨起

下入●礉不定

上平●嘲兜解丨攬

上上●斗解升丨陡解丨健

上去●罩捕魚器鈄同上

上入●沰落也

下平●投解丨入

下上○

下去●⿱⺮早取魚具枛木刺罩丨物荳解紅丨小丨

下入●嘍口丨

普上平●抛擲也棄也　泡水上浮漚　毴毛起貌　脬膀胱丨也

上上●皷擊虛声也　翃飛也　跑丨走

上去○

上入●炮土話丨仔

下平●瓝勺覆也

下上●抱懷丨　奅大也　皰面瘡

下去●砲機石也　窌南丨地名　皰面瘡也　窌醉起也　袍土解丨掛

下入○

他上平●偷解做賊也

上上●鋀古代的酒器

上去○

上入●筶竹籠

下平●頭土解首也

下上○

下去●透土解｜過

下入○

爭

上平●糟解酒｜

上上●⿰亻巢｜｜長貌　走解行｜　找俗音｜還

上去●棹土音船｜

上入●⿰足走光着脚

下平●巢鳥｜　勦竊取也　⿰歹巢絕也　窲屋深空貌

下上○

下去●竈炊｜也　灶同上俗字　櫂進船檝也

下入○

入

上平●⿰月梟義闕

上上●⿰魚巢傳說中的魚名

上去●⿱宀叮人名

上入●⿱杍公人名

下平●侁人名

下上○

下去○

下入●呆人名

時上平●梢木枝｜子　筲竹器量名　捎取也掠也　艄船尾　⿰肖攴擊也　鞘鞭也　痟｜筋

上上●稍｜食也又漸也

上去●哨解｜　嗍口巡｜

上入○

下平●蕱義闕

下上●⿰馬玉義闕

下去●掃解｜灑　嗽解口｜

下入●⿰貝肖｜口

英上平●䫜大首深目貌　坳地｜下也　咬哀切声　凹凸之對也　甌解湯｜　⿰石區｜仔　歐姓也｜陽

上上●⿰酉幼|酌面曲也　拗手拉折也

上去●靿韡|

上入●嘘口開

下平●喉解口|

下上●後解前|　后解同上

下去●欲||犬吠　砌石不平也

下入●鳴義闕

文上平●庯同寥字

上上●昴宿名星也　卯辰名　丣閫門也　茆鳧葵也

上去○

上入○

下平●矛兵器　茅白|草

下上○

下去●貌容|禮|　皃古字　額古貌字　浣水名

下入○

語上平●皷皮堅也　魃鬼名

上上●齩齧也

上去●樂喜好

上入●搋同擟字

下平●肴葅醢俎實也　崤｜函地名　磽石不平也　絞綠色嫁衣　洨水名　姣姣婬也　爻交也六｜取交易之義

●筊竹索　殽物也嘉｜　筊小簫　淆亂也濁也

下上○

下去○

下入○

出上平●鈔謄寫也　抄同上俗字　操解｜練

上上●⿰酉丂麵｜面曲也　草解｜仔

上去●燭乾熬也　炒同上　焣火乾也

上入●剾斷割也

下平●揪手｜

下上●遳同造字

下去●眇｜田 耖重耕也

下入●灝義闕

喜上平●嘐誇語也 哮驚也 獔犬壯貌 嘫自矜貌 硣｜礉山勢 涍水名 灲暴也 灱乾也熱也

●㹲犬豕驚貌 虓虎怒 猇虎欲齧物 窙高氣也 嘋闕 磽土瘠也薄也 烋炰｜氣健

上上●盪溫器

上去●孝善事父母曰｜

上入●䯉首滿

下平●侯土解姓也

下上○

下去●効｜驗也 恔快也 𢹲擾亂也 斆教也 鱟介魚取之必雙 校學宮名 效象也法也 傚｜法也

下入●骺骨｜

郊部終

增補彙音妙悟

13 開部

柳上平●唻囉｜歌聲 𪓕鼈屬

上上●柰小船相尾 攋把｜ 硤磨也

上去●奈如也｜何 柰果名 頼蒙也 懶憛｜ 蠆毒蟲也 勑勞｜

上入○

下平●來還也至也 騋馬七尺曰｜ 淶水名 攋摩拭也 徠山名 萊草也蓬｜ 秾小麥也 郲地名

下上●錸連絲曰｜ 內｜外

下去●賴恃也 瀨水流沙上 賚予也 耐忍也然也 耏同｜ 籟簫也又天｜ 瘷惡疾 䏻日無光也

●褦｜襶不曉事 鼐大鼎也 癩疥也惡疾 藾｜蕭苹也

下入●誺誤也

邊上平●俳雜戲談笑

上上●擺開也｜撥

上去●憊疲極也 㥤病也 捧古拜字 𤄷水名

上入	○	
下平	●	排推也列也 [扌+頁]低頭也 椑籍也 牌丨牓也 徘丨徊 [艹+排]丨草
下上	○	
下去	●	拜稽首也 敗壞也損也 唄梵音 稗草似稻而實細 抓拔也 粺精米 湃水波也
下入	●	[竹+拜]竹片
求上平	●	皆俱也併也 該皆也 階梯也陛也 喈鳥鳴丨丨 堦砌也 陔詩名
上上	●	改更也易也 絠彈彊也
上去	●	戒警也備也
上入	○	
下平	●	[忄+象]恨怨
下上	○	
下去	●	价大也 界境也限也 蓋發語也覆也 誡告丨 勾乞也 匄同上 疥丨瘡 忦憂懼也 悈飭也
	●	芥菜名丨草 衸祐也 届至也 槩平斗斛也 懈懶也怠也 盖俗蓋字 扢磨也 葢同蓋發語也
	●	盇覆也 丐乞也 介助也 砎硬也 廨公丨 芥菜名丨草 薤葷菜

下入○

氣 上平● 開 闢也啓也 揩 摩也擦也

上上● 愷 樂也|悌 鎧 甲也 凱 善也元| 塏 高爽也 闓 開也 楷 式也|書

上去● 咳 |嗽

上入○

下平● ⿰齒豈 牙齒相磨

下上○

下去● 概 大| 慨 慷|不得志也 炏 火盛也 喞 嘆声 槩 土平鬥斛也 炌 明火也 礚 車騎眾 毄 伐擊也 欬 謦|逆氣 ⿸疒蓋 喉疾

下入○

地 上平● 懛 失志之稱 ⿰黑臺 黲|黑貌

上上● 歹 好之反也 䚟 角心

上去● 戴 佩也頂荷 黛 畫眉墨也 帶 衣物結束皆有| 靆 雲覆日為靉| 埭 壅水為堰 曃 曖|不明也 玳 |瑁俗字 ⿸户夬 痀椎也

上入○

下平● 臺 高|又草 薹 俗字 懛 失意貌 臺 樓| 儓 庸賤 檯 木名 薹 夫須草也 籉 笠也 擡 |舉 ⿱竹怠 竹芽未成

聲母	聲調	標記	字及注釋
	下上	●	怠（懈也倦也）殆（危也將也）迨（及也）紿（欺誑也）嗯（言不正）逮（土及也）䲚（丨魚）
	下去	●	大（小之對也）貸（借也）帶（紳也）黱（畫眉）代（世丨）岱（山名）袋（布丨）帒（囊也）瑇（丨瑁出南海）
		●	汏（過也）
	下入	●	軩（輆丨不平）
普	上平	●	肧（婦孕一月）胚（同上俗字）
	上上	●	歹（土好丨）
	上去	●	柭（木生葉柯）浿（水名）
	上入	○	
	下平	○	
	下上	○	
	下去	●	旆（土旂旒飛揚之貌）斾（同上）沛（丨然盛大貌）筏（丨丨飛揚）湃（滂丨水）派（水分流也宗丨）
	下入	○	
他	上平	●	台（三丨星名）胎（三月孕也）苔（水衣青丨）抬（擊也）鮐（鯸丨魚名）珆（龍文玉書）駘（地名）邰（國名）
	上上	●	嚯（丨嗯不正言）

上去●泰安也舒也 蠆尾有毒 熇丨烑煙也

上入○

下平●殺土解丨人

下上●待俟也

下去●太丨極 忕奢侈也 夳天地交泰 態體丨嬌丨 汰沙丨淘丨

下入●搢義闕

爭上平●齋潔也書丨 栽丨種 哉始也語辭 災禍也 烖同上 甾丨害 戋傷也 知解曉也 蘩草名

上上●宰主也官也 滓目液也 宰烹也

上去●再又也

上入○

下平●才能丨質丨 材木堪用也又與才同 財貨丨 臍解肚丨

下上●在居也存也 豺俗解豸字 豸同上

下去●載車丨地丨任丨

下入●截古代酒名

聲母	聲調	有無	字及注釋
入	上平	●	釵婦人岐笄
	上上	●	祡人名
	上去	●	[illegible]心中畏懼
	上入	○	
	下平	●	皆人名
	下上	○	
	下去	○	
	下入	○	
時	上平	●	顋頷下也　腮俗顋字　[illegible]漉米也　籭竹器除細取麤　篩竹名俗作米丨　西解東丨　獅解丨象
	上上	●	使土解差丨　屎土解糞也　[illegible]土解大便也　史姓也
	上去	●	賽報也
	上入	●	塞邊界也
	下平	●	[illegible]擦挲
	下上	●	[illegible]衣破也　灑灑水也丨掃　晒日暴也　曬日丨物也

下去●事解服|也 殺等| 使士解稱公|大夫曰|

下入●[illegible]義闕

英上平●哀悲也傷也 埃細塵也 挨推也擊也

上上●藹人臣盡力之意 靄雲集貌 靉|靆雲暗貌 矮短也不長也 毐士之無行

上去●愛慕也恩也

上入○

下平●嗳|啞

下上●㤅惠也

下去●馤穠|香甚也 隘狹|塞也 僾仿佛行也 砨砥|玉名 藹正也 瀂晻|鬱陰 曖晻|日不明也

●[illegible]慳恪也 薆蔽也 嗳|氣也 藹覆蓋清也 [illegible]仿佛行也

下入●吰牛叫声

文上平●肞女人之陰戶

上上●䰈|鬼

上去●簣淺而長的竹籃

上入〇

下平● 埋瘞也 ⿰買見小見也 楣解門| 薶瘞|祭地 眉土解目|

下上● 買正|物也

下去● 賣正|貨也

下入● ⿰貝覓闕義

語上平● ⿱髟豈髮長貌 皚||霜白

上上● 娾喜乐

上去● 艾草名可炙

上入〇

下平● 霻霜雪白貌 厓山邊也 崖同上 捱延|拒也 漄水|也 呆癡| 涯水際也 睚|眥杵目相視

● ⿰歹豈殺羊出胎 ⿰月豈肥也 ⿰言豈謹也 獃癡| ⿸疒豈癡病 敳理也

下上● 騃|癡無知也 ⿸厂覞笑視也

下去● 乂俊|才也 礙妨也阻也 碍同上 ⿰忄厓恨也 豛|豭牡豕也 ⿱疑心惶也病也 懝同上

下入● ⿰角豈角也

出

上平 ● 猜疑也測也 砐石名 頉頤傍也 柴燒柴燎以祭天

上上 ● 采五丨摘也 採取也 寀寮丨官也 彩丨色 綵繪繒也

上去 ● 菜蔬丨總名

上入 ○

下平 ● 栽剪也製也 豺丨狼惡獸 纔使也繒也 犲丨狼俗字

下上 ○

下去 ● 蔡大龜又姓 脎大腹也 埰丨地

下入 ● ⿱切石義闕

喜

上平 ● 咍笑丨丨也 鞋革履 ⿰阝殳笑声 ⿱殹口笑貌

上上 ● 海滄溟也能納百川 醢肉醬 烸燥也

上去 ● 餀食臭 疫疫病

上入 ○

下平 ● 孩幼稚也 諧和丨 咳小兒笑 骸骨丨 瑎石次玉也 ⿰扌豈觸也 ⿰巳殳大剛卯以逐鬼魅

下上 ● 蟹螃丨介蟲 亥辰名 駭驚也 噧高声 獬丨豸獨角 械桎梏也又丨機 薢藥名 溰沆丨北方夜氣也

喜下上●薤葷菜[illegible]狹隘也邂|逅

下去●害傷也妨|歆急氣之貌搣持也

下入●嗐感嘆詞表示傷感

開部終

增補彙音妙悟

14居部

柳上平●挐牽引也帤巾也

上上●女男|旅|力眾也祣祭山川

●褸襤|衣敝也梠楣也毜毛巾

上去●婁頻數也寠貧無禮又褸同上入○

下平●閭卿|門|廬舍也驢似馬秵臭草也

●蘆茹|可染絳蔞|蒿

下上●呂律|又姓

下去●慮謀思憂|鑢摩錯之器屢頻數

●嘍||呼豬漯漸濕曰|

下入○

邊上平○上上○

上去○上入○

下平○

下上○

下去○

下入○

求上平●居止也處也 車兵｜田｜ 凥處也 裾衣後｜也 屋住也 莗｜萷子 [illegible]勞也 絙人名

上上●琚佩玉名 拘止也執也 俱偕也 眗左右視也 椐木名 宑古居字

上上●矩規｜為方之器 舉扛也稱也 莒國名又草 枸枳｜ 椇果名 柜｜柳 楀木名姓氏 蒟果也似王瓜

●萬考工記可規則｜ 鄅國名 舉對｜ 筥竹器

上去●據依也援也 遽姓也

上入○

下平●渠溝｜大也他人謂｜ 蕖芙｜荷也 [illegible]人名 朐左｜脯也 衢雲｜天｜四達曰｜ 璩環屬 腒乾雉也

●絇履飾也又去 瞿戟屬 璖耳環 醵斂錢共飲酒

下上●巨大也 詎豈也 鉅｜細大也 距違也至也 岠法也止也 炬束蘆燒之 虡鐘磬之柎 拒捍也

●踽｜｜獨行 秬黑黍 簴懸鐘磬 粔｜敉以蜜餅

下去● 鋸刀| 踞|傲 遽急| 倨傲也 濾乾水也 具正倶也 据拮|動作 屨履也 䀠左右驚視也

下入○

氣 上平● 袪袖口也 胠發也開也 芸草器 紶束也 抾摸去也 祛禳也逐也||強健也 呿臥聲

● 區萌芽屈生又類也又分別也

上上● 詓聲也 竬立也 ⿰金亥藏也 鼀蛟也

上去● 去離也往也

上入○

下平○

下上○

下去● 堀堤塘

下入○

地 上平● 猪土解|犬 豬同上

上上● 貯積也 佇久立也 坾積塵也 芧草可為繩 紵綿絮裝衣 苧草可為繩 羜五月羔

上去○

地上入〇

下平● 除階也又去也 滁水名 ⿸疒除癈｜不達 篨籧｜竹席 儲副也貯也 瀦水名 躕踟｜不進 躇躊｜

● 蒢蘵草渠｜地名

下上● 杼機之待緯

下去● 著明也章｜ 莇草名 ⿱止⿶凵口明也 ⿱止⿶凵回同上 住止也立也 ⿱⺮飭食所用也 箸同上 注灌｜又意所｜也

下入〇

普上平〇

上上〇

上去〇

上入〇

下平〇

下上〇

下去〇

下入〇

他上平●攄舒也擒也又處去

上上●楮木名皮可為紙　杼土機丨梭也　抒土挹也除也　褚丨幕又藏也　褚姓也

上去○

上入○

下平●鋤土所以去穢草丨頭　耡耰丨去草也

下上○

下去○

下入○

爭上平●茲草盛也此也　孳生息也　菑土田一歲曰丨　茨茅丨積也　苴丨菜苞丨　緇黑紺色　紂同上

●菹澤所生者　資賴也取丨　咨謀也丨嗟　孖雙生子曰丨　蒩以茅為丨　袾咒丨詛也　孜丨丨勤也

●侏丨儒短小　齎丨盛　薺蒺藜別名　茲黑也此也　粢六穀曰丨　秶同上　訾毀也丨婁郪地　訿同上

●猪豕也俗字　蕡菜丨　疽癰丨　禂牲祭貌肥也　砠土山戴石　跦丨丨鳥跳行也　蕡草多貌又蒺藜

●錙土丨銖　硃石丨　磁石可引鍼　瀦水停曰丨　諸於也語辭　劑周禮小市以丨　孶古茲字

●狙猴屬狙也　潴澤名　雎鳩丨水鳥　鄐邑名　貲財也　書解讀丨丨冊也　⿰扌朱止也　滋蕃也益也

爭

上平 ● 鎡 鋤頭田器 豬 豕也 髭 口上毛 沮 水名 淄 土水名 鑇 稻餅 鄑 城名 鼒 鼎上掩小口者

上上 ● 子 嗣也息也 仔 |肩克也 朿 止也 梓 楸也櫃也 滓 澱也濁也 呰 口毀也 渚 土小州曰|

● 磪 磪|場外名 呰 短也 煮 土烹也 紫 黑赤間色 姊 女兄也 姉 同上 第 牀簀也 胏 臘有骨

● 茈 生薑曰| 紙 土楮也

上去 ● 字 撫也愛也又文|

上入 ○

下平 ● 慈 柔也愛也 餈 飯餅 薯 番||莨俗字

下上 ○

下去 ● 自 由也己也 胾 切肉曰| 胔 肉腐曰| 恣 縱肆也 漬 浸也 ⿱㳄糸 理絲也 ⿰歹責 死人骨也 剚 插刀

下入 ○

入

上平 ○

上上 ● 茹 食也飫馬也 乳 柔也育也 籹 粔|環餅 ⿰女囱 魚敗 汝 州名爾也 女 對我之稱

上去 ○

上入 ○

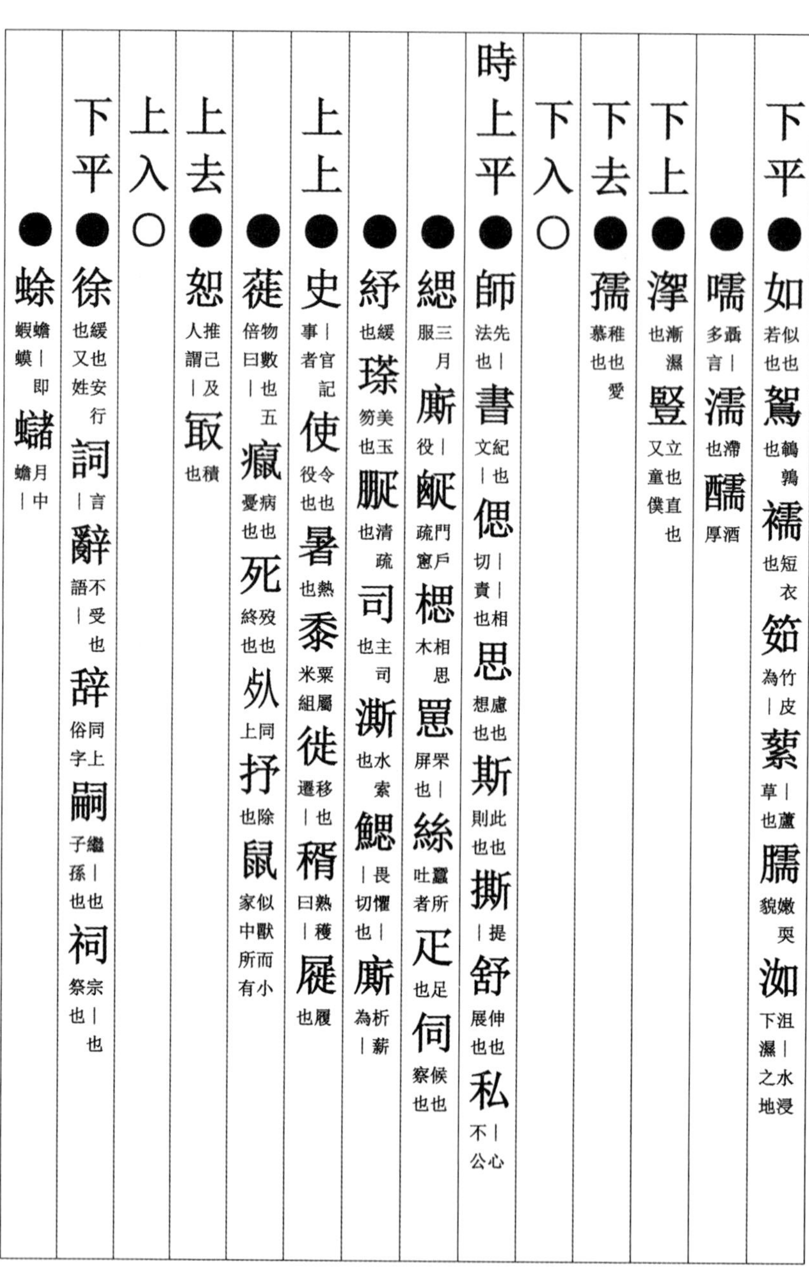

下平●如似也若也　鴽鶴鶉也　襦短衣也　筎竹皮為｜　藘｜蘆草也　臑嫩耎貌　洳沮｜水浸下濕之地

●嚅聶｜多言　濡滯也　醹酒厚

下上●濡漸濕也　豎立也直也又童僕

下去●孺稚也愛慕也

下入○

時上平●師先｜法也　書紀也文｜　偲｜｜相切責也　思慮也想也　斯此也則也　撕提｜　舒伸也展也　私｜心不公

●緦三月服　廝｜役　𪉕門戶疏窗　楒相思木　罳罘｜屏也　絲蠶所吐者　疋足也　伺候也察也

●紓緩也　瑹美玉笏也　脈清疏也　司主司也　澌水索也　鰓畏懼｜切也　廝析薪為｜

上上●史｜官記事者　使令也役也　暑熱也　黍粟屬米組　徙移也遷｜　稰熟穫曰｜　屣履也

●蓰物數也五倍曰｜　癙病也憂也　死殁也終也　𣦸同上　抒除也　鼠似獸而小家中所有

上去●恕推己及人謂｜　冣積也

上入○

下平●徐緩也安行也又姓　詞言｜　辭不受也語｜　辞同上俗字　嗣繼｜也子孫也　祠宗｜也祭也

●蜍蟾｜即蝦蟆　蠩月中蟾｜

時下上● 緒基|統| 祀祭也五| 序庠|次| 竢立待也 薁美也 嶼海| 秬亩也來| 耔除草也

● 仕出|官也 似嗣也類也 侶同上 敘陳也述也 叙同上古字 兕野牛也 嶼海中山 俟待也大也

● 士學者之稱 涘水涯 洍水名

下去● 荸草名 事世務曰| 四陰數 賜錫也賞| 駟兩服馬兩驂馬 絮敝綿也調羹也 肆放也陳也俗作四也

● 戍守邊也 隸鼠名 飤以食食人 飼同上俗字 庶眾也幾| 泗水名涕| 殅埋棺之坎 柶角|

● 粞糟也 笥竹器箱屬

下入○

英上平● 於語辭即也 扵俗字 [王於]玉名 邘國名 于於也行也 歟疑辭 欤俗字 璵璠| 畬二歲所治之田

● [穴區]穴也 扜持也 淤泥澱

上上● 與施|及也 傴|僂不伸也 噢|咻痛念 懙行步安舒 [與/心]敬貌 斞量名 [山/公]微弱也 [氵窐]惰也邪也

● 窳器中空也 窳嬾也 與古字 舁同上

上去● 嫗煦|天氣 [大/區]俗字

上入○

下平● 餘殘也饒也 輿車| 旟鳥隼為| [與/馬]馬行徐疾 予我也 余同上

英下上○

下去●譽名丨 飫厭也飽也 饇飽也燕食 悆喜也 淤血壅病 預及也於也 豫悅也備也 籲失也厭也

●鷽鳥也 棜尊器

下入○

文上平○

上上○

上去○

上入○

下平○

下上○

下去○

下入○

語上平●湡齊藪名 絮敝縕也塞也

上上●語言丨 圉掌馬者 圄囹丨以拘罪人 敔祝丨樂器 俁大也 麌麌鹿相聚 噳口相聚也

語 上去● 馭使馬也

上入○

下平● 魚鱗物總名 𩺰雙魚也 漁捕魚者 娛樂也 嵎｜峓日出處

下上○

下去● 禦侍也治也 ⿰扌却理也進也 遇不期而會也 禦止也拒也 寓寄也托也

下入○

出 上平● 雌鳥母 砒黃｜石也 縒參｜亂貌 蒭苾｜ 芻草也牛羊所食 嵯嵾｜不齊

上上● 此彼之對也 處居也｜置 佌｜｜小也 玼玉色鮮潔 杵白｜舂｜ 処止也俗 癙｜憂幽憂 鼠土音鳥｜

上去● 次｜第亞也

上入○

下平● 疵病也瑕｜

下上○

下去● 佽便利也比也助也 閚直開也 耝耕而起土 刺諷｜譏｜ 莿草木針也

下入○

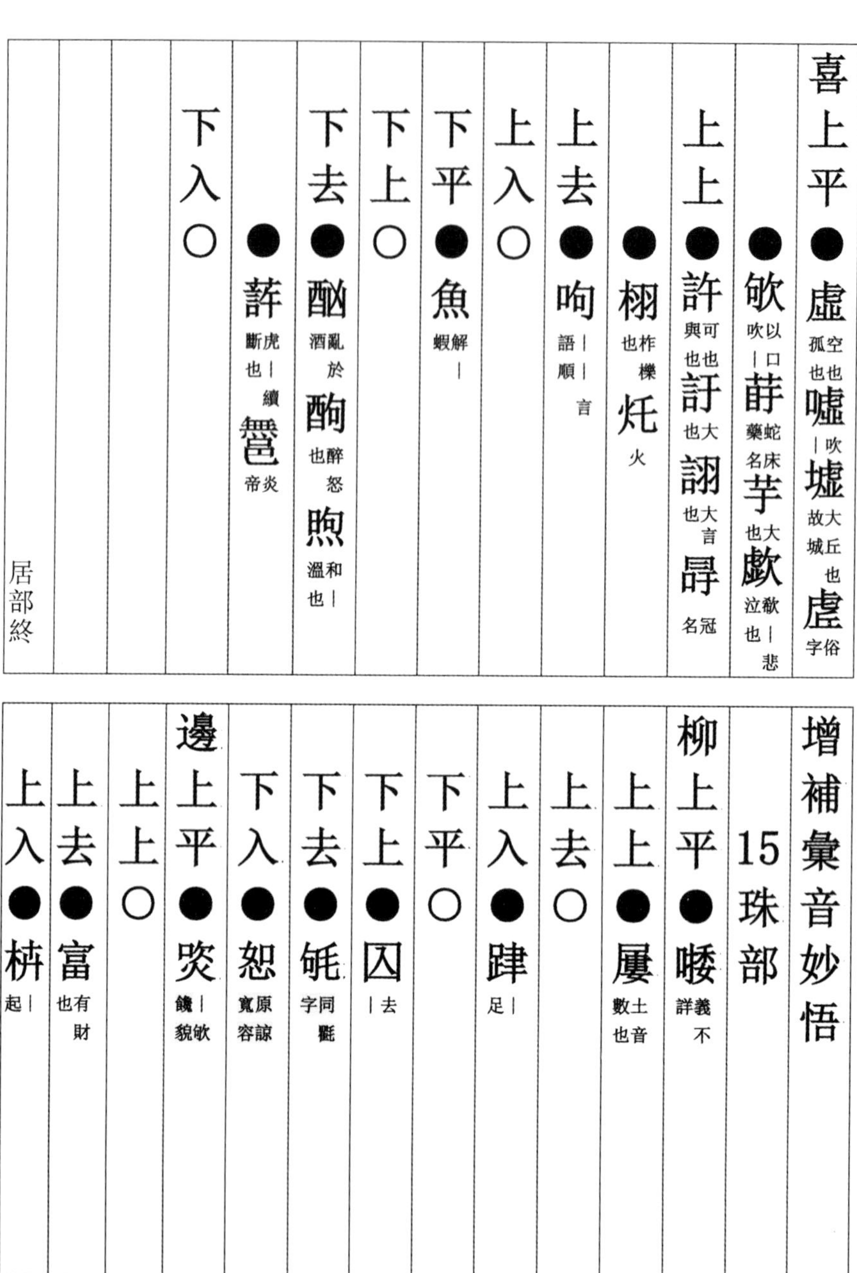

喜	上平	●虛空也孤也 噓吹｜ 墟大丘也故城 虗俗字
		●欱以口吹｜ ⿱艹許蛇床藥名 芋大也 歔歔｜悲泣也
	上上	●許可也與也 訏大也 詡大言也 冔冠名
		●栩柞櫟也 炨火
	上去	●呴｜｜言語順
	上入	○
	下平	●魚解｜蝦
	下上	○
	下去	●酗亂於酒 ⿰酉句醉怒也 煦和｜溫也
		●⿰言許虎｜續斷也 ⿱無邑炎帝
	下入	○
居部終		

增補彙音妙悟		
15珠部		
柳	上平	●嘍義不詳
	上上	●屢土音數也
	上去	○
	上入	●⿰⻊聿｜足
	下平	○
	下上	●囚去｜
	下去	●⿰毛毛同氍字
	下入	●恕原諒寬容
邊	上平	●㳄｜欲饞貌
	上上	○
	上去	●富有財也
	上入	●栟｜起

下平●瓠解|靴

下上○

下去○

下入●鏷矮人

求上平●駒白|馬小 劬|勞勤力 朐申屈為| 俱皆也 拘執也 龜卜也 [illegible]古龜字 鴝|鴿 鸜|鴿

上上●韮解|菜 久解多日也

上去●具土備也

上入○

下平●衢土|衙

下上●舅解母|妻|

下去●句辭止曰| 塤堤塘 颶海中大風 舊解新|

下入○

氣上平●軀身| 驅|馬馳| 嶇崎| 區量名||小也 毆逐也 歐同上 坵解田|

上上●齲齒病 齵齒蠹 竘健也

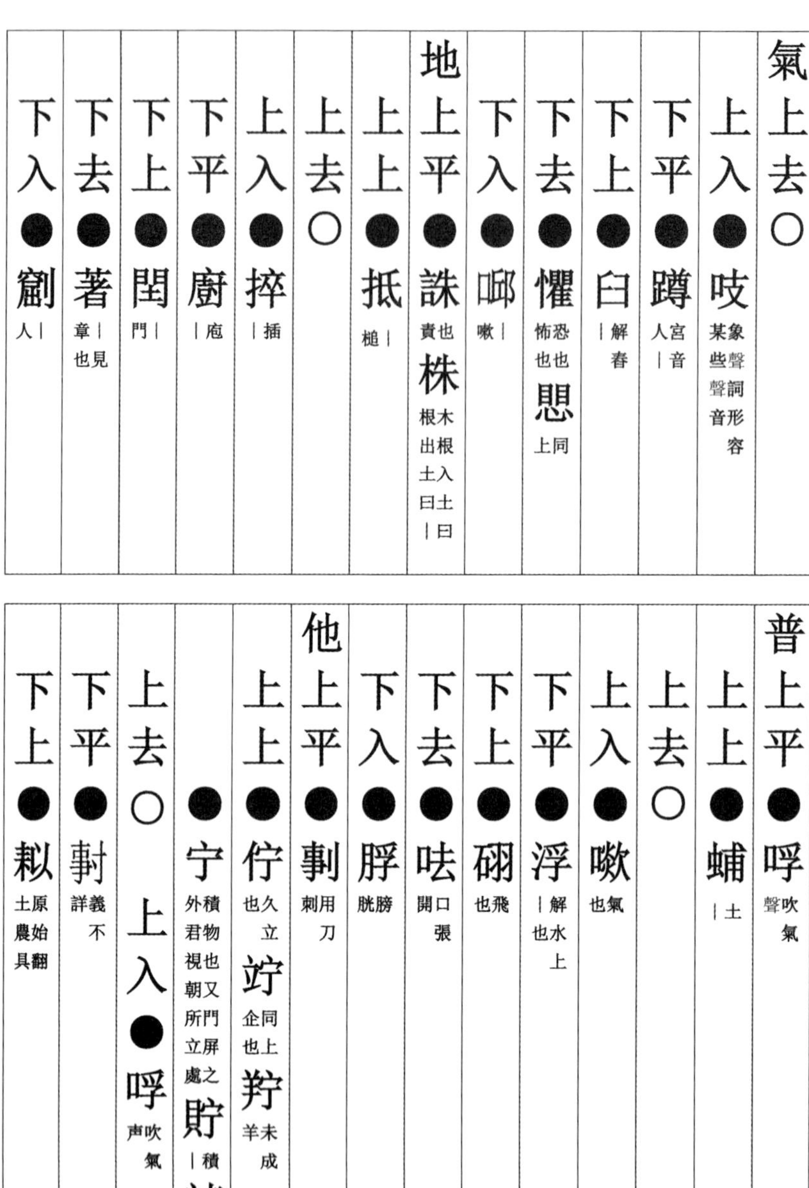

氣上去○
上入●吱象聲詞形容某些聲音
下平●蹲宮音人丨
下上●臼解春丨
下去●懼恐也怖也 愳上同
下入●唧丨嗽
地上平●誅也責 株木根入土曰根出土曰丨
上上●抵丨槌
上去○
上入●捽插丨
下平●廚庖丨
下上●閏丨門
下去●著丨見章也
下入●劀丨人

普上平●呼吹氣聲
上上●蜅土丨
上去○
上入●嗽氣也
下平●浮解水上丨也
下上●硎飛也
下去●呿口張開
下入●脬膀胱
他上平●剚用刀刺
上上●佇久立也 竚同上企也 羜未成羊
●宁積物也又門屏之外君視朝所立處 貯積丨 𥩟上同
上去○ 上入●呼吹氣声
下平●𡬶義不詳
下上●䎻原始翻土農具

下去●𡱂同尾字

下入●淵義闕

爭上平●邾國名洙｜泗水名珠珍｜蚌所生者侏｜儒短小朱赤色姓也蛛蜘｜鼄同上

上上●主人｜君也丶借為主宰拄支也距也渚州｜祩宗廟保祀枓酌水之器炷火｜爐所著者

上去●註釋也解也翥飛舉也

上入●泏水流出貌

下平○

下上●柱楹｜也宁積｜也祖事好也住土居也停也聚居也會也駐馬立也

下去●鑄鎔金入範霔時雨也澍同上蛀食木蟲馵馬後左足白也注灌｜

下入●咄申斥斥責

入上平●諛諂｜

上上●愈勝也過也庾十六門也乳土孩兒所吸瘉土病也

上去●孺親慕也稚也

上入●毹氍毹也

下平 ● 儒（學者之稱） 踰（越也） 逾（同上） 覦（覬丨） 腴（腹下肥也肥田曰膏丨） 腴（俗字） 臾（須丨俄頃也） 臾（同上俗字）

● 蕍（葚丨花藐） 傌（侏丨短小之人） 愉（和悅也） 瑜（瑾丨美玉也） 俞（然也答也） 榆（白枌桑丨晚景也）

● 楰（土苦楸） 濡（滯也） 濡（同上） 窬（踰牆也） 犏（黑牛） 蕍（即澤瀉也） 萸（茱丨）

下上 ○

下去 ● 裕（寬容饒也） 薯（丨蕷藥名俗作番慈） 諭（曉也譬丨） 喻（同上） 籲（招呼也）

下入 ● 进（義同十）

時 上平 ● 須（待也斯丨） 需（待也索也又卦名） 輸（嬴丨人名） 鬚（口毛秀也） 盨（待也） 檽（木名） 繻（繒綵也） 需（需同）

● 緰（人名） 胥（相也助也） 湑（露貌）

上上 ● 璽（王者之印） 璽（王印） 玺（同上俗字） 徙（移也遷丨） 醑（美酒） 屣（履也） 縰（韜髮作髻） 蓰（倍數也）

● 稰（穀熟而穫）

上去 ● 曙（曉也）

上入 ● 欶（吮吸） 嗽（同吸也）

下平 ● 殊（異也別也） 殳（杖也兵器） 茱（丨萸藥名） 薷（木耳） 几（茶丨）

下上 ○

下去●樹植上總名 尌同上古字 豎立也直也 竪同上俗字 亜塞也 署部｜書也 墅田廬也村也

下入●⿰石習同碟字

英上平●吁嘆也 迂遠也大也 紆曲也詘也 杇墁也 于於也 盱張目望之 杅浴器浴盤也

上上●雨水從雲下 羽禽毛 宇四方曰｜ 禹夏王號也 踽獨行｜｜ 鄅地名 偊行貌 ⿱宀水古雨字

上去○

上入●餋闕義

下平●雩祈雨祭也 雱大｜ 盂飲器 竽笙｜

下上●有無解｜

下去●汙蘐也染也 芋葉似荷而長

下入●誚闕義

文上平●嬔母親

上上●武文｜ 鵡鸚｜ 侮慢也 儛山名 鍪釜也 舞樂名變弄 憮愛也媚也 膴華｜厚也 甒酒器

●廡｜蕪 碔｜砆石似玉 珷同上

上去●敄努力

文上入●⿺辶無同䟼字

下平●無有丨乏也无古無字毋禁止無也誣罔丨蕪荒也巫祝也無古無字

下上○

下去●霧地氣上天霿蒙丨騖馳丨務事丨專力也婺女星名鶩家鴨

下入○

語上平○

上上○

上去○

上入●⿱穴無闕義

下平●虞無丨樂也慮也嵎丨峓愚昧也隅稜也㷒按器煮物⿰馬虞騶丨仁獸馬名牛解耕丨

下上○

下去●寓旅丨所也禺丨為遇逢也相丨

下入○

出上平●樞天丨丨機袾朱衣姝美也趨疾行也騶仁獸樗木名

出 上上 ● 取 索也

上去 ○

上入 ● 淬 丨火

下平 ● 餥 嫌食貌

下上 ● 竁 挖墓穴

下去 ● 娶 丨妻也 趣 上曰丨 厝 解人所居

下入 ● 嶋 鳥母也

喜 上平 ● 夫 丨子大丨丈丨 孚 信也中丨卦名 俘 取也丨囚 敷 施也足也 尃 發舒之辭 桴 編竹為舟 砆 碔丨

● 玞 同上石似玉 鈇 莝斫刀 膚 皮丨大也 罦 翻車綱郭 稃 穀皮 罘 網也 郛 郭也 莒 丨蓄花花貌也

● 秩 黑豆 痡 病也

上上 ● 府 藏也丨縣 釜 鼎也 簠 盛黍稷者 俯 丨仰曲也 俛 同上 甫 大也始也 撫 按也循也 腑 肺丨

● 黼 丨繡斧形也 脯 乾肉為丨 拊 搏丨循也 斧 丨鉞 蜅 小蟹 弣 弓弝中

上去 ● 附 寄也倚也 阜 大陵曰丨 窓 土解丨豆 偩 依象

上入 ● 怴 狂也

喜下平● 扶｜持助也 鳧水鳥 符信也｜契 蚨青｜錢也 枎木名 畉耕也 玸玉名 苻草名 颫大風

● 芙｜蕖荷也 ⿱付鼓鼓 粰粉餌

下上● 父｜母始生也 婦女子嫁夫曰｜ 媍老母

下去● 富豐財備也 袝衣齊貌 負｜荷任也 赴奔也 賦貢也詩｜ 傅師｜官名 祔合葬曰｜ 踣同僕

● 鮒人名 副貳也佐也 仆偃也 駙｜馬副也 輔助也 ⿱艹附香｜藥名 賻助也 訃告喪曰｜

● 福藏也 付畀也

下入● 欻忽然迅速

珠部終

增補彙音妙悟

16嘉部

柳上平●㤬心亂也 拏捕也 絮絲紊曰| [illegible]草名

上上●壺嬌也

上去●[illegible]表示應諾

上入○

下平●膋脂油解 膀同上

下上●伌皮寬也

下去●㤬心亂也 鬖髮亂也

下入●蠟解|燭 鱲鮫|

邊上平●葩花貌 芭|蕉 巴蛇名州名 吧大口貌 豝豕也 羓臘屬 犯豕也 皅草華白也 盼紛|紛|

上上●飽解食| 跁|跒行貌 把執也持也

●䰾|鯽

上去●[illegible]色不真

邊上入● 百解十十曰丨

下平● 杷枇丨果名 爬用手丨也 琶琵丨長三尺五寸象三才五行 鈀用以取草也鈀兵器

下上● 䆉丨稏稻名 罷休也已也 竨丨短丨人立也

下去● 霸把也諸侯之權 覇同上 豹類虎 欛刀柄 靶轡革 灞水名 垻堰也 㩉把也 謈丨謈惡也

● 壩溪丨

下入● 礟古同炮

求上平● 嘉善也美也 佳美也 加增也陵也 家室丨居也 迦釋丨佛號 駮鴐本字 袈丨裟 豭牡豕

● 葭蘆也 猳豕也 犌牛有力者 珈以玉加於笄 𥑮石也 泇水名 茄芙蕖莖也 笳胡丨胡人吹之

● 枷項械 膠解水丨 𪏮丨支穀名

上上● 假眞丨借也 叚同上 檟山楸梧丨 椵木可作幾 斝玉爵也 斚同斝 賈人名

上去● 駕車乘也

上入● 甲解十干長也

下平● 抲取丨

下上● 咬解齧也 笅俗解丨簫

求下去●價|數 架屋|棚也 稼種五穀曰| 斝玉爵也 斚同上 賈同價

下入●⿰氵欲湍流

氣上平●呀惡|伏態也 呿臥声 足解手| 脚土解

上上●跒跁|行貌 巧|言

上去●髂腰骨也

上入●闟解開|

下平●杈樹枝分岔

下上●榕衣架

下去●愘多伏計

下入●瘦物|

地上平●茶茗也 乾日曬也 礁土白|地名

上上●鯗金魚藻水草名

上去●虘惡虎

上入●搭解|影|棚 ⿰舟乇就舟也

下平●⿰月臺 義闕

下上●鯵 鮓｜

下去○

下入●踏 解足｜也

普上平●舥 浮梁 ⿱髟巴 髮貌 葩 花貌 ⿱大巴 大也

上上●⿺辶巴 短貌

上去●怕 畏懼也

上入●打 土解｜人｜鐵

下平●歐 人名

下上○

下去●帕 手｜ 袙 同上 帊 衣｜

下入●鉑 金箔也

他上平●他 彼也｜人 佗 同上

上上●奼 美女

上去●侘失意貌　吒怒也

上入●塔石|　鰪鱕魚也

下平●䠡跌也

下上●蚱|蜢昆虫名

下去●詫誇也　侂驕逸也　吒怒也又噴也　忣不修也　汊水岐流也

下入●鎝金屬套也

爭上平●查山|又覓事　楂水中浮木也　咱我也　渣水名　潳水名　挓抄|開貌　柤木閑也　槎邪斫木也

●浾棠棗之汁　鹺鹽味之厚

上上●鮓鹽水釀魚　鮺同上

上去●詐偽也　溠水名

上入●柞正|水地名

下平●楂|物

下上●礤藷|不中

下去●乍初也忽也　昨土|日

下入●截土丨人 蜡大丨八 蛇水母也 砟石也

入上平●眝仇視怒視

上上●梓木名

上去●腨挑起骨間肉

上入●貗獸名

下平●樝果似梨

下上●榎山楸

下去○

下入○

時上平●沙細散石也 砂同上丨仁 紗絹屬夏用之 裟袈丨胡衣 鯊丨魚 桬丨棠木名

上上●洒汛水丨落 灑同上 耍戲丨 搓土解丨線

上去●嗄破嗓音嘶啞

上入○

下平●粣丨欄

下上●庌厝｜

下去●廈側屋 耷姓也

下入●炠｜湯

英

上平●鴉烏｜鳥也 剄自刎 磍地形不平

上上●瘂瘖｜不能言

上去●亞次也 𣢏欵｜驢鳴 稏䆉｜稻名 啞嘔｜小兒學語

上入●押土｜人 𥤮入脈刺穴曰｜ 遢土話邋｜ 鴨土話雞｜

下平●嚐辨別滋味

下上●喏歎詞

下去●婭兩壻相謂曰 掗取也

下入●匣｜子木｜

文

上平●痲｜風熱病 𪎭閉口貌

上上●馬正牛｜

上去●罵正詈也

上入●肉土話｜體

下平●麻｜子楊｜ 貓土能食鼠也 貓同上

下上●奓夸｜自大

下去●馮牀頭横木

下入●覓土｜事也

語上平●呀張口貌 [illegible]人名

上上●閜人名

上去○

上入●[illegible]鬼名

下平●牙齒也 笌竹箏 枒車軸會也 芽萌｜ 衙官｜

下上●㗇｜[illegible]咽喉

下去●迓迎也 訝疑也 砑碾也 玡骨似玉

下入●𡸣義闕

出上平●差錯也舛也 叉拱手曰｜ 扭挹也 杈岐枝木也 嗏語辭 扠取也 芆草芽 鎈錢名異

出 上上● 炒 解製|　|物

上去● 姹 美女也　上入● 插 解裁|

下平● 柴 薪也|草　蕖 |葫藥名　茶 土茗也

下上● 奓 自大也

下去● 𧿳 踏也　紁 衣襠也　下入● 蹅 |跱行難進貌

喜 上平● 鰕 長鬚蟲也為水母作目　⿰口閕 口|又下平同義　呀 張口貌

上上● ⿰口閜 大笑貌　閜 大開也

上去● 罅 |隙也　芐 草之可為席者

上入● 呷 衆小口喝　⿰舟合 ⿰舟句|

下平● 遐 遠也何也　霞 日邊彤雲　蝦 |蟆魚|　瑕 玉小赤也又玷也何也　⿰忄叚 怨也　碬 礪石也　鍜 錏|頸鎧

● 騢 馬赤白雜毛　荷 土話|刀

上上● 廈 大屋　下 上|　夏 大也諸|

下去● 暇 閒|無事　煆 熱也　睱 緩視　寒 隙也　襾 覆也

下入● 箸 解竹|也

嘉部終

增補彙音妙悟

17 賓部

柳 上平 ● 獜健也 歎同上 乳解小兒所吸

上上 ● 粼憂也 閵燭息火存 僯恥也

上去 ● 佞穿也 藺損也

上入 ● 泥丨土

下平 ● 憐矜也愛也 麟麒丨仁獸 鱗魚甲 綾丨綢花丨 璘玉文 潾水清貌 粦鬼火 隣猶親也

● 粼水清見岩 繗紹也 紉以線貫針丨秋蘭以為佩 鄰丨丨五家為近也

下上 ● 嶙山崖

下去 ● 吝鄙丨惜也 悋鄙也慳丨 磷薄石 甐動也敝也 唡惜也 恡同上 吝同上 閵燭息火存

● 粦野火鬼火 撛扶也 [illegible]頭向前也 藺姓也

下入 ● 糼古同功

邊 上平 ● 賓丨客 彬雅也丨丨適均貌 蠙蚌之別名 豳國名 邠州名 斌同彬 濱水際 檳丨榔

● 豩二豕 賔俗賓字 瑸璘丨玉色 玢文采之狀 [illegible]車也 份與彬同

邊上上●稟土資|叩|

上去●鬢旁髮也 殯|殮 篦土解虱|

上入●筆所以書也 必審也然也 觱|發風烈 畢盡也 滭|沸泉出貌 珌下飾 罼兔罟長柄 笔同筆

●篳|門柴門 嗶出貌 ⿰氵觱泉出貌 鵯|鳥

下平●屏蔽也 頻數也比也 憑|依準也 凴同上 馮同上據也 屏以蔽內外 屛同上 缾汲水器又酒器

●瀕水涯也 貧|賤|急 蘋水|大萍也 顰眉蹙也 瓶同缾 嚬笑也 嬪婦官也

下上●牝母畜 臏刖刑去膝

下去●擯斥也棄也 儐導也陳也

下入●弼助也良| 闢開也 帛幣帛 椑親身棺 馝香也 飶食香 苾香也 佖有威儀也 邲地名

●怭媟嫚也 駜馬飽肥而 柲戈戟柄辟|除 辟|除

求上平●巾正手|紗|

上上●緊急也 謹慎也敬| 漌清也漬也 ⿰糹堇|密

上去●斳固也吝也 靳同上 堇草名即烏頭 廑小屋也

上入●急土話著| 吃口不便言

聲母	聲調	圈	字
求	下平	●	莛古同茬
	下上	○	
	下去	●	僅略能也少也 饉菜不熟曰丨 廑寡也 墐塗也塞也 瑾丨瑜美玉 槿木丨 撻拭也 殣埋也
		●	絹土繒也丨線 覲見也
	下入	●	⿰米建同饉字
氣	上平	●	⿰久欠少也 輕解重丨
	上上	●	螼即蚯蚓也 淺解深丨 嗹唇瘡
	上去	●	菣香蒿也
	上入	●	乞求丨也食
	下平	○	
	下上	○	
	下去	●	趣行貌
	下入	●	杙解木丨
地	上平	●	珍土重也寶也 珎同上

地上上●杒木名紖牛系也絼同上

上去●⿱一冋登也

上入●得解|著

下平●陳列也張也塵|埃⿱麤土同上籐解耤|草|

下上○

下去●鎮按也壓也鎭同上俗字敶布也告也陣行列也⿱雨陣雲也

下入●⿱亠直正也平也直同上俗字姪兄弟之子

普上平●⿰彳尃漳也闐開也

上上●品行|類|⿱品巛超也

上去○

上入●匹偶也合也鴄鴨也

下平●砏|磤大雷繽|紛雜辭也

下上○

下去●朮麻片也覕|覢暫見也尗見集韻

普 下入 ○

他 上平 ● 狆狂也 嗔盛氣也

上上 ● 跈走也 ⿰口展|然大笑

上去 ● 疢善嗜為病

上入 ● ⿰弋鳥鷹也

下平 ● 种名禾

下上 ● 徵道理

下去 ● 趁踐也從也 趂同上逐也

下入 ● 讃|直

爭 上平 ● 眞偽之反也實也|假 真同上俗字 靖不染邪曲 榛神木 溱眾也至也 臻同上 禛以真受福 津水渡|液

● 珍寶也 蓁葉盛|艽 茞草也 搸琴瑟音也 唇驚也 瑧玉名

上上 ● 軫車後橫木又動也 賑富也 鬒黑髮 拯救也 眕安重也 稹密也 紾捩也 疹脣瘍也 袗單也畫也

● 脤祭肉 畛田間道也 姫慎也 黰美髮也 眡告於鬼神 ⿰車眞同軫 儘皆也 聄告也聽也

上去 ● 晉進也抑也 晋同上 ⿱夾日中|

爭上入● 質 樸也實也 卽 就也則也 即 同上俗字 喞 \|\|蟲 桎 足械 銍 刈禾短鐮又禾穗 秷 禾穗又刈禾

● 織 土\|布 堲 疾也燭燼 挃 穫禾聲 汑 水出也 侄 堅也癡也 帙 書衣曰\| 職 土主也分也 鯽 \|魚

● 蛭 食血蟲也 稙 早稚曰\| 蓻 草木不生 跖 盜\|秦之大盜 ⿺辶臸 近也至也 陟 升也

下平● 秦 國名又姓 繩 土解\|索

下上● 盡 竭也皆也 尽 俗盡字 藎 忠愛也進也 㶳 火餘也 ⿱聿凶 盡字省文

下去● 進 登也升也 震 動也起也 振 整也作也 侲 童子也 挋 拭也 枃 梳絲具也 搢 插笏於帶 縉 帛赤色又\|紳

● 瑨 美玉

下入● 疾 急也病也 嫉 \|妒 蒺 \|蔾藥名 愱 \|毒苦也

入上平● 弫 人名

上上● 忍 安於不仁曰\|又\|耐 仞 同上

上去● 刃 刀也 肕 堅柔也

上入● 臸 到達

下平● 人 對已之稱 仁 心之德愛之理 魜 魚名 朲 至上間也 忎 能服眾心 芢 草名

下上● 荵 \|冬草

入下去● 認 忍也識物也

下入● 日 ｜月太陽曰｜ 駬 馬傳遞 衵 日日常衣 臸 到也

時上平● 新 舊也對也 身 軀也｜體 申 屈｜又明又辰名 伸 舒也直也 薪 柴也 紳 帶也縉｜ 莘 眾也細｜ 娠 懷孕

● 詵 ｜｜和集 駪 ｜｜眾多 屾 二山竝立 粄 粉滓也 騂 赤色 辛 十幹名又｜苦 娠 懷孕也 呻 吟詠之

● 牲 眾生並立 㛛 懷孕也 兟 進也 珅 玉名 侁 行貌

上上● 矧 況也笑也 頣 舉目視人 裖 出兵祭社之肉 哂 笑也 笉 竹也

上去● 閃 守門也

上入● 失 錯也遺也 熄 解火｜ 穡 土解作｜ ⿰毛息 消｜

下平● 臣 事人也君｜ 宸 屋宇也又｜衷 辰 日也星也 晨 昧爽也 神 ｜明精｜ 晨 早也鷐也 鷐 ｜風鳥也

下上● 腎 脾｜屬水

下去● 慎 謹｜審也 信 不疑誠實 贐 送行之禮 迅 疾也 卂 疾飛也 燼 燭餘也 顖 頂門 ⿰口囟 問也告也

● ⿰日卂 待也 囟 腦蓋也 顖 同上 汛 灑也 玌 玉名 蜃 大蛤

下入● 實 誠也滿也 寔 處也是也 食 穀饌飲也 蝕 日月有虧曰｜ 植 立也栽也 湜 水清見底

英上平● 因 緣也由也 絪 ｜緼 茵 褥也虎皮 駰 陰白雜毛 氤 元氣交密之象 筃 車重席 闉 ｜闍城外副城 垔 塞也

英上平● 堙同垔 瘖丨瘂 婣同姻和也 禋精意以享 姻婿家昏丨 囙俗因字 裀近身衣也 羘黑羊也

上上● 引導也長也 靷駕牛馬車丨也 蚓蚯丨善鳴土中 廴長行貌 螾同蚓 縯長也

上去● 印信也玉丨

上入● 一數之始 弌古字 乙十幹名 壹專一誠也 憶解記丨

下平● 寅恭也辰也 夤恭也脊也

下上○

下去● 胤子孫也 酳用酒漱口 孕懷丨也 媵送女從嫁 亻胤俗胤字 應解丨對 肩國名

下入● 䭿疾飛

文上平● 鴖紅嘴鳥名

上上● 閔憂也又姓 黽勉也 黾同上俗字 泯沒也水貌 慜聽也恤也 愍恤也憐也 敏捷也聽也 罳憂恤也

● 暋強暴 憫憂恤也 僶丨勉 刡丨削 敯強也

上去○

上入● 䊳義闕

下平● 民無知之民 氓同上民也 岷山名 苠眾多貌 珉玉之美譽 旻視也 盿民也 緡絲緒也錢貫也地名

文下平● 緡同上釣綸 ⿰石民美石 砇石次玉 玟同上 碈貫玉而賤｜

下上〇

下去● 面解頭｜｜前

下入● 密不疏也靜也 蜜蜂糖 蜜同上 宓安也 ⿱必皿械器 ⿱必目不見貌 ⿰耳必自愧謂｜

語上平● 銀正白金土所出者

上上● 釿剸斷也 听笑貌

上去● 憖問也強也 憗同上

上入● 仡｜｜壯勇皃

下平● 犾犬相吠

下上〇

下去● 慭恭謹也傷也且也又發語音 憗同上俗字

下入● 隟古同隙

出上平● 親父母也愛也至｜六｜ 夋倨也又行貌 皴皮細起也

上上● ⿱竹盡小竹名 ⿱竹勻笑也 紖以牽掛

出 上去● 儭 裏也 清 解燒｜ 秤 解｜物輕重

上入● 七 數名 柒 同上

下平● 悳 恚也

下上○

下去● 襯 近身衣也 瀙 水名 ⿰石親 水石也

下入● 拭 揩擦

喜 上平● 欣 正喜也

上上● ⿰虫憲 蚯蚓也

上去● 釁 隙也

上入● ⿵風喜 風貌 欯 笑也 怴 狂也怒也 肸 響布也 迄 至也 黑 不白也

下平● 眩 土解頭｜

下上○

下去● 舋 爭端也

下上○

下入○

寶部終

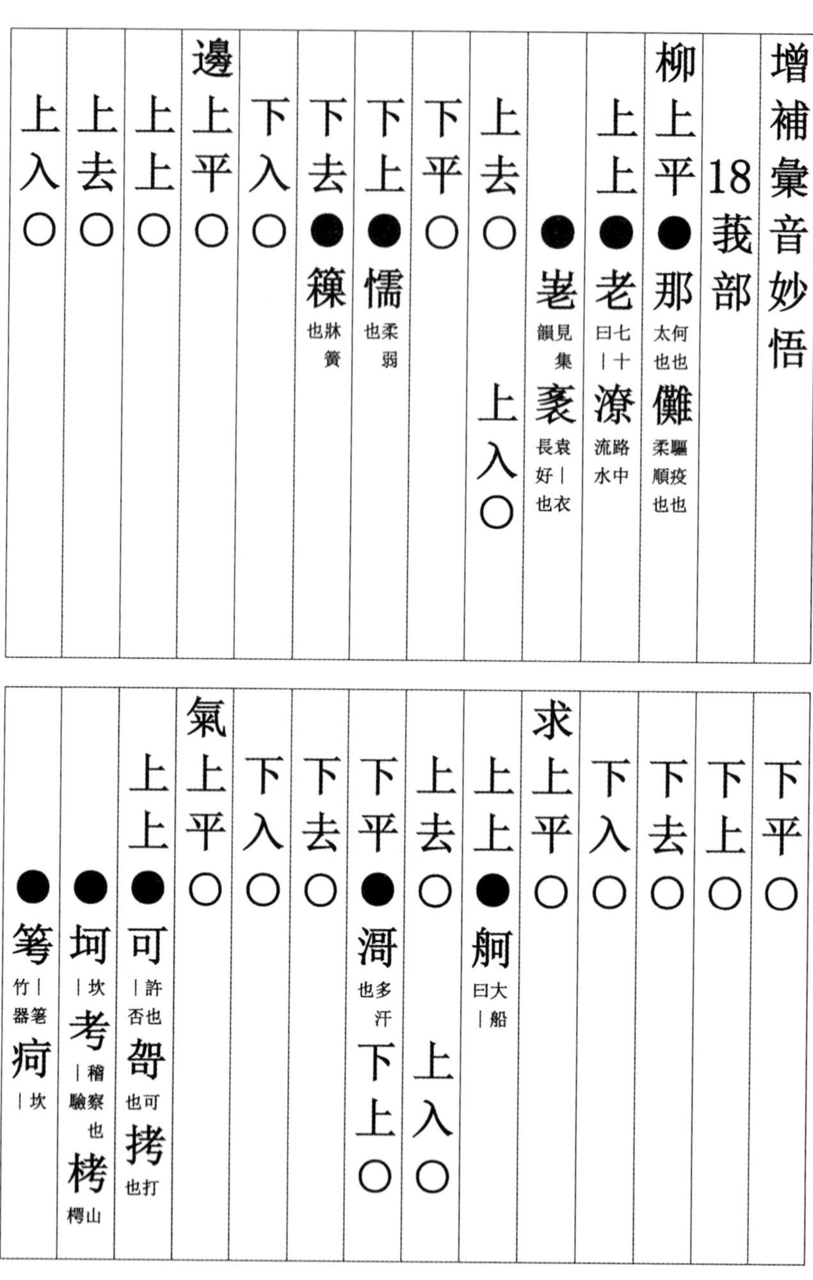

增補彙音妙悟

18 莪部

字母	聲調	例字
柳	上平	● 那 何也太也 儺 驅疫也柔順也
	上上	● 老 七十曰丨 潦 路中流水
		● ⿱山老 見集韻 袲 袁丨衣長好也
	上去	○
	上入	○
	下平	○
	下上	● 懦 柔弱也
	下去	● 穤 牀簣也
	下入	○
邊	上平	○
	上上	○
	上去	○
	上入	○
	下平	○
	下上	○
	下去	○
	下入	○
求	上平	○
	上上	● 舸 大船曰丨
	上去	○
	上入	○
	下平	● 渦 多汗也
	下上	○
氣	上平	○
	上上	● 可 許也丨否 哿 可也 拷 打也
		● 坷 坎丨 考 稽察也丨驗 栲 山樗
		● 笴 丨笴竹器 疴 坎丨

上上	上去	上入	下平	下上	下去	下入	地上平	上上	上去	上入	下平	下上	下去
●攷成也稽察也	○	○	○	○	●犒餉軍也	○	○	○	○	○	○	○	○

地下入	普上平	上上	上去	上入	下平	下上	下去	下入	他上平	上上	上去	上入	下平
○	○	●尀丨耐 剅小裂	○	○	○	○	○	○	○	○	○	○	○

	下上	○		
	下去	●	唾	土口液也
	下入	○		
爭	上平	○		
	上上	○		
	上去	○		
	上入	○		
	下平	○		
	下上	○		
	下去	●	埡	止也
	下入	○		
入	上平	○		
	上上	○		
	上去	○		

入	下平	○		
	下上	○		
	下去	○		
	下入	○		
時	上平	○		
	上上	○		
	上去	○		
	上入	○		
	下平	○		
	下上	○		
	下去	○		
	下入	○		
英	上平	○		
	上上	●	袲	｜袲衣長好也

上去○

上入○

下平○

下上○

下去● 囥搖船聲

下入○

文

上平● 摩研也相切也

上上● 麼么|細小 抇持也

上去● 耗虛也蓋也

上入○

下平● 毛眉髮也 磨治玉石也 旄牛尾也|丘 芼菜也 魔惡鬼能迷人者

下上● 冃重覆也 蓩卷耳草名

下去● 髦九十曰| 冒覆也|昧 冐同上 眊目不明 ⿰忄冒貪也 媢妒也嫉也 帽冠也 瑁瑇|有交飾可器

下入○

語 上平 ● 俄 |頃

上上 ● 我 自謂曰|

上去 ● 慠 倨| 傲 同上

上入 ○

下平 ● 敖 遨也 娥 嫦| 遨 |遊 哦 吟也 嗸 |眾| 囮 鳥媒也 驁 駿馬 獒 犬也知人心可使者

● 鵝 似鴨而大家所蓄 䳘 同上 鼇 海中大| 鰲 |魚 鷔 煎也 嗷 眾口愁也 鼉 介蟲之長

● 蛾 |眉蟲也 莪 青||蒿 峨 嵯| 訛 差也謬也 翺 |翔 廒 倉| 厫 同上 囂 喧|也

下上 ○

下去 ● 餓 飢| 臥 寢也偃也 慠 慢| 乔 人名 奡 慢也

下入 ○

出 上平 ○

上上 ○

上去 ○

上入 ○

出 下平○

下上○

下去○

下入○

喜 上平●⿰口靴 吐氣聲也

上上●好 美也嘉也 火 五行水｜ 风 火發声 孜 古好字

上去●貨 ｜物財｜

上入○

下平○

下上○

下去●好 愛慕也

下入○

莪部終

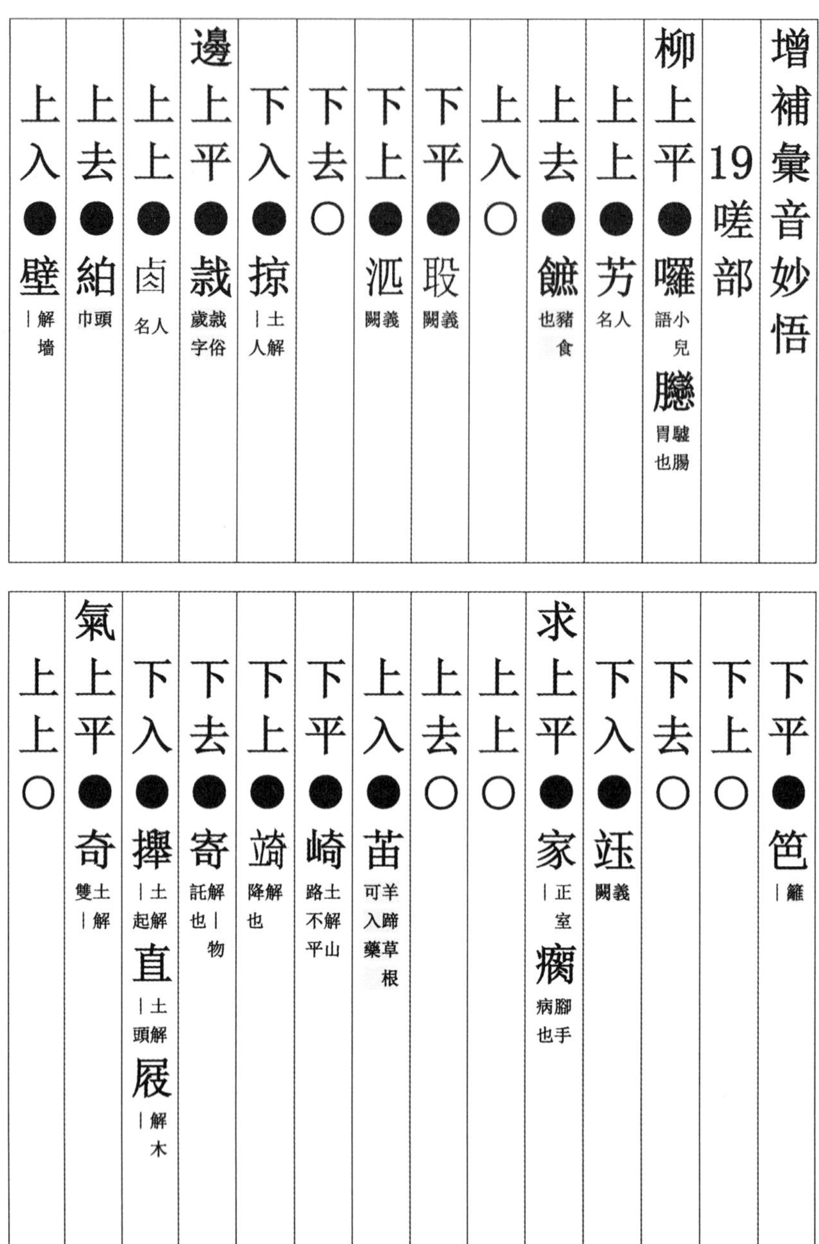

增補彙音妙悟

19嗟部

柳上平●囉小兒語 臠驢腸胃也

上上●芳人名

上去●[食庶]豬食也

上入○

下平●[耳殳]義闕

下上●沠義闕

下去○

下入●掠土解|人

邊上平●𢧐戠俗歲字

上上●卤人名

上去●絈頭巾

上入●壁解墻|

下平●笆籬|

下上○

下去○

下入●[足五]義闕

求上平●家正室| [疒商]腳手病也

上上○

上去○

上入●苗羊蹄草根可入藥

下平●崎土解山路不平

下上●[立奇]解降也

下去●寄解|物託也

下入●擇土解|起 直土解|頭 屐解木|

氣上平●奇土解雙|

上上○

氣 上去 ● 覗 同覔字

上入 ● 隙 解空｜

下平 ● 騎 ｜馬

下上 ● 立 解坐｜

下去 ● 樹 土解｜起 竪 同上

下入 ● 熂 火貌

地 上平 ● 爹 稱父曰｜

上上 ○

上去 ● 坺 義闕

上入 ● 摘 解｜花

下平 ● 禘 義闕

下上 ● 哋 佛教咒語用字

下去 ○

下入 ● 糴 解｜谷

普 上平 ● 譙 譴也

上上 ○

上去 ● 華 華葛

上入 ● 僻 解偏｜

下平 ○

下上 ○

下去 ○

下入 ● 甓 解磚｜

他 上平 ● 訬 言逆也

上上 ○

上去 ○

上入 ● 拆 解｜開

下平 ● 佘 姓氏

下上 ○

	下去	〇
	下入	〇
争	上平	● 嗟歎也 謯諳也惜也 罝免丨 遮蔽也 罝同罝
	上上	● 者語助即物之辭 姐長女 媎同上 赭赤色 毑羌人叫母
	上去	● [革庶]石丨藥草
	上入	● [魚隻]白丨魚 隻豬犬之數
	下平	〇
	下上	〇
	下去	● 藉蘊丨狼丨 借假也貸也 嗻遮也 炙丨肉 䬾食無味也 鷓丨鴣 [甘庶]甘丨 蔗同上 蔗同蔗
	下入	● 食解飲也
入	上平	〇
	上上	● 惹丨亂 [若日]
	上去	〇
	上入	● 跡足丨 迹古丨

下平〇

下上〇

下去● 偌姓也

下入〇

時上平● 賖未還錢也 賒同上 些少也 ⿰夕少同上

上上● 捨釋也棄也 寫｜字 舍捨也

上去● 瀉傾｜吐｜ 鳫仄也 蔦澤｜藥名

上入● 削｜仔 錫鉛｜

下平● 佘姓也 邪不正也 蛇龜｜ 淲水名 畬山｜

下上● 社土神能生萬物

下去● 謝拜｜又姓 射取禽獸也 ⿰弓又引弓發矢 舍屋也稱官家之孫曰｜又三十裡為一｜ 赦宥也 榭臺｜

● 卸脫衣解甲

下入● 石金｜

英上平● 耶止語疑辭 擨舉手相弄 胒手足曲病

英 上上 ● 也止辭又發語也 野郊外曰｜ 埜同上 冶鎔鑄也｜容

上去 ● 亦土解又也

上入 ● 益土解進｜

下平 ● 爺王｜老｜ 琊瑯｜地名 邪同上 䓉草名｜萍 椰｜子 椰｜瓢

下上 ○

下去 ● 夜日｜ 厭土解不｜

下入 ● 易土音｜經 驛｜站 蝶土解尾｜

文 上平 ○

上上 ● 乜番姓

上去 ○

上入 ○

下平 ○

下上 ○

下去 ○

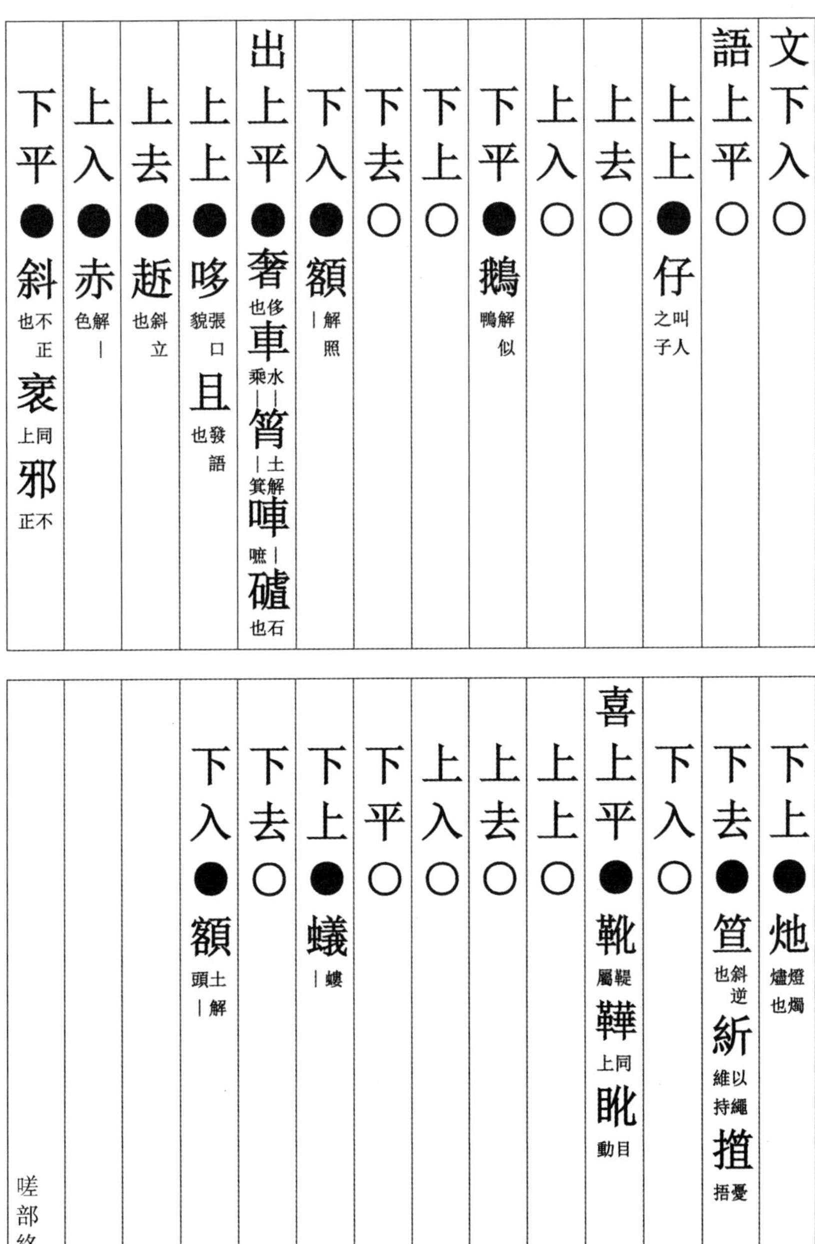

文下入○
語上平○
上上●仔（叫人之子）
上去○
上入○
下平●鵝（解似鴨）
下上○
下去○
下入●額（解照丨）
出上平●奢（侈也）車（水丨乘丨）筲（土解丨箕）唓（丨嗻）䃺（石也）
上上●哆（張口貌）且（發語也）
上去●趄（斜立也）
上入●赤（解丨色）
下平●斜（不正也）衺（同上）邪（不正）

下上●灺（燈燭燼也）
下去●笡（斜逆也）紤（以繩維持）揸（憂捂）
下入○
喜上平●靴（鞮屬）鞾（同上）䀝（目動）
上上○
上去○
上入○
下平○
下上●蟻（螻丨）
下去○
下入●額（土解頭丨）

嗟部終

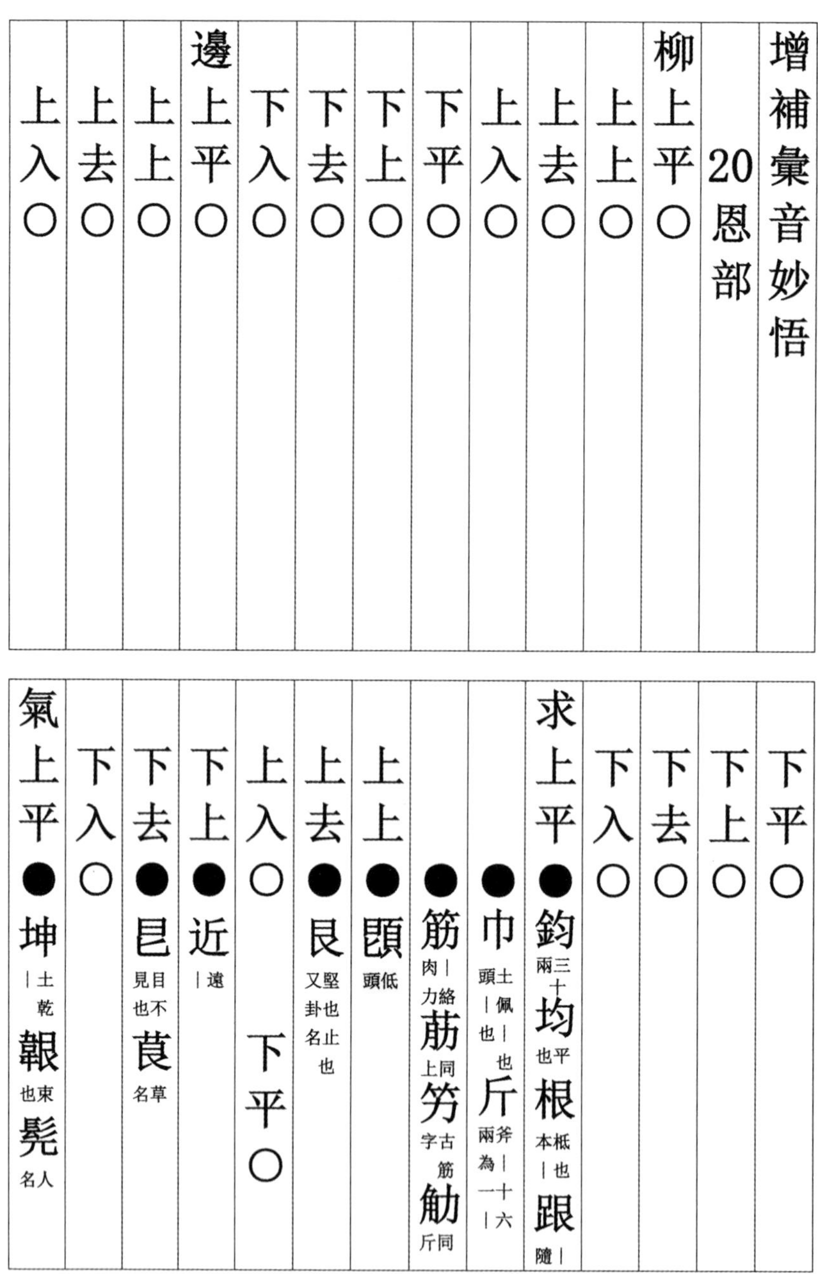

增補彙音妙悟

20恩部

聲母	聲調	字
柳	上平	○
	上上	○
	上去	○
	上入	○
	下平	○
	下上	○
	下去	○
	下入	○
邊	上平	○
	上上	○
	上去	○
	上入	○
	下平	○
	下上	○
	下去	○
	下入	○
求	上平	● 鈞三十兩 均平也 根柢也本丨 跟丨隨
		● 巾士佩丨也頭丨也 斤斧丨十六兩為一丨
		● 筋丨絡肉力 荕同上 竻古筋字 觔同斤
	上上	● 頣低頭
	上去	● 艮堅也止也又卦名
	上入	○
	下平	○
	下上	● 近遠丨
	下去	● 㫰目不見也 茛草名
	下入	○
氣	上平	● 坤土乾丨 鞎束也 髡人名

字母	聲調	標記	字及注釋
氣	上上	●	懇 情實也至切也 恳 同上 墾 開也治也
	上去	●	靳 土吝也
	上入	○	
	下平	●	勤 孜｜也｜勞也 懃 慇｜委曲貌 懄 同懃 慬 憂也哀也 芹 水菜
	下上	○	
	下去	●	硍 石有痕曰｜
	下入	○	
地	上平	○	
	上上	○	
	上去	○	
	上入	○	
	下平	○	
	下上	○	
	下去	○	

	下入	〇
普	上平	〇
	上上	〇
	上去	〇
	上入	〇
	下平	〇
	下上	〇
	下去	〇
	下入	〇
他	上平	〇
	上上	〇
	上去	〇
	上入	〇
	下平	〇

	下上	〇
	下去	〇
	下入	〇
爭	上平	〇
	上上	〇
	上去	〇
	上入	〇
	下平	〇
	下上	〇
	下去	〇
	下入	〇
入	上平	〇
	上上	〇
	上去	〇

上入○
下平○
下上○
下去○
下入○
時上平○
上上○
上去○
上入○
下平○
下上○
下去○
下入○
英上平●恩愛也｜情 殷正也商號 慇｜懃

上上●隱痛也微也 允信也 [illegible]謹也 尹治也正也
●穩草名 狁玁｜ 㥯謹也
上去●[illegible]俗人也 上入○
下平○
下上○
下去●[illegible]飽也
下入○
文上平○
上上○
上去○
上入○
下平○
下上○
下去○

下入○

語 上平● 虓 虎声 䓉 草多貌

上上● 峎 山名

上去● 䭓 飽也

上入● 訖 土蓋也 迄 土至也 仡 狀勇也 圪 高貌 兀 高也 屹 丨然 汔 幾也水涸也 卼 臲丨危也

● 扤 搖動也 齕 土齧也 扢 土磨也

下平● 誾 和悅也 銀 白金也 垠 岸也崖也 犾 兩犬相齧 齗 辯爭貌 嚚 言不忠信 斦 二斤也 㹞 犬吠聲

● 泿 水涯 珢 石似玉者 狺 犬爭 虤 兩虎爭聲

下上○

下去● 䬶 餒也 猌 犬張斷怒

下入● 杌 檮丨

出 上平○

上上○

上去○

上入○

下平○

下上○

下去○

下入○

喜

上平● 痕 瘢也 垦 匡也

上上● 很 不聽從 狠 同上 茛 草名

上去● 恨 怨之極也

上入○

下平● 齦 齒根肉也 眼 肉｜

下上○

下去○

下入● 核 土果中實也 檄 土｜文 紇 絲｜人名 覈 土使實也慘刻也 劾 土推窮罪人

恩部終

增補彙音妙悟

21西部

柳上平●㓾古同劙

上上●禮土天理之節文人事之儀則　礼古字　體魚名　澧水名

上去●蠣蚌屬附石而生　隸附著也　癘疾疫　禲鬼災曰丨　孋丨姬　爄止火也　麗丨水　糲米不精曰丨

上入○

下平●黎丨民眾也　逕塗也　梨同黎　𩩍有骨為丨　棃黑木丨棗　泥水和土　怩忸丨心慙也　犁丨耙

下上●酈土國名

下上○

下去●厲嚴正也　勱勉也　儷伉丨匹配　戾乖丨罪丨　珕蜃屬　例比丨類也　礪砥也磨也　栵橫木生者

●荔丨枝果名　唳嘹丨雁鳴　淚目液也　濿以衣渡水

下入○

邊上平○

上上●把手所丨也

上去●蔽遮蓋也　斃死也

上入●伯解父之兄

下平●鈀土解兵器　筢解｜梳　爬手｜　琶琵｜

下上●父俗解子稱父也

下去●敝壞也　弊敗也　耙解犁｜　幣｜帛

下入●白｜色　帛土解腳｜

求上平●圭上員下方以瑞玉為之四｜　珪同上王執鎮｜公執桓｜侯執信｜伯執躬｜　睽目不相視　聧耳不相聽　暌也違

●雞土犬｜　鷄同上　街土市｜　奎土星｜　卟蓍以問疑　乩同上　禾木之曲頭　刲刺也割也

●笄簪也女子十五曰｜　筓同上　奎｜星

上上●假解真｜

上去●薊地名

上入●格解｜式　隔｜斷也

下平●枷解頸刑

下上●低土解高｜　嫁解｜娶

下去● 計 策也|校 繼 續也紹也 ⿰阝㡭 同上 檵 枸杞也 架 解|物 解 |差

下入○

氣 上平● 溪 土水注川曰| 谿 澗也同上 稽 考也蔔也 蹊 土蹺|

上上● 啓 教也|發 啟 同上開| 启 同啓

上去● 契 投||券

上入● 客 解人|

下平● 傒 恨也

下上○

下去○

下入○

地 上平● 低 土高之反也卑也 羝 羊三歲也 眂 視也 柢 根| 衹 短衣也 紙 絲滓也 隄 防也塘也 氐 本也

上上● 鮭 土|觸

上去● 駄 狀如鬼 篪 潼樂器 娣 女弟

上入○

下平 ● 茶解|水 堤土壅也 題品|目| 蹄足| 緹帛丹黃色 瑅玉名 鶗|鴂子規 鵜水鳥 綈厚繒

● 䬾寄食 稊穢草 苐草名 提挈也攀也 惿勉|心怯 鞮草履銅|官名

下上 ● 弟兄|

下去 ● 地天|土| 帝上|君也 棣棠|木名 杕木獨生也 悌孝| 蒂根| 坔同地 蝃蝀|虹也

● 第次|科| 柢悶也 遞傳|也 嚏鼻塞噴| 䡟車| 禘王者大祭 髢斂髮無| 逮及也

● 墬古地字

下入 ○

普上平 ● 剃割也

上上 ○

上去 ○

上入 ○

下平 ○

下上 ○

下去 ● 帕手|

下入〇

他上平● 梯木階也雲｜ 遞薄也

上上● 體身｜ 挮去涕也

上去● 替代也衰也 洟鼻液 睇小視也 蛇解水母也

上入● 裼祖｜

下平● 啼泣也鳴也 提土｜攜 [illegible]壁方丈曰｜

下上〇

下去● 締｜交結也 暜替古字 㬱同上 揥象｜以摘髮 鬀削髮也 鬄同上踢也

下入● 宅土解厝｜

爭上平● 躋升也登也 隮升也雲氣也 懠猜疑也又怒也 儕輩也等也 擠推也排也 臍肚｜ 齊同上 蠐｜螬蟲也

● 劑調｜分也 𩐎菹菜 賫送也 齎持還人也

上上● 濟｜｜盛貌 泲流水

上去● 濟渡｜｜事 債負財也

上入● 仄土平｜

下平 ● 齊 正也等也

下上 ● 癠 病也

下去 ● 祭 丨祀四時皆丨 際 交丨丨會又邊也 意 婦人孕病 霽 雨止也 嚌 飲至齒也 製 雨衣也 寨 營丨

● 眥 睚丨 晰 丨丨明也 儕 止也 刿 斷也 穧 刈禾把數 癠 勞丨 制 節也裁也

下入 ○

入 上平 ○

上上 ○

上去 ○

上入 ○

下平 ○

下上 ○

下去 ○

下入 ○

時 上平 ● 西 丨方屬金 栖 鳥宿曰丨 棲 丨遲息也 恓 丨惶煩惱 疒少 解著丨 捿 幽居也 纱 解紡丨

時上平●悽愁痛也　粞碎米　屖遲也　犀｜象

上上●洒｜掃雪也　洗浴也

上去●逝往也　勢｜力形｜　[illegible]割肉也

上入●堦土解義闕

下平●胡土解頸｜

下上○

下去●世三十年為一｜　筮蓍｜　泗水名　婿同壻　噬齧也｜嗑　澨水涯也　遰刀室　誓盟｜

●簭古筮字　細小也密也　壻女夫曰｜

下入○

英上平●勎同逼

上上●啞土解｜聲

上去●縊自經死也

上入○

下平○

英下上●下解上|

下去●袣衣長貌 曳除也引也 裔後嗣也 玴石似玉 盻恨視也 瞖眼疾目| 曀陰風也

●翳蔽也 撎舉手揖手 拽拖|

下入○

文上平●𨵩闕義

上上●馬解牛|

上去●謎隱語

上入○

下平●迷|亂 㥸心惑也 冞冒也 瀰水盛貌 渳渺| 覭病視 嫛齊人呼母

下上○

下去●袂袖也

下入●麥解大|小| 脈血|

語上平○

上上●鶂鵝聲 睨衺視也

語上去●	執才技也 藝同上種也 誼善也 秇種也 蓺同上
上入○	
下平●	牙解象丨 芽解草木丨 霓虹也 輗轅端木橫木 麑鹿子 倪小兒也 猊獅子 郳國名
下上○	
下去●	詣造丨品丨 羿古射師 劓丨刖人 刈割也 涀水際也 睨城上垣曰睥丨 藙煎茱萸也 鯢鯨丨大魚
下入●	月丨亮
出上平●	妻夫丨 萋丨丨草盛又小文貌 淒雲雨起貌 凄寒也 差解公丨
上上●	批捽也 泚水聲也汗出貌 玼玉色 紕帛文貌
上去●	廁同廁
上入●	策解書丨 冊解同上
下平●	跙古同趄斜靠
下上○	
下去●	砌階也 磜同上 [illegible]惄丨音不和也 䀙視也 廁土溷也次也雜也
下入●	[illegible]闕義

喜

上平●咳 解丨嗽

上上●匚 有所挾藏

上去●系 世丨繼也

上入○

下平●奚 何也大腹也 徯 待也 兮 止辭語有所稽 傒 待也人名 鼷 小鼠也 ⿺鼠奚 同上 瓗 赤玉 巂 車輪轉

●攜 持也 携 同上 擕 提丨 觽 佩丨 酅 邑名 擕 同攜 ⿰犭奚 夷名 畦 五十畝曰丨 鑴 日旁黑氣

下上●下 土解投丨

下去●繫 世丨聯絡也 係 同上 禊 祭名拔除不祥 夏 丨天

下入●⿰豕霍 義闕

西部終

增補彙音妙悟

22 軒部

柳上平● 嗹嘍｜

上上● 璉瑚｜祭器 輦車｜ 摙搬運也 撚蹂也 涊洟｜垢濁 嬿好也 憐意難也 涊洟｜惡酒

● 膦腰力｜無 ⿰面然｜貌靦小 䡪周邑

上去● 練熟絲也鍜｜

上入● 浖山上水

下平● 年四時已過為｜ 連相｜接也 鰱｜魚 漣風動水成文 聯｜綿不斷 蓮芙蕖實 哰哆囉

下上○

下去● 鍊冶金鐵｜ 煉鑠冶金也 揀選擇也 㾾惡病 湅熟絲也 楝花信風｜花其終也 碬所以鑠物

● 姩美女

下入● 列剖也位序也 冽寒氣嚴也 洌水清潔也 劽有力也 裂擘破也 烈火猛也 茢苕帚以除不祥

● 浖山上水 ⿱列女美女

邊上平● 邊岸也側也 籩｜器豆祭 籅竹輿 鞭策也

上上●貶褒|抑也　匾不圓也　扁同上石貌　碥登車履石　辮憂也急也　㝵傾覆也　𠥓同扁

上去●變|化改也　忭喜也　便近也宜也　⿰氵便小|　窆下棺也　笲盛器　抃拊手

上入●鼈甲蟲　鱉團魚　別辨也分|

下平●玭珠也　緶縫衣也　諞巧言也　楄方木　砭以石鍼刺病　胼|胝皮堅也　骿同胼

下上●⿰丏面靦也　辦致力也　辧幹也　辨判也　辯君必|焉

下去●卞地名又姓　汴州名　⿰氵弁導水使平　玣玉名　徧周也　揙搏也　弁冠也　遍同偏

求上平●堅固也強也　肩膊上任也　慳悋也　鞬戢弓矢也　甄陶也明也　絙人名　幵平正也　猏豖三歲　豜豖也

上上●繭蠶房　蹇乖|難也　鍵關|戶鑰　⿰扌繭拭面曰|　囝閩人呼兒曰|　⿰耒开十把曰|

上去●見相|視也　建創|立也

上入●結交|締也　佶正也　吉善也|凶　桔果名|梗　袺以衣貯物　羯羊羖犗也人名　橘似柚　拮口手共作

●稭同秸　鞂同上　潔清也淨也　絜清也　偈用力貌　秸禾葉

下平●乾|坤卦名又君也　腱大筋　揵以肩舉物

下上●件條|

下去 ● 健矯｜擧也 丱垂髮兩角

下入 ● 傑豪｜俊｜ 杰同上人名 桀兇暴為｜雞棲杙也 榤雞所棲也 臬犬視貌 絜土度也

● 碣碑｜方者為碑圓者為｜ 蠍血｜藥名 竭盡也涸也 搩揭也

氣上平 ● 牽引也連也 鏗金玉声 騫虧失也 攐摳衣也 撁兩手取也 掔去也 搴拔取也 愆過也罪也

● 鏗金玉声 擧舉也 岍山名 褰揭衣袴也 汧水出不流 芉秦｜藥名 諐同愆失也

上上 ● 遣｜使遣也 犬小曰狗大曰｜ 甽｜畝 畎田中溝六｜為畎 繾｜綣不相離 綣繾｜厚意 慭土從也

上去 ● 譴問也｜責 俔譬喻也

上入 ● 挈提｜ 揭｜起 姞韓｜燕譽 襭以衽貯物而扱之於帶 㤂無憂愁也 詰｜問也 朅武壯貌

● 愒貪羨也 譎詭｜ 頡倉｜又直項 孑獨立也 鍥刻也 頁頭也 劼土用力｜毖 戛土戟也｜｜

● 戞同戛

下平 ● 虔恭也殺也 乾土｜坤 漧燥也

下上 ○

下去 ● 悓譬也 涀水名

下入 ● 硈｜物

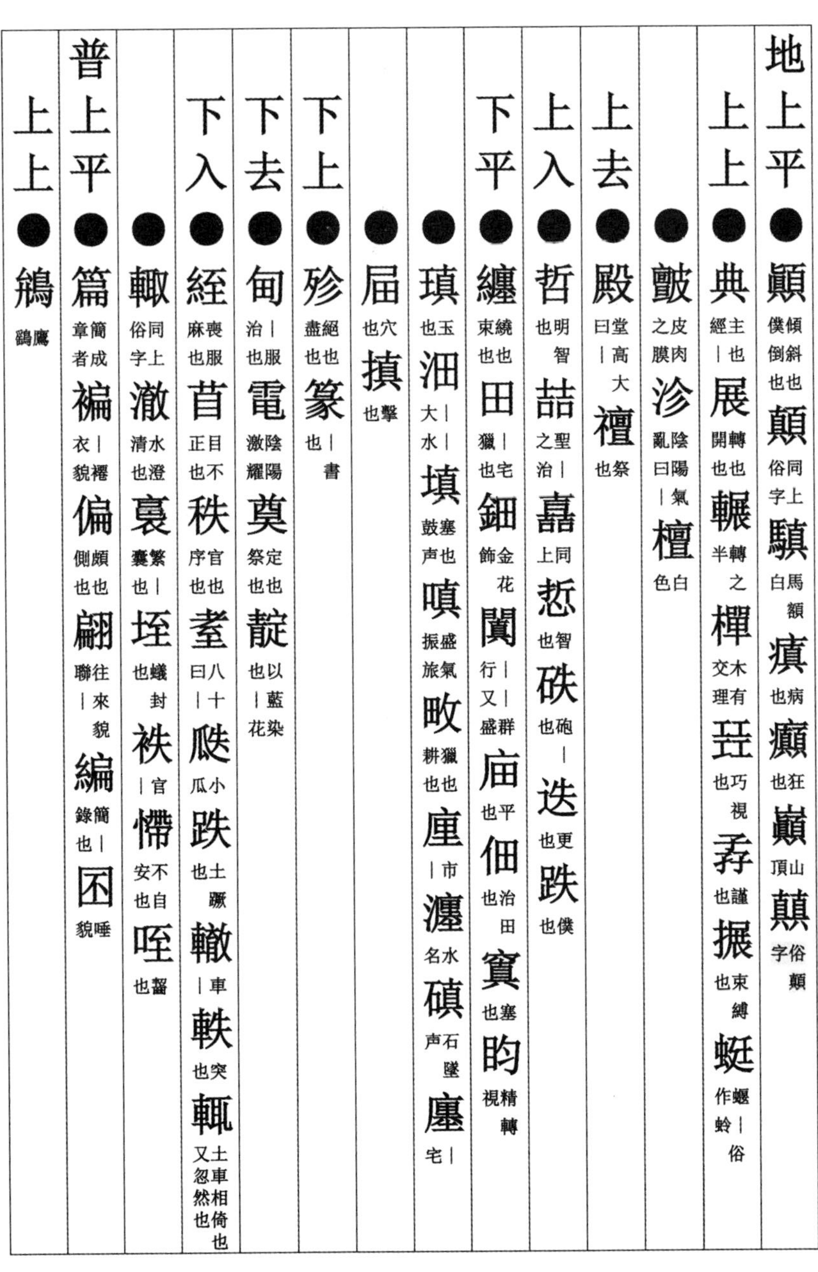

地 上平 ● 顚 傾斜也僕倒也 顛 同上俗字 ⿰眞馬 馬額白 瘨 病也 癲 狂也 巔 山頂 ⿱艹顛 俗顛字

上上 ● 典 主也經| 展 轉也開也 輾 轉之半 樿 木有交理 珏 巧視也 孨 謹也 搌 束縛也 蜓 蝘|俗作蛉

● 皽 皮肉之膜 沴 陰陽氣亂曰| 檀 白色

上去 ● 殿 堂高大曰| 禫 祭也

上入 ● 哲 明智也 喆 聖|之治 嚞 同上 悊 智也 砆 砲|也 迭 更也 跌 僕也

下平 ● 纏 繞也束也 田 宅|獵也 鈿 金花飾 闐 ||群行又盛 庙 平也 佃 治田也 窴 塞也 昀 精轉視

● 瑱 玉也 沺 ||大水 塡 塞也鼓声 嗔 盛氣振旅 畋 獵也耕也 廛 市| 瀍 水名 磌 石墜声 鄽 |宅

● 屇 穴也 搷 擊也

下上 ● 殄 絕也盡也 篆 |書也

下去 ● 甸 |服治也 電 陰陽激耀 奠 定也祭也 靛 以藍染也|花

下入 ● 絰 喪服麻也 苜 目不正也 秩 官也序也 耊 八十曰| 瓞 小瓜 跌 土蹶也 轍 車| 軼 突也 軏 土車相倚也又忽然也

● 輾 同上俗字 澈 水澄清也 褭 繁|囊也 垤 蟻封也 袟 官| 懘 不自安也 咥 齧也

普 上平 ● 篇 簡成章者 褊 |襬衣貌 偏 頗也側也 翩 往來貌聯| 編 簡|錄也 囨 唾貌

上上 ● 鶣 鷹鶣

上去●片木丨也

上入●撆小擊也引也　丿左戾也　撇略也

下平●覑視貌

下上○

下去●騗詎丨嚇丨　萹丨蓄

下入●嫳輕動也　擇牽也　潎水相潎也　瞥暫見也

他上平●天丨地理也　靝古文天字　兲古天字　䀖視也　𦬁古天字　黇黃白色

上上●腆厚也善也　琠玉名　𨀚行跡貌　倎厚也　𠯣吐也　淟丨涊垢濁　𠗐丨涊　靦面慙　蚕即寒蚓也

●靦有丨面目

上去●捵手伸物也

上入●鐵黑金也　飻貪食也饕丨　銕俗鐵字　徹去也明也　撤除去也抽也　驖馬黑色也　僣狡猾也

下平●塡土丨數

下上○

下去●瑱充耳玉也　瑱塞耳珠也

下入 ● 瀓 水流

爭上平 ● 煎 熬也煮也 湔 滌也 箋 表也書也 濺 水淺流也 ⿱艹淺 紙用色飾者 濺 水疾流 籛 彭祖姓也 牋 同箋

● 旃 曲柄旃又同之 鸇 晨風惡鳥 饘 粥|厚曰|稀曰粥 邅 迍| 鱣 大魚 旜 通帛曰| 飦 |粥 櫏 香木

● 氈 毛席 毡 氈俗字

上上 ● 剪 刀|削也 翦 齊物也 譾 淺也 膞 切肉也 雋 鳥肥 帴 狹也 俴 淺也 吮 欶也 戩 福祥也

● 戚 同上 譾 |鄙 鬋 剔治也

上去 ● 箭 小竹矢也 葥 可作帚 餞 送行之燕

上入 ● 節 符||制 幯 巾| 坼 羊子易生 㑙 傳| ⿱即刀 斷物也 卩 瑞信也 浙 |江 ⿰歹斤 夭死

● 擳 拭也 折 斷也曲| ⿰阝犮 治也 櫛 梳篦總名

下平 ● 前 先也|後 錢 財也青|又姓 歬 先也 次 口中液也 鐫 刻也 葥 葍|藥名

下上 ● 踐 踏也履也 ⿰目亶 視而立也

下去 ● 賤 貪|貴| 荐 草也再也 薦 進也|臻 栫 籬也 戰 鬥也懼也 ⿰王存 玉名 洊 水仍至也

下入 ● 截 斷也止也 ⿱竹鯽 似蟹而生海中 捷 報勝曰| 疌 疾也 晰 明也

入上平 ● 撚 古同撵驱逐

入上上 ● 橪（小棗） 輭（柔也） ⿱艹耎（耳木） ⿰目然（形狀乖劣） 耎（罷弱也） ⿰耎皮（柔皮也）

上去 ● 鄯（國名）

上入 ● ⿺走戠（走也）

下平 ● 然（如是也而也） 燃（燒也） 肰（犬肉） 繎（|絲難理）

下上 ● 鱓（似蛇無鱗）

下去 ○

下入 ● 熱（火炎氣也曰|鬧|） 爇（燒也） 蓺 焫（同上）

時上平 ● 先（首也|後） 仙（神|） 僊（||舞貌） 䙴（高也） 躚（蹁|舞貌） 羴（羊臭也） 屳（長生曰|） 鱻（新魚也）

● ⿰衤䙴（褊|） 鮮（腥魚）

上上 ● 銑（金之有光澤者） 跣（徒足履地） 毨（毛落更生） 洗（滌也|腆） 廯（倉廩） ⿸疒先（疥|） 癬（同上又乾瘍也） ⿸疒选（同上）

● ⿰扌先（手撚物也） 獮（秋|獵也又殺也） ⿰氵鮮（水名） 燹（野火也） 蘚（苔|） 尟（少也）

上去 ● 饍（同膳） 扇（箑也吹揚風也） 霰（雪粉）

上入 ● 屑（潔也不|也） 設（置也假|） 襒（拂也） 褻（私服地） 暬（|褻近侍） 契（舜之司徒） 洩（|漏） 燮（和也熟也）

● 爕（同上人名） 渫（治井也除去也又音牒波也） 薛（國名又姓） 偰（卑也） 揳（不方正也又興絜同） 緤（系也又牽牛繩也）

英 下上 ● 下 解上｜

下去 ● 襪 衣長貌 曳 除也引也 裔 後嗣也 玴 石似玉 盻 恨視也 瞖 眼疾目｜ 曀 陰風也

● 翳 蔽也 撎 舉手揖手 拽 拖｜

下入 ○

文 上平 ● ⿵門⿴囗米 義闕

上上 ● 馬 解牛｜

上去 ● 謎 隱語

上入 ○

下平 ● 迷 ｜亂 㥘 心惑也 冞 冒也 瀰 水盛貌 渳 渺｜ ⿰目見 病視 ⿱米女 齊人呼母

下上 ○

下去 ● 袂 袖也

下入 ● 麥 解大｜小｜ 脉 血｜

語 上平 ○

上上 ● ⿰鼻兒 ⿰鼻我聲 睨 衺視也

英 下平 ● 挻地際也 筳席也設｜ 梃長木也 綖冠上前後垂覆 涏口液也 涎口中液也

下上 ○

下去 ● 院宅也室也 燕喜也安也又鳦鳥

下入 ● 悅土喜也 悗同上 焆｜｜煙貌

文 上平 ● 𦈻人名

上上 ● 勉遠也思也 免罷也 冕冠上有旒 厸張口也 愐思也 沔水名 眄邪視也 湎沉｜飲酒

● 丏不見也 㨺飾也 㨠塗也

上去 ● 盿斜視也

上入 ● 搣使細長東西彎曲的

下平 ● 棉木｜｜花 眠翕目也 綿密也｜遠 宀交覆深屋 矏視遠也 芇相當也

下上 ● 㴐大水貌

下去 ● 麪麥末 面顏｜向也 糆俗麵字 麵同麪

下入 ● 搣手拔也 滅火熄絕也 烕滅也 蔑無也 篾析竹篘 櫗木索 苗目不正 幭覆草式也

語 上平 ● 妍美好也 姸同上 掔擊破也

語 上上 ● 巘山形似甑 𦐙飛也 研｜破也

上去 ● 彥正美士也 豣胡地野犬 讞議刑也

上入 ● 囓噬也 齧同上

下平 ● 言｜語答述曰語自｜曰｜ 𥁕椀也 甗齊地

下上 ○

下去 ● 牪牛伴也 犴逐獸犬也

下入 ● 闑門中橛 隉阢｜危也 孽子｜庶子 臬射的法也門｜ 蘖麴｜ 臲卼不安貌 𡾋危｜

● 涅水中黑土 勢辨方正位

出 上平 ● 千十百曰｜ 阡｜陌田間道 恮謹貌 仟同千 韆鞦｜繩戲 䙴古遷字 遷徙也移也 迁俗字

上上 ● 淺深之對也 闡闢也明也 譂妄言也 俴土淺也

上去 ● 茜染絳之草一名茅蒐一名茹蘆 蒨同上

上入 ● 切割也迫｜懇｜至｜ 詧小語也 嚓上同 竊盜也私也 𢿌同上古字

下平 ● 詮擇言也 𠛔剔也 佺古仙人

下上 ● 燀火烈也

出下去●倩美笑也好口輔 熚火烈也炊也 輤載柩之草 蒨草盛貌 玔玉環 繟綽也寬

下入●餰｜酒

喜上平●軒車廂也｜昂也 輱赤黃色 仚舉也輕 祅神名 掀以手高攀

上上●顯明也著也 攝戾也 灝水名 擳手約物也 鞙｜｜長貌刀鞘 琄佩玉貌

上去●駽青驪馬 獻呈也進也又賢也 献同上俗字 巘山巔

上入●血｜氣 歇休息也 ⿱穴皿穴也 泬｜寥

下平●賢｜有德者｜才 玄黑而有赤之色又幽遠也 鉉鼎耳 衒自矜也賣也 懸掛也 泫水名 眩目無常主又潰亂也

●繯環也 胘牛百葉也 絃八音之絲 舷船邊也 弦弓｜

下上●峴山名 晛日氣 睍明貌｜睆清和圓轉也

下去●莧｜菜食鱉忌之 憲法也｜典 現顯也露也 硯墨池也 縣郡名 莚蔓｜不斷也 絢文彩貌 俔譬喻

●掾官屬

下入●穴土室也壙也 纈緊也

軒部终

增補彙音妙悟

23 三部

柳上平●淦水｜ 捐井持也

上上●覽視也 覧同上 欖橄｜果名 欖同上 篇弱竹 俺我也 掭殺也打也 糲茹也 擥撮持也

●攬手取也 [illegible]沈物水中 腩煮肉也 壈坎｜ 湳郡名 萳草長弱貌 㝝聚也 纜蔑｜

上去●[illegible]柔革

上入●漯土水名

下平●南｜方屬火 喃咒｜燕語 枏梅也 畘十畝曰｜ 霖久雨也 葳草得風貌 啉貪｜ 楠石｜木也

●郍國名 襤｜褸敝服 嵐山氣 莮萱｜草 籃大篝籠 藍染青草 婪貪也 諵燕語

●惏貪｜ 男丈夫也｜子

下上●嚂貪求

下去●濫汎｜也又浴器 [illegible]魚食聲

下入●納受也入也 軜膜也 衲補也佛｜ 軜饞也

邊上平●聃人名

邊上上●吭口|

上去●椂木名

上入●硆人名

下平●[illegible]見相如賦

下上●[illegible]人名

下去○

下入●姶人名

求上平●甘|苦善也 柑橘屬 苷|蔗 泔米潘也 疳|病 [illegible]絲貌 趻疾趨也 [illegible]|甝 摩和也

上上●敢果|勇也 感交||應 橄|欖

上去●鑒照也明也

上入●蛤蚌屬 甲長也 鴿鳥名

下平●[illegible]細切也 咁解乳| 衘土解口中|物

下上●鮸魚名

下去●鑑鏡也明也 鑒同上視也 紺深青赤色 監察也視也 尷|尬

求下入●閤內中小門 佮合取也

氣上平●堪任也不| 龕神| 戡勝也克也 戗敵也 戓殺也

上上●坎陷也卦名 欿不足貌 惂憂困 欣版也 竷舞也 凵張口 砍|斫

上去●瞰俯視也 矙同上

上入●闔閉也閭| 嵁山巇 恰用心也適當 韐戎事之服韎|

下平●嵌|岩

下上○

下去●闞窺也望也 勘校| 磡石| 碞岩崖之下

下入●搕打也 磕石相| 榼酒器 扂閉戶声 溘奄忽 瞌欲睡貌 容|合相當 瞌眼|

地上平●耽過樂也 聃老子名 耼同上 湛媅樂 媅娼乐 檐擔也 擔荷也任也 儋負荷

上上●髧髮垂 啖食也 啗同上 忐|忑心虛 磣石| 澸水湮也 黕黑也 丼姓也 紞繩也 啿厚也

●磛石|藥名 禫除服祭名 膽肝| 萏芙蓉 窞坎|

上去●駄馬步近前

上入●答對也報也 搭打也

下平● 談言| 惔爓也 餤進也 郯國名 倓恬靜 痰|液也 嘾貼也 顃面長貌

下上● 淡薄| 澹同上

下去● 酖頑劣貌 憺安也

下入● 沓冒也貪也 嗒噂| 譶疾言 踏踐| 龖飛龍之狀 搨手| 耷大耳 濕水名俗溼作字非

普上平● 瓬人名

上上● 霮水名

上去● 淵水|

上入● 厜人名

下平● [illegible]|泥

下上● 嬜人名

下去○

下入● 榙樹名

他上平● 貪愛財|心 探摸取也 蓢蕙別名 蕟草名

上上● 酖肉汁 襑衣博也 䞶行進退也 菼草名初生為| 嗿食眾也 盜|醢 肬肉汁滓也

他上上●毯帛青黃也

上去●傝癡貌

上入●榻牀丨 闒丨茸樓上戶 嗒忘懷也 塌地低下也 塔丨雁 𦐇高飛貌 搭拊也 緆以繩罥物

下平●覃及也布也 潭水深處 醰厚味 驔驪馬黃脊 鄿國名 譚大地 曇雲布 蕁即知母

下上●埮古同壜

下去●憛思也 探丨問 撢同上又平

下入●錔搭鉤也

爭上平●針解丨線 簪髻丨

上上●斬斷首也 寁速也 昝姓也 撍執持 沓姓也

上去●覽遲貌

上入●帀周丨遍也 劄丨子用以奏事 汁肉丨

下平●喒我也

下上●站路丨

下去○

爭 下入 ● 埀題也又姓 蔪斷声 [illegible]尿丨 雜錯丨 雑同上 襍五彩相合 十解數名 雥群飛貌

入 上平 ● [illegible]人名

上上 ● [illegible]人名

上去 ● 㴸人名

上入 ● 趝之丨

下平 ● 㔆闕義

下上 ○

下去 ○

下入 ● 凾闕義

時 上平 ● 三數名丨才 杉木名似松 毛丨郎神 犙三歲牛 彫瞻視也 衫小襦也 摻好手也 攕好手

● 弎古三字

上上 ● 糝米屑為丨 摲斬取也 醦酢味也 糁蜜藏木瓜 磣碎也

上去 ● 閽覆蓋

上入 ● 鞁輕舉也

時下平●毿 毛長貌　雺 小雨也　撕 芟也　蘄 同芟　彡 畫文也

下上●傪 ｜｜行走狀

下去●⿰占彡 物相接也　椄 接箸也

下入●颯 朔風又風也

英上平●諳 曉也記也　庵 圓屋佛｜　菴 古庵字　葊 同上　菩 野草　喑 怒　唵 ｜嘿不言

上上●闇 閉門也　暗 冥昧貌　黯 ｜黮黑色　黶 黑痕　黤 深慘色　泔 米｜　灡 水大至也　檻 櫳也

●唵 手進食也　揞 藏也

上去○

上入●鴨 家鶩　壓 鎮也降也　押 簽書文字也又｜韻　狎 近也玩熟也　⿱罒合 烏網　罯 覆｜

下平●⿰犭音 犬吠聲　諴 誠也　堿 土字｜硿

下上●頸 解頭｜

下去●暗 日無光也烏｜

下入●匼 阿｜　姶 美好　柙 土檻也　盒 盤覆也又饌｜

文上平●明 同聃字

文上上○

上去○

上入●匼 匝｜ 環匝 繞周

下平○

下上○

下去○

下入○

語上平●⿰齒合 齒躐

上上●厰 字同 厰

上去●頪 頭顉 貌｜ 搖

上入●哈 口魚 貌動

下平●岩 字俗 巖 山險 高也 喦 石｜

下上○

下去●閘 字同 闸

語下入● 砐 丨硪山高貌 ⿰言㬎 笑語 ⿰口㬎 眾 礘 丨丨動貌

出上平● 參 丨差丨伍 参 趨承又三 驂 衡外兩馬

上上● 慘 愁丨慍也 憯 丨丨日瘁又曾也 黲 暗色 朁 曾也 ⿸疒朁 病而痛也

上去● 謲 何也

上入● 擦 正摩也 插 刺也 揷 同上 喢 多言 歃 丨血 歃 同上 鍤 鐵鍬

下平● 讒 佞也譖也 讒 同上俗字 巉 丨岩 儳 丨互不齊也 毚 狡兔也 慙 愧也 慚 同上 ⿰石斬 山險

● 暫 同上 蠶 土吐絲蟲 ⿰乂隹 鳥丨物 攙 扶也推也 瀺 水小聲 鑱 銳器

下上● ⿰阝毚 陷丨

下去● 讖 丨緯驗也 懺 自陳悔也 賺 重賣也又錯也

下入● 磼 石多貌

喜上平● 酣 酒樂也 邯 姓也 歛 欲也 魽 魚似蛤 蚶 同上俗字

上上● ⿰感頁 動首貌 萏 木草花未發也菡 菡 同上 頷 顋丨 顉 低頭也 喊 勇声 淊 泥也 顑 丨頷不飽貌

上去● ⿰飠感 食不飽也 ⿰亻敢 逞貌

上入● 呷 眾声 ⿰目欠 丨丨鼻息

喜下平●含土包|函容也包也凾同上俗字咸土皆也咁|乳也銜口中|物又奉君命圅舌也鹹鹽味

●欿或也唅慾氣涵水澤|泳崡峭|水名

下上●撼搖動也

下去●憾恨也陷墜入地也沒也臽小阱也憨害也

下入●合同也會也嗑合也食也又噬|卦名盍覆也何不也

三部終

增補彙音妙悟

24秋部

柳上平●留同畱俗字　鰍土泥丨

上上●柳垂丨小楊也　鈕金丨印鼻　紐結會也　狃狎也習也　忸愧也　茀蒲丨　衵衣典也

●泅水在汝南　泖水貌　扭丨合也手縛也　罶曲梁為笱

上去●溜水丨下也　⿰火卯火也

上入●雡雲雀

下平●劉殺也又姓　旒冕丨九丨　流水行也放也又輩也　⿰口柔小泉声　⿰米㐬鬻也　瑠丨璃石有光者　琉同上

●瀏水清貌　騮赤馬黑鬣　漻丨冰手足凍也　旈旒垂旌綴　瘤也也疣腫　硫磺丨藥名　摎斬刺也

●榴石丨果名　橊同上　⿰日翏以火燒田而種也　鏐黃金之美　懰烈也悲也　⿱竹留竹也　畱住也止也　飀颼丨風

下上●鰡古代一種吹沙小魚

下去●⿱穴留穴也　⿰糸柔雜色繒也　餾飯氣蒸也　窌齊地　⿰缶留甑屬　霤中丨土神又屋水流處也

下入○

邊上平●彪虎丨　滮水流貌　羆猛獸　飍大風起貌　髟長髮垂貌　驫馬走貌　⿰氵驫水聲

邊上上○

上去●懸義未詳

上入●衄鼻出血

下平●枹擊鼓槌也 浮汎也 紑衣鮮潔貌 桴鬻也

下上●檕義闕

下去○

下入○

求上平●鳩水鳥也又聚也 𨾴同上 艽草相糾繚 摎束也繞也 樛木枝曲垂

上上●九陽數也 糾三股繩也督也急也 玖黑石次玉 韮葷菜也 韭同上 久長也永也 赳｜｜武貌

●凢古九字 糺同糾 羑土道也又獄名 灸灼體療病

上去●救拯也相｜

上入●嚿誇也

下平●求覓也索也 捄長貌曲貌 銶鑿屬 玌玉名 扏緩持也 璆｜琳美玉 觩長貌 虯龍無角 虬同上

●鼽寒氣塞鼻 叴高氣也 紌引急也 莍椒也 𩗚小風 仇讎也匹也 㤹怨仇也 物牛大力

下平● 觓大牛 ⿰牛求角貌 球美玉 絿緩也 浗漻丨 觩角曲 ⿹勹九聚也 毬綉丨 逑聚也匹也

● 裘皮丨箕丨 厹三隅矛 俅恭順貌 丩相糾繚也 頄面顴

下上● 臼舂丨杵丨 舅母之兄弟曰丨 疚久疾曰丨 柩久也棺丨 匛棺丨 匶在棺曰丨 ⿰言咎毀也 咎愆也過也

下去● 舊新之對也久也故也 究窮也推丨 殺禁也助也 廄馬舍也 廐同上 疚病也

下入○

氣上平● 丘聖人名又大也 邱地名 ⿰氵丘水名 坵聚也大也 ⿰丘鳥土木鳥丨聚 樛木枝曲垂 ⿱竹九丨竹

上上● 搝手舉也 ⿸麻臭麻也 ⿰面臭面醜也 ⿰食臭食物爛也 糗乾飯也熬麥米也

上去● ⿰足臭行貌

上入○

下平● 球土琉丨

下上● ⿰皀阝義闕

下去● ⿺走丘跛行也 ⿰鼻丘仰鼻

下入○

地上平● 丟土一去不返也

地

上上 ● 肘（土臂節也）

上去 ● 晝（與夜為界）

上入 ● ⿱竹紂（竹老而枯死）

下平 ● 儔（侶也誰也）裯（單被也）燽（著也明也）躊（｜躇不決）噂（誰也）懤（怨也愁也）疇（治耕之田地）惆（土｜悵悲秋）

● 綢（纏也眾也）醻（獻｜）籌（投壺之矢筭也）

下上 ● 紂（商辛號）宙（往古來今曰｜）冑（甲｜世｜）酎（新熟之酒）繇（蔔筮之辭）盩（人名）籒（｜文讀書聲也）

下去 ● 咮（鳥喙）

下入 ○

普

上平 ● 呼（吹氣聲）

上上 ● ⿰音芻（音樂動聽）

上去 ● 妞（小女孩）

上入 ● 櫰（木長弱貌）

下平 ● 呢（呢張帳二音）

下上 ● ⿰口帚（同噪字）

下去○

下入○

他上平● 抽拔也引也 瘳病瘉 ⿸疒丑病差愈

上上● 丑土辰名 吜聲也 忸愧也 醜惡也類也 妯悼也心動也

上去● 丑｜陋

上入○

下平● 頭正｜面 惆｜悵

下上● 藑義闕

下去● 簉人名

下入○

爭上平● 周密也備也偏也又姓也 州｜郡九｜ 洲水中高地曰｜ 侜張也 啁｜噍小鳥聲 輈車前曲木 譸｜張誑也

● 舟船也載也 週迴也偏也 賙恤也贍也 調｜飢 盩引也擊

上上● 酒儀狄作｜ 帚箕｜彗也 箒同上掃｜ ⿰禾聚聚也 菷俗帚字 肘臂節也

上去● 詋同呪詛｜

爭上入●啁鳥叫聲

下平●啾｜唧小聲 揪手｜ 醑酒滓 噍啁｜小鳥聲 揂聚也 揫收束也 瞅耳鳴也 湫水名

下上○

下去●就成也即也 飅風貌 呪｜詛 稩稔實也 釉稻實也 僦賃也顧也

下入○

入上平○

上上●蹂往來｜踐 揉矯｜也 厹獸足著也 内與厹同 沑水和也 輮踐也 粈雜也 煣以火屈申木

●鞣車動也

上去○

上入●緧絆前兩足

下平●柔溫｜順也 鰇魚｜ 鞣熟皮 脜｜腝也 腬肥肉也 葇香｜

下上○

下去●⿰食柔餾也

下入○

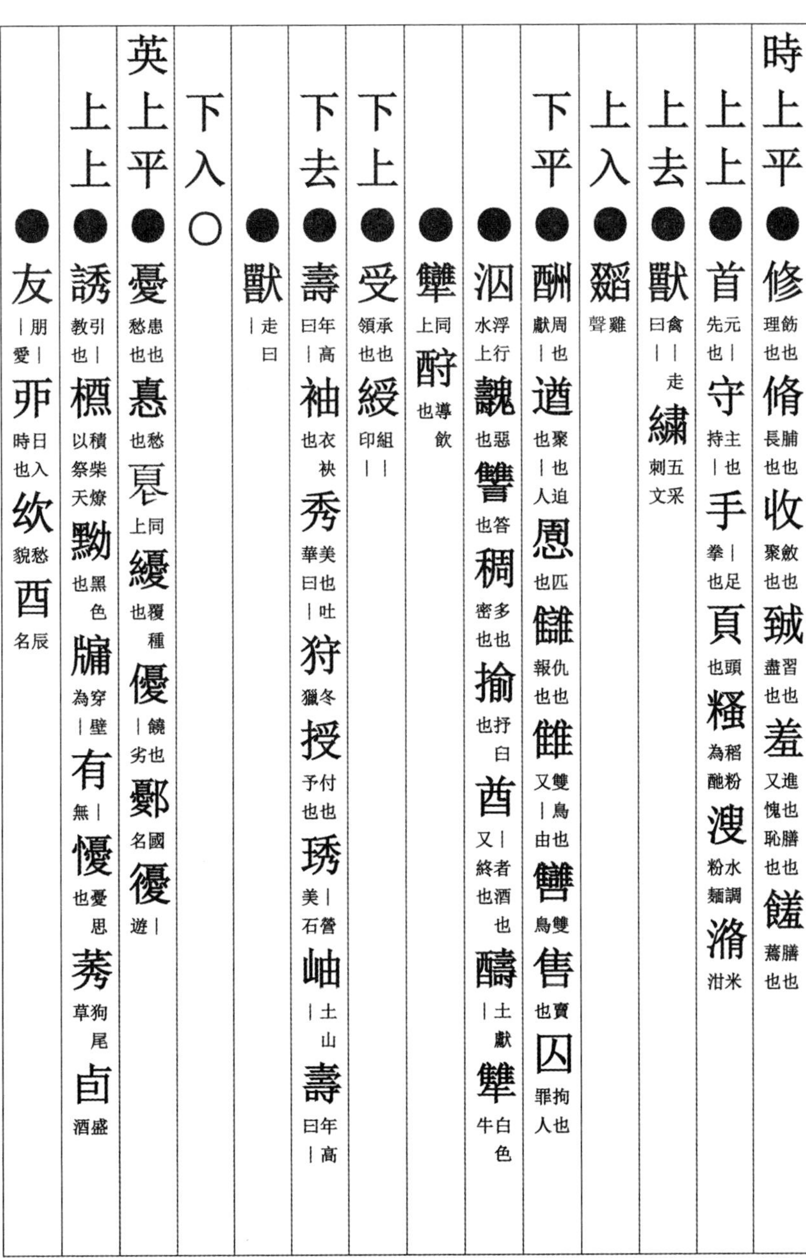

時上平● 修飭也理也 脩脯也長也 收斂也聚也 蹴習也盡也 羞進也膳也又愧恥也 饈膳也薦也

上上● 首元｜先也 守主也持｜ 手｜足拳也 頁頭也 糔稻粉為酏 溲水調粉麵 滫米泔

上去● 獸禽｜走曰｜ 繡五采刺文

上入● ⿰豸留雞聲

下平● 酬周也獻｜ 遒聚也迫也｜人 恖匹也 讎仇也報也 雔雙鳥也又｜由 讐雙鳥 售賣也 囚拘也罪人

● 泅浮行水上 魒惡也 讐答也 稠多也密也 揄抒臼也 酋者酒也又｜終也 醻土獻｜ 犨白色牛

● 犨同上 酧導飲也

下上● 受承也領也 綬組｜印｜

下去● 壽年高曰｜ 袖衣袂也 秀美也吐華曰｜ 狩冬獵 授付也予也 琇｜瑩美石 岫土山｜ 壽年高曰｜

● 獸走曰｜

下入○

英上平● 憂患也愁也 ⿱頁心愁也 ⿱頁己同上 纋覆種也 優饒也｜劣 鄾國名 優｜遊

上上● 誘引｜教也 槱積柴燎以祭天 黝黑色也 牖穿壁為｜ 有｜無 懮憂思也 莠狗尾草 卣盛酒

● 友朋｜｜愛 丣日入時也 ⿰幺欠愁貌 酉辰名

英上去● 幼小也弱也 又更也再也

上入○

下平● 尤｜豫 訧愆｜過也 由從也用也 遊遨｜｜玩 逰同上俗字 游浮行水上 攸所也相｜ 游同遊

油脂膏也火｜ 颵｜颾風聲 輶｜車 訧罪也 斿旌旂也垂也 悠遠也｜｜然 遒土聚也

● 瀀深擇也 郵驛也 滺水流貌 揄美也 猶謀也似也又｜豫 蚘蚩｜ 麀牝麌 蝤｜蠐木蟲

● 楢柔木也 猷道也謀也 呦鹿鳴 鼬野鼠地名 蕕臭草也 [魚斿]｜魚 茜古代用酒灌注茅束以祭神

下上○

下去● 佑助也 祐神助也 褎袖也塞耳也漸長也 侑偶也｜食 右左｜尊也 柚似橙而酢 囿苑有桓者

● 狖獸似猨 狁獸名

下入○

文上平○

上上○

上去○

上入○

下平 ● 繆 綢|纏綿也

下上 ○

下去 ● 謬 詐|悖|

下入 ○

語 上平 ○

上上 ○

上去 ○

上入 ○

下平 ● 牛 耕|人名 𦬓 |膝藥名

下上 ○

下去 ● 牛 喻固執

下入 ○

出 上平 ● 秋 |季金行之時 烁 同上 鞦 韆|繩戲 鰌 泥| 鰍 同上 篍 吹角所以勸役 趥 行貌 緧 馬紂 楸 梓屬

● 鶖 水鳥也

出上上●譿｜｜眾聲醜土惡也手解腳｜贖土解｜田｜物丑辰名

上去●懰慼也

上入○

下平●簃酒器

下上○

下去●㲣井｜無咎結砌也箛｜謂之筐蓿草根篬齊也就也縐絺之細者樹解｜木

下入○

喜上平●休美也善也烋福善也和也祿也熏也庥廕也咻讙也怮憂也㕙見也痳｜息痢病貅猛獸

●幽深杳也又｜囚呦土鹿鳴

上上●朽腐也歹同上缶瓦器鈲酒器

上去●獢獸畜也 上入○

下平●褎解衫｜皮｜ 下上○

下去●臭聲氣總名惡氣香也溴水氣也嗅鼻審氣琇朽玉也殠腐氣齅鼻收氣也嘼畜獸

下入○

秋部終

增補彙音妙悟

25箴部

柳 上平〇
上上〇
上去〇
上入〇
下平〇
下上〇
下去〇
下入〇
邊 上平〇
上上〇
上去〇
上入〇

下平〇
下上〇
下去〇
下入〇
求 上平〇
上上〇
上去〇
上入〇
下平〇
下上〇
下去〇
下入〇
氣 上平〇
上上〇

						地							
上去○	上入○	下平○	下上○	下去○	下入○	上平○	上上○	上去○	上入○	下平○	下上○	下去○	下入○

普								他					
上平○	上上○	上去○	上入○	下平○	下上○	下去○	下入○	上平○	上上○	上去○	上入○	下平○	下上○

下去○
下入○
爭上平●斟|酌 箴|規|誡 簪首笄 針|線
●鍼所以縫也 [illegible]擣石擊也
上上●昝土姓也 上去○
上入●戢藏也
下平○
下上○
下去●譖謗毀
下入○
入上平○
上上○
上去○
上入○

下平○
下上○
下去○
下入○
時上平●森眾木貌 蓡人|人形故名 蔘人| 參人名
上上●瘁土寒冰
上去○
上入○
下平○
下上○
下去●滲漉也漏也
下入●澁不滑也
英上平○
上上○

						文							
上去〇	上入〇	下平〇	下上〇	下去〇	下入〇	上平〇	上上〇	上去〇	上入〇	下平〇	下上〇	下去〇	下入〇

語								出					
上平〇	上上〇	上去〇	上入〇	下平〇	下上〇	下去〇	下入〇	上平〇	上上〇	上去〇	上入〇	下平〇	下上〇

下去〇

下入〇

喜 上平● 欣 土喜也 忻 土歡| 炘 熱貌 昕 喜也 訢 同欣 ⿰日欠 明日也 ⿰忄欣 歡喜也 昕 大|季春朔旦

上上〇

上去〇

上入〇

下平〇

下上〇

下去● 廞 意所向也

下入〇

箴部終

增補彙音妙悟

26江部

柳上平●隴山名

上上●籠解箱｜壟丘｜

上去○

上入●漉解｜下也

下平●人解對己之稱壠解土｜膿解｜血

下上●挵古同弄

下去●弄解戲｜

下入●六解數名陸解同上

邊上平●邦｜國家｜𩋆鞋｜梆敲｜枋解門｜搒笞打也

上上●綁土｜縛｜笞

上去●放解去也

上入●剝削也北解南｜腹解心｜

下平●房解｜屋龐高屋又姓馮姓也逢解相｜

下上●棒杖也打也棓同上又連枷也唪｜｜多也蚌蛤屬蜯同上俗字硑石名桻同棒

下去〇

下入●縛解緥｜

求上平●江水出岷山玒玉名畕比田也韁馬紲也肛腫也

上上●講論也港水中行舟顜明也颽亂風

上去●絳大赤色也

上入●覺悟也曉也角物之有｜又｜競捔掎也珏雙玉曰｜㲉同上桷椽｜[illegible]明也腳脛也

●斠門斛也菊解｜也

下平●跭｜[illegible]豇豆

下上〇

下去●降下也敗也夅服也洚水不由道也怿恨也

下入●[illegible]骨堅白

氣上平●[illegible]羊｜空解無也腔笛｜

氣

上上●眶目｜

上去●控俗解｜破

上入●梡枳｜欒名 慤同愨 愨誡也謹也 確土｜實堅也 潅霑也漬也 壳空｜ 粬酒｜紅｜

下平●竤義闕

下上●骯見肮字

下去●掐｜起

下入●喀口｜

地

上平●冬解秋｜ 東解｜西

上上●董解正也又姓

上去●湅解冰｜

上入●[illegible]牛相｜

下平●銅解赤金 仝相｜ 筒筆｜ 同一様 烔烟｜

下上●重解不輕也 [illegible]甕｜

下去●棟屋｜｜梁

地
下入●毒解害也 鱄|鮭
普
上平●香解門| 蜂黃|
上上●紡解|紗
上去○
上入●玌玉未成者 㩧相| 撲擊也 樸|實 璞玉之未琢者
下平●捧解|物 馮姓也 篷船|
下上○
下去●朁直視也
下入●暴日|
他
上平●窓解門| 可解|也
上上●桶解水|木|
上去○
上入●托解齒||物
下平●蟲解介鱗總名 㼧瓦| 桐土解|子|油

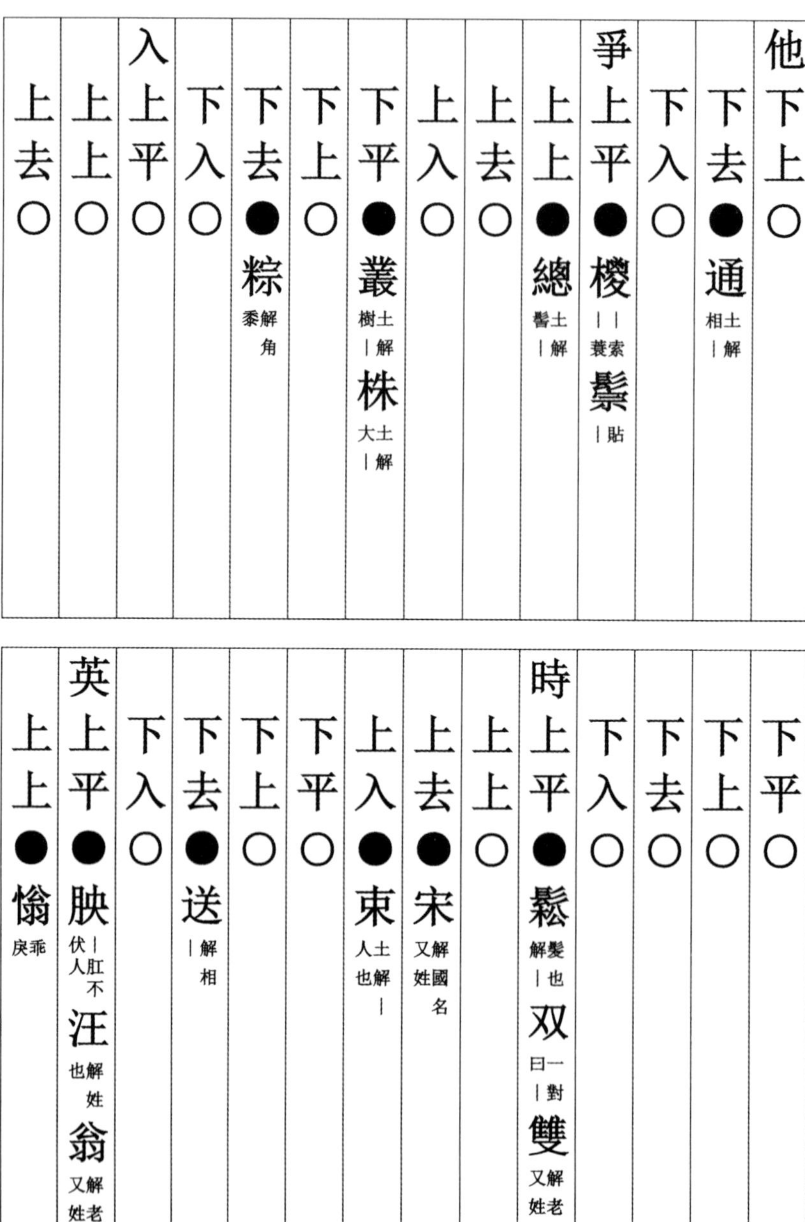

他 下上 ○
下去 ● 通 土解相|
下入 ○
爭 上平 ● 檧 |索|蓑 鬆 貼|
上上 ● 總 土解髻|
上去 ○
上入 ○
下平 ● 叢 土解樹| 株 土解大|
下上 ○
下去 ● 粽 解角黍
下入 ○
入 上平 ○
上上 ○
上去 ○

下平 ○
下上 ○
下去 ○
下入 ○
時 上平 ● 鬆 髮也解| 双 一對曰| 雙 解老|又姓
上上 ○
上去 ● 宋 解國名又姓
上入 ● 束 土解|人也
下平 ○
下上 ○
下去 ● 送 解相|
下入 ○
英 上平 ● 胦 |肛不伏人 汪 解姓也 翁 解老|又姓
上上 ● 慃 乖戾

英上去〇

上入● 幄幃| 渥沛也擇也 ⿰衤屋幃| 腛脂也 喔|咿強笑 沃土|水 齷|齪急促 握持也

下平● 洪解姓也 紅解|色

下上● 窖|穴

下去● 甕解汲水瓶缸| 罌同甕

下入● 籰收絲具|仔

文上平● 駹黑馬白面

上上● ⿱冡蟲土解暑天之| 蚊他解|蟲

上去〇

上入● 染土解|著

下平● 茫土解||杳| 厖解|雜 芒解草| ⿱髟蒙||

下上● 網土解魚|

下去● 望解達| 夢解眠|

下入● 目解眼也 木解柴| 墨解筆|

語 上平 ● ⿰舟阝 小船

上上 ● ⿰馬元 義不詳

上去 ○

上入 ● ⿰縣欠 人名

下平 ● 茚 草名

下上 ○

下去 ○

下入 ● 樂 音｜ 獄 五｜ 岳 山名 ⿱獄山 同嶽

出 上平 ● 葱 解菜｜ 聰 解明｜

上上 ○

上去 ○

上入 ● 擉 以杈刺泥中取物也開引具也 齪 齷｜ 戳 槍｜也

下平 ● 鏦 古代一種小矛

下上 ● 薘 義不詳

下去○

下入●鑿｜斧

喜上平●梈帆未張也 魴｜魚

上上●謊解人｜

上去●巷中裡｜ 鬨爭鬥 閧同上 衖邑中道 䣚同上

上入●釀解土酒｜

下平●降服也 行｜伍 杭｜州

下上●項頸後又｜事也

下去●閧屋解 肛｜腫解｜

下入●學受教傳業曰｜ 觳恐懼 吒怒声 嶨山上有水夏曰｜

江部終

增補彙音妙悟

27關部

柳上平○

上上○

上去○

上入○

下平○

下上○

下去○

下入○

邊上平○

上上●反 正解 |

上去○

上入○

下平●畔 對土 |解

下上○

下去○

下入○

求上平●關 門|

上上●梗 秤土 |解

上去○

上入○

下平●高 低解 |

下上○

下去●縣 |解 府

下入○

氣上平○

上上○

	聲調	字
	上去	〇
	上入	〇
	下平	〇
	下上	〇
	下去	〇
	下入	〇
地	上平	〇
	上上	〇
	上去	〇
	上入	〇
	下平	〇
	下上	〇
	下去	〇
	下入	〇

	聲調	字
普	上平	〇
	上上	〇
	上去	〇
	上入	〇
	下平	〇
	下上	〇
	下去	〇
	下入	〇
他	上平	〇
	上上	〇
	上去	〇
	上入	〇
	下平	〇
	下上	〇

下去〇	下入〇	爭上平〇	上上〇	上去〇	上入〇	下平〇	下上〇	下去〇	下入〇	入上平〇	上上〇	上去〇	上入〇

下平〇	下上〇	下去〇	下入〇	時上平〇	上上〇	上去〇	上入〇	下平〇	下上〇	下去〇	下入〇	英上平〇	上上〇

上去 ○

上入 ○

下平 ○

下上 ○

下去 ○

下入 ○

文 上平 ○

上上 ● 每 常也 莓 草名

上去 ● 昧 昏| 妹 姊|

上入 ○

下平 ● 梅 |花 枚 條| 莓 草名 霉 |雨 禖 天子祭名 鋂 一環貫二也 媒 謀合婚姻 脢 心上口下之間

下上 ○

下去 ● 袜 山神 魅 山神 韎 |韐芼蒐 沬 水名衛邦 痗 病也 眛 昏也

下入 ○

語　上平○
上上○
上去○
上入○
下平○
下上○
下去○
下入○
出　上平○
上上○
上去○
上入○
下平○
下上○

下去○
下入○
喜　上平○
上上○
上去○
上入○
下平●橫與豎直相對
下上○
下去○
下入○

關部終

增補彙音妙悟

28丹部

柳上平●攤開也布也

上上●赧面慙而赤 嬾懈怠也 㬟溫濕也 懶｜惰 悚情也 㦨｜惰 戁恭也懼也

上去●難患｜

上入●喇言急也 捺手按也

下平●蘭香草一幹一花 難不易也重大也 瀾波也 斕文貌 鱗解魚｜青｜ 攔遮｜ 欄階｜牛｜

●欗木｜ 鈴解｜鑹｜鈹 闌門｜殘也

下上○

下去●爛燦｜光貌 ⿱罒難溫也罹也

下入●鯻｜魚 剌僻也戾也 ⿰火賴毒也 瘌癆｜不調 ⿰目束目不正惡也 ⿱剌目聽不相當

邊上平●班列也次也 頒頭半白黑又賜也 盼同上 斑雜色曰｜ ⿰石般石文 攽賜也 般古班字

上上●板同版又反也 版戶籍書｜

上去●办俗字

邊 上入 ● 八 小陰數也 朳 無齒杷 捌 破声分也 玐 玉名 玻 玉名

下平 ● 肦 片也 瓶 解酒｜茶｜

下上 ○

下去 ● 瓣 中膦瓜觚

下入 ● 別 土解｜人

求 上平 ● 干 求也盾也 閒 中｜ 間 同上 姦 私也婬也 邗 地名 奸 犯婬 肝 心｜屬木 菅 草似茅 蕑 蘭也

● 竿 竹也 艱 ｜難 玕 ｜琅 盂 盤也 忓 欣也

上上 ● 簡 要也牒也 柬 分別選也 趕 追也 稈 禾莖也 [illegible] 存也

上去 ● 榦 築牆版

上入 ● 割 斷也截也 葛 藤可作布 結 解打｜

下平 ● [illegible] 相授

下上 ● 趕 走也 擀 以手伸物

下去 ● 諫 直言以｜ 旰 日晚也 盰 張目也 骭 脛骨也 澗 山夾水也 幹 ｜事 瞯 視也 [illegible] ｜仔

下入 ● 嘎 ｜｜鳥聲

氣

上平 ● 刊 削也 牽 解引也連也

上上 ● 侃 剛直也 衎 和也樂也

上去 ● 看 觀也俗字 磬 解樂器

上入 ● 渴 盡也口吃 漱 口乾欲飲

下平 ● 顅 長脰貌 靬 弓衣也 掔 堅也 栞 槎識也

下上 ● 狠 齧也

下去 ● 看 視也

下入 ● 漱 口乾

地

上平 ● 丹 赤色丨砂 單 孤也 鄲 地名 禪 衣無裹也 襜 胡名 簞 竹器盛飯 殫 盡也竭也 癉 火丨明也又病

● 砃 白石也 苒 草名 勯 力竭也 釕 鐵丨 彤 古丹字 匰 宗廟盛主器

上上 ● 觛 小觶 狚 獸名 袒 偏脫衣也

上去 ● 旦 早也明也

上入 ● 妲 丨己紂妃 呾 相呵也 詚 不靜也 怛 驚也懼也 笪 答也

下平 ● 壇 祭場也 彈 弓丨丨琴 檀 木可為車 驒 馬青黑有斑者 胆 口脂澤也 撣 觸也又鼓絃 亭 解涼丨

地 下上 ● 刐 割也
下去 ● 誕 大也妄也 憚 畏難惰也 ⿱罒悳 狐｜地名 疸 黃病 釪 ｜物 樿 篤也動也 但 徒也又語辭
下入 ● 達 通也明也
普 上平 ● 攀 自下上援也 扳 同上援也引也
上上 ● 闆 門中視 昄 眼多白
上去 ● 盼 俗盻字
上入 ● 矶 石破聲 齗 齒声 汃 波相激聲 軎 車破聲
下平 ● 眅 田｜
下上 ○
下去 ● 盼 視也目黑白分也
下入 ● 襻 衣｜
他 上平 ● 嘽 ｜｜衆聲 灘 水｜ 幝 車弊貌 蟺 蚌屬解
上上 ● 亶 誠也信也 坦 平也寬也 担 拂也 襢 同袒土 玬 玉名 毯 氈｜仔｜
上去 ● 炭 燒木未灰

上入●撻打擊也 闥門| 羍小羊也 韃擊也 獺水居食魚 𥗉石名 澾泥滑

下平●捭解也

下上●趚土字|錢

下去●歎大息也慨|也 嘆同上

下入●橽所以洩水

爭上平●曾解姓也 罾|魚

上上●瓚玉|廟祼器 琖小杯玉| 盞同琖 撰造也|述也

上去●酇地名

上入●匝|時 札小簡 㦧心慢怠也 𥨎口滿也 𣲖||水聲 節解竹|木| 劄駐| 扎拔也

下平●殘害也餘也 㱚穿也 奴國語人三為眾女三為|

下上●醆爵也 僝見也 儹聚也 棧閣木為| 䤘同醆 蝬馬|虫也

下去●賛助也|成 贊同上 瓚玉也

下入●鰂土解目| 蠘同上

入上平●麡鹿有力

入 上上● 豻野豕
上去● 輭腝韃
上入● 袙人名
下平○
下上○
下去○
下入● 髾細丨
時 上平● 山高大曰丨 刪削也定也 芟土除也刈也 潸涕淚流貌 珊丨瑚
上上● 產土叢也生也 鏟平木器也 汕以簿取魚曰丨 摌擇也 瘦解肥丨
上去● 散分也布也
上入● 殺誅戮也 鎩長丨 𣪩同殺 擦揮散 虱土解丨母 剎僧寺曰梵丨 薩菩丨又姓 撒散也
下平○
下上○
下去● 霰雪粉 𢿎飛丨不聚 傘雨丨 訕謗也

時下入○

英上平●安平|靜也　窐地名　鞍馬|

上上●櫶木裂

上去●按抑也考也

上入●遏|絕止也　㵎水名　蝎桑蟲　矶石貌　頞鼻樑額也　軋車轢　褐毛布賤服　圠山曲也

●餲食敗也　揠拔也　猰||飛動貌

下平○

下上○

下去●晏安也晚也　案幾|

下入○

文上平●屘尾子

上上●晚目視貌　挽土引也　矕視貌　虋草也

上去●嫚侮易也　慢怠|

上入●閅邪視也　鞔皮鞨　帓帶也　秣以穀飼馬曰|　粖糜粥也　袹始喪之服　眜惡視也

文	下平	● 閩土八丨 蠻南丨丨夷 鬘丨頭 鰻魚無鱗
	下上	○
	下去	● 萬十千曰丨舞名又姓 蔓枝長為丨 僈舒遲也 曼脩廣也舞也 漫土汙丨 幔帷也 蔄姓也
		● 摱擊打也 謾與慢同
	下入	● 密解細丨
語	上平	● 眼目也
	上上	● 眼目也
	上去	● 唁弔生日丨
	上入	● 屵高也 朮未折而復生曰丨 歺殘骨也 愿賽也 囐拒也 硏石貌
	下平	● 顔容色又姓 ⿰彦色丨色 ⿸虎元虎怒甚也
	下上	○
	下去	● 鴈隨陽之鳥 雁同上 彥美士也 諺俗語也 喭粗俗也 岸土崖也水丨 研山石貌
	下入	● 齾齒缺曰丨
出	上平	● 餐熟食也 餐同上 飡吞食也 潺土湲水流貌 孱丨弱

出

上上●剗削平也 剷同上 㦃全德也 ⿰犭戔齧也 產|業

上去●綻衣縫解也

上入●察臨也審也 擦摩也 漆解用以飾椅棹

下平●田解|地又姓

下上○

下去●燦光明也 璨璀|玉光 粲美也飯也 儭裏也 襯土旁|

下入●賊解盜偷也

喜

上平●嫨老嫗貌

上上●僩武毅之貌 厂山石之岩 罕少也 悍強很也 憪寬貌 扞|衛也 捫勁忿也 捍衛也抵也

上去●僕姓也|子

上入●𨳇邪視也 喝怒聲 曷何也 轄車軸頭鐵 搳擖也 擖刮也 猲|獢短喙犬 獦同上

下平●韓國名又姓 寒|暑又姓 閑闌也止也 馯姓也 嫺|雅習也 嫻同上 癇小兒瘨病

下上●限戶|界也 ⿵門艮門閾 旱不雨也 㫘閬也 汗人液也

下去●漢河|雲| 暵旱也 翰|苑鳥羽 瀚浩| 熯乾也炙也 閈裡門曰|

下入●⿰米曷米|

丹部終

增補彙音妙悟

29 金部

柳上平●歆小飲

上上●廩倉|盛粟 稟|食也又食 牑腱字肉也 凜寒也 懍同上俗字 癛粟體也 稟俗稟字 菻蒿屬

上去●槙頭|

上入●鵖|鴔戴勝

下平●霖及時之雨 林叢木曰| 臨居上而|下也 淋雨|漓 琳美玉

下上●[illegible]起火

下去○

下入●立植|口也 笠箬| 粒米顆 苙闌也

邊上平●瑊美玉

上上●髕人名

上去●領項也

上入●愕驚訝

下平●貼小垂耳

下上●偺面前也

下去○

下入●趄日走

求上平●金五行屬西方又｜銀　今對古之稱　衿衣領也　紟單被

上上●綿五色絲鐵為｜　磔石名

上去●禁制也戒也　僸仰也

上入●急疾也緊也　彶急行也　跲絆倒　給贍也　伋急也又人名　級等｜

下平●禁當也

下上●妗引｜

下去●䑫牛舌下病

下入●及至也乘也　芨白｜藥　菰冬瓜　𢩦戶牡也　𨾛鳩鳥也

氣上平●欽恭也　嶔高聳　襟衣衽　衾大被　矜憫也｜持　𥗡同嶔

上上●趛低頭疾趨　𡊨皮厚　昑明也

上去●趯走也

上入●泣涕丨 扱取也引也 汲丨水 笈書箱 湆羹幽溼也

下平●琴丨瑟 禽二足曰丨 擒捉也 芩黃丨藥名 聆音也 菳草名

下上○

下去●搇按也 㸴牛舌病也 齗齒貌

下入●搯探取

地

上平●媿女鬼

上上●丼石投井中

上去●沉投物水中也

上入●𢍰可憐

下平●沉沒也溺也

下上●朕我也天子自稱曰丨

下去●鴆毒鳥其毛瀝酒飲之則死

下入●蟄藏也驚丨

普上平●彯文貌

上上●彪人名

上去●樉木名

上入●楰木名

下平○

下上●蕕臭草

下去○

下入●浸水貌

他上平●琛寶也 綝止也 郴縣名

上上●踸行無常貌 顛僁劣也

上去●鴆土惡鳥

上入●蟄|蟲藏也

下平●瘎腹病

下上●覘私出頭

下去●闖馬出門貌 閦從門出入 覘私出頭視也 覗同靚

下入●卙會集也

爭上平●斟丨酌 瑊石次玉 砧擣繒石也 碪同上 椹木跌也

上上●枕臥薦首者 嬸叔母曰丨 頗頭後骨 怎何也 寑漬也

上去●枕曲肱而丨

上入●執持也守也 縶絆馬也 汁液也 馽絆馬也 銈土禾藁

下平●蟳土似蠏而大

下上●鍖丨然虛心貌

下去●浸漬也漸也 濅丨淫久雨

下入●集安也聚也 褶袴也 亼三合也 雧聚也

入上平●䋻紡織

上上●餁熟食也 腍熟也 紝機縷也 肝肉汁 飪同餁 衽衣襟也席也 衽衣禁也又臥席 袵同上

●筳單席 稔穀熟曰丨 恁思也念也 腍熟也 忍土安不仁也 紝繒帛之屬 荏菽豆也柔弱也

上去●腮 賃借也

入上入● [illegible] 走貌

下平● 任 負也擔也 壬 十干名屬水

下上● 屻 山高貌

下去● 認 忍也 仞 八尺曰｜ 認 忍也難也 軔 九｜ 刃 鋒｜也 牣 充滿也

下入● 廿 二十也 卄 同上 入 出｜

時上平● 心 身之主也屬火 芯 草名 穼 深也 森 木多也 參 同音人｜人名

上上● 審 ｜察詳也 伈 ｜｜恐也 瞫 深視也又姓 宷 定也 沈 姓也 [illegible] 除也

上去● [illegible] 漏也

上入● 隰 下平曰｜ 溼 陂下曰｜ [illegible] 牛耳動貌 濕 俗字溼 澁 俗字澀

下平● 尋 繹理也搜求也 諶 誠也信也 忱 誠也 鬵 釜｜鼎也 䰼 同上 鄩 國名 煁 無釜之灶 潯 旁深也

下上● 甚 安樂也太過也 葚 桑實 黮 同上

下去● 滲 寒貌 滲 漉也漏也

下入● 十 數也終也 什 ｜物 阡 地名 習 溫｜傳｜ 拾 掇也取也 [illegible] 十字 襲 因也重也掩｜ 慴 慳也

英上平● 音 聲成文也 陰 陽之對也 隂 同上 阥 同上俗字 瘖 不能言 霒 雲覆日也 愔 知也 侌 同陰

英

上上 ● 飲歠也｜食 ⿱今水同上

上去 ● 廕屋宇之庇

上入 ● 揖拜｜也 邑都｜ 悒不安也 挹酌也抒也 ⿱竹邑｜仔 浥漬也溼潤

下平 ● 淫過也奸｜ 婬姦｜ 霪久雨 㸒濫也

下上 ● ⿸疒歆｜瘷瘦骨嶙峋

下去 ● 蔭庇也陰景 窨地室也 訡怒言也 䪩｜呃不平聲 癊心中病 ⿰鼠冘鼠名 ⿱艹⿰阝音同蔭

下入 ● 噏與歙同

文

上平 ● 洿水多貌

上上 ● 嘾口合不開

上去 ● ⿰冋見私出頭視也

上入 ● ⿰赤欠赤也

下平 ● ⿱雨聆小雨

下上 ● ⿰目巳同朕字

下去 ○

文 下入 ● 桝 槌之横者也

語 上平 ● 忴 心急

上上 ● 趛 低頭快走 錦 五采織丨

上去 ● ⿰口顉 首動也

上入 ○

下平 ● 吟 丨詠也 ⿰音今 同上 ⿺尢人 助也 唫 同吟 碒 礆丨嵚嵒 砛 磚丨

下上 ○

下去 ○

下入 ● 岌 山聳起貌

出 上平 ● 深 淺丨 㴱 水不淺也 侵 漸進丨削 駸 疾行也 綅 綫也 祲 精氣盛祥

上上 ● 寢 堂室也又臥也 瀋 汁也

上去 ● 諗 謀也

上入 ● 輯 和也 緝 繼續也 咠 丨丨口舌声也 戢 斂也 楫 舟丨 㗊 眾口也 湒 雨下貌 葺 修補也

下平 ● 礸 石山

出 下上 ● 蔓 覆也
下去 ● 䨝 雲貌 沁 小飲也又水名 㾕 大屋 篸 〡罍文具
下入 ● 滃 水沸之貌
喜 上平 ● 歆 神受饗也 忻 喜也 欣 同上
上上 ● 廞 陳列
上去 ● 譀 怒言又祝也
上入 ● 吸 氣入為〡 翕 合也聚也 汔 水涸 潝 水流疾 熻 心熱貌
下平 ● 熊 解獸名〡掌 雄 解同上
下上 ○
下去 ● 歙 人名
下入 ● 㑫 合也 扱 斂取也

金部終

增補彙音妙悟

30鉤部

柳上平●獳犬怒

上上●塿培|小阜也 簍竹器籠也 嶁山顛也又山尖

上去●槈田器也 檽木名 獳怒犬也

上入○

下平●樓重屋也 婁宿名人名 螻|蛄今謂土狗 摟牽也聚也 縷綫也 僂傴|俯也 蔞菰|土瓜

下上●㜢女肥貌 㝅乳子也 釓小貌

下去●陋鄙|狹也 漏屋|滲| 耨草器 㔷僻側也 屚屋穿|下 瘺|瘡 鏤雕刻也

下入○

邊上平○

上上●䝏|麮餅也 篰牘也

上去○

上入○

邊 下平 ● 裒 丨聚也減也多益寡 抔 引取也手掬土也
下上 ○
下去 ○
下入 ○
求 上平 ● 鉤 曲可懸物 鈎 俗鉤字 泃 水名 韝 射臂決也 篝 燈罩 芶 菜名 溝 水瀆 眗 眭也 勾 丨銷
● ⿰句瓜 王瓜
上上 ● 苟 丨且誠也草也 枸 木曲枝又丨杞藥名 玽 玉石也 笱 竹器取魚 耇 老人面如凍黎 狗 犬也
上去 ● 姤 遇也卦名
上入 ○
下平 ○
下上 ○
下去 ● 搆 牽也 構 架也成也 雊 雌雄鳴也 覯 見也 勾 同彀 媾 重婚也 詬 丨病丨誶 ⿱宀冓 室深密也 購 求也
● 彀 弓滿也 遘 遇也
下入 ○

氣 上平 ○

上上 ● 口 言語所出 訁口 笑也 釦 金飾器口

上去 ○

上入 ○

下平 ● 芶 草也 斪 摳丨傴鉏 彄 人名 芤 草名 摳 挈衣也

下上 ○

下去 ● 叩 答也問也 寇 丨賊仇也 蔻 荳丨藥名 扣 擊也 敂 丨關

下入 ○

地 上平 ● 兜 不靜也又人名 篼 飼馬籠 盄 鉢也

上上 ● 斗 量名宿名 陡 峻也峭絕 蚪 蝌丨蝦蟆所生 阧 丨峻也 枓 栱丨

上去 ● 鬬 爭丨 浢 水名 痘 丨瘡

上入 ○

下平 ● 投 擲也贈也 斪 斷丨傴鉏 頭 面折也 骰 牙丨丨子

下上 ○

地下去● 豆 木器 竇 鑿桓為孔又穴也 豎 禮器 𥬠 祭器 荳 丨蔻藥名 逗 止也住也 脰 脛也 鬪 同鬭

● 鬥 相丨 竇 同竇

下入○

普上平● 吥 吸也 捊 掬也

上上● 剖 判也破也 掊 擊也 蔀 易豐其丨

上去● 剖 丨白

上入○

下平○

下上○

下去● 蒟 草名 㥄 什也

下入○

他上平● 偷 薄也盜也 媮 盜也丨合

上上● 黈 黃色 否 唾不受語 姡 好貌人名 敨 展也 鴣 水鳥 䴸 丨餅 鮏 魚名

上去● 透 通也撤也

他上入〇

下平● 頭 土首也獨也 骰 遙擊也 亠 字闕

下上〇

下去● 啞 與語不受 趉 自投下也 綉 帛一片

下入〇

爭上平● 鄹 孔子之鄹 鄒 國名 諏 諮| 棸 木也 緅 青赤色 [illegible] 聚居 陬 阪隅也又|邑

上上● 走 去也

上去● [illegible] 輻|

上入〇

下平〇

下上〇

下去● 奏 進上也 腠 水會也輻| 蔟 太|得名 [illegible] 進也 縐 |紗 驟 疾行也 腠 膚理

下入〇

入上平〇

入	上上	○	
	上去	○	
	上入	○	
	下平	○	
	下上	○	
	下去	○	
	下入	○	
時	上平	●	廋匿也求也 瘦同上 鱐乾魚 蒐土聚人民又治兵 筲土盛飯竹器 捜索也 搜同蒐 搜求也
		●	蛸蠨｜蜘蛛 颼颾｜
	上上	●	廋老人之稱 叟同廋 瞍蒙｜無目 棷同藪郊｜ 藪大澤也淵｜ 嗾使犬声 溲糔｜為粥
	上去	○	
	上入	○	
	下平	○	
	下上	○	

時下去● 潄 潄滌也丨口也 瘦 不肥 嗽 欬丨 瘶 欬丨

下入○

英上平● 謳 丨歌 歐 丨陽複姓 ⿱竹區 竹器以息小兒 鷗 水鳥 熰 炮丨也 甌 盌深為丨 漚 浮丨水上 嘔 嬰兒声

● 悥 愁也 慪 惜也

上上● 毆 擊也

上去○

上入○

下平○

下上○

下去● ⿰日區 暖也 ⿱埶云 地名 漚 久漬也

下入○

文上平○

上上● 母 地名父丨 某 丨以代名 畞 百步為丨 畂 畎丨百丨 畮 古畞字 珻 雲丨藥名

上去● 茂 草盛也又勉也

文上入○
下平●謀計||度 眸目瞳子 侔齊等也 牟地名又大麥又牛鳴 䏬脊|也
下上○
下去●懋勉也美也 貿交易 楙木盛也 麰大麥也 袤廣|長也
下入●懋古同茂盛大
語上平●齵齒參差也
上上●偶伉儷也 耦兩人為|又配| 藕荷根|節藥名
上去●偶成雙成對
上入○
下平○
下上○
下去●騖馳不齊也
下入○
出上平●厰崩聲

出 上上○
上去●蔟太|寅律
上入○
下平●愁土悲也憂也　下上○
下去●湊|合|完　下入○
喜 上平●齁鼻息也
上上●否土不然也　吼牛鳴也又怒声　吽上同
上去●復再也
上入○
下平●侯諸|維也　矦古侯字　餱|糧乾食也　喉咽也　鍭箭鏃　浮土汎也水上曰　郰地名　蜉蚍|大蟻
●茠|苜車前子　猴獸似猿
下上●後前|不先也　厚不薄也　郈姓也邑名　后君也|土　逅邂|相遇　犼獸似犬　⿰牛句牛|
下去●候訪也伺也
下入○

增補彙音妙悟

31川部

柳上平●壖城下田也 堧宮外垣 撋｜祭蒩｜ 瑌石次玉 瑈同上 㽭城下田也又隙地

上上●煖温也火氣曰氣也 暖同上柔貌 餪女家三日送食曰｜女 煗同煖 愞怯也弱也 䁱目垂也 爮無乳｜生也

●卵同上 渜湯也 上去●亂治也又不治也

上入●劣優｜弱也 捋掇取也 𤱓耕田起土 埒等也 𢘬優｜ 𤙯牛白脊也

下平●鸞｜鳳神鳥 𠟍削也 欒木似蘭｜｜瘠貌 巒峰小山 攣拘｜罪人 鑾金｜鈴也

下上○

下去●戀眷念也 恋同上俗字 𢿭煩也 孌美好也 𤔔治也 乱俗字 亂

下入●寽取之易也

邊上平●般運也移也 瘢瘡痕 搬｜移｜演

上上●粄屑米餅

上去●半中分也 畔田界

上入●撥捩開轉也 鉢食器盂屬 砵同上俗字

邊下平●盤盛物之器　磐大石也國安於｜石　磻太公釣處　弁樂也

下上●伴侶也依也

下去●絆馬縶也　叛背｜

下入●跋｜涉本也　鈸銅｜　拔抽也擢也　軷祭道神　魃旱神　茇草舍也草木根　犮犬走也　叐｜降之也

●癶足有所刺　抜同拔

求上平●官宦也司也　關界止之門又要會也　閞同上省文　関同上俗字　冠冕弁總名　棺｜木　倌主駕者

●菅草名似茅　瘝病也　瞯視貌　毌古冠字　觀視也　鰥老而無婦曰｜　鱞同上　涫沸也

上上●管樂器筆彄也又主當　筦｜弦　館客舍也　錧同上俗字　卷｜帙收也　菤耳｜草名　痯罷貌　脘胃｜

上去●貫通也穿也　絹繒也

上入●括包｜檢也　聒讙語也無知貌　決繼也絕也　刮削也　佸會也　玦逐臣賜之則絕　獗猖｜　訣別也

●獝鳥驚飛　觼環之有舌者　鴂鶪｜　适疾也　䀏視也

下平●權秤錘也｜柄也　顴頰骨也　拳屈手也又｜奉持之貌　攉變也宜也　捲用力貌　蜎蟲行貌　鬈鬢鬢好貌

●惓｜｜不忘謹也

下上〇

求下去●裸酌鬯以灌地慣習也摜丨擐也倦懈怠也懁辨急也眷親屬也顧念也羂罟也罥同上

●矔轉目視也爟取火於日狷狂丨才不足而厚有餘也獧同上鸛丨鳴於垤犈牛角曲也縳十摶為丨

●丱束髮也灌丨注又丨地降神

下入●銛善自用也橛門中丨為闑又木杙也橜同上掘正丨井

氣上平●寬丨容裕也蠲明也潔也除也娟嬋丨美好涓潔也擇也睊側目相視鐲丨手

上上●款敬也愛也欵衷曲也誠也盌洗也逭逃也薂丨冬花藥名

上去●鑁燒鐵炙也

上入●闊廣也契丨闋樂終曰丨闕宮門雙丨又失也缺器破也失也颳瓜也抉挑也丨出也蕨菜名

●厥其也語辭缺欠丨空丨劂曲刀蹶跌也鴂子規鳥也嶡俎名濶廣也

下平●圈屈木所為卮匜之屬棬屈木鳥盂

下上○

下去●券約也契也勸勉也教也桊牛鼻棬

下入●𦪇船也

地上平●端正也始也緒也煓赫也耑發丨丨緒團圓也聚也

地

上上● 短 不長也促也

上去● 鍛 磨也冶金

上入● 掇 採也拾也 裰 補丨破衣 涰 泣也 敠 敁丨知輕重也 剟 削也 騣 的盧也 叕 聯也

下平● 傳 授也丨世 椽 曲也屈也

下上● 斷 裁也剪也 断 同上俗字 煅 打鐵也椎鍊也 腶 丨脩脯加薑桂

下去● 段 丨氏體丨 瑖 石似玉 腶 丨脩脯加薑桂 鞖 履後帖也 緞 同上綢丨

下入● 奪 強取也

普

上平● 潘 姓也 拚 棄也丨命 拌 棄也

上上● 坢 平坦也

上去● 泮 丨宮諸侯學名 判 剖也斷也 詊 巧言也

上入● 潑 澆丨散曰丨 襏 丨襫雨衣 溌 水丨 鏺 刈禾器 𤽊 丨昧淺白色 笅 箄也

下平● 胖 安舒也大也 蟠 曲也屈也 鞶 大帶也 槃 盤桓自得 縏 小囊也 弁 冠也

下上● 扶 並行也 伴 土侶也相也

下去● 頖 丨宮班也 泮 水涯 炍 煥也 胖 半也

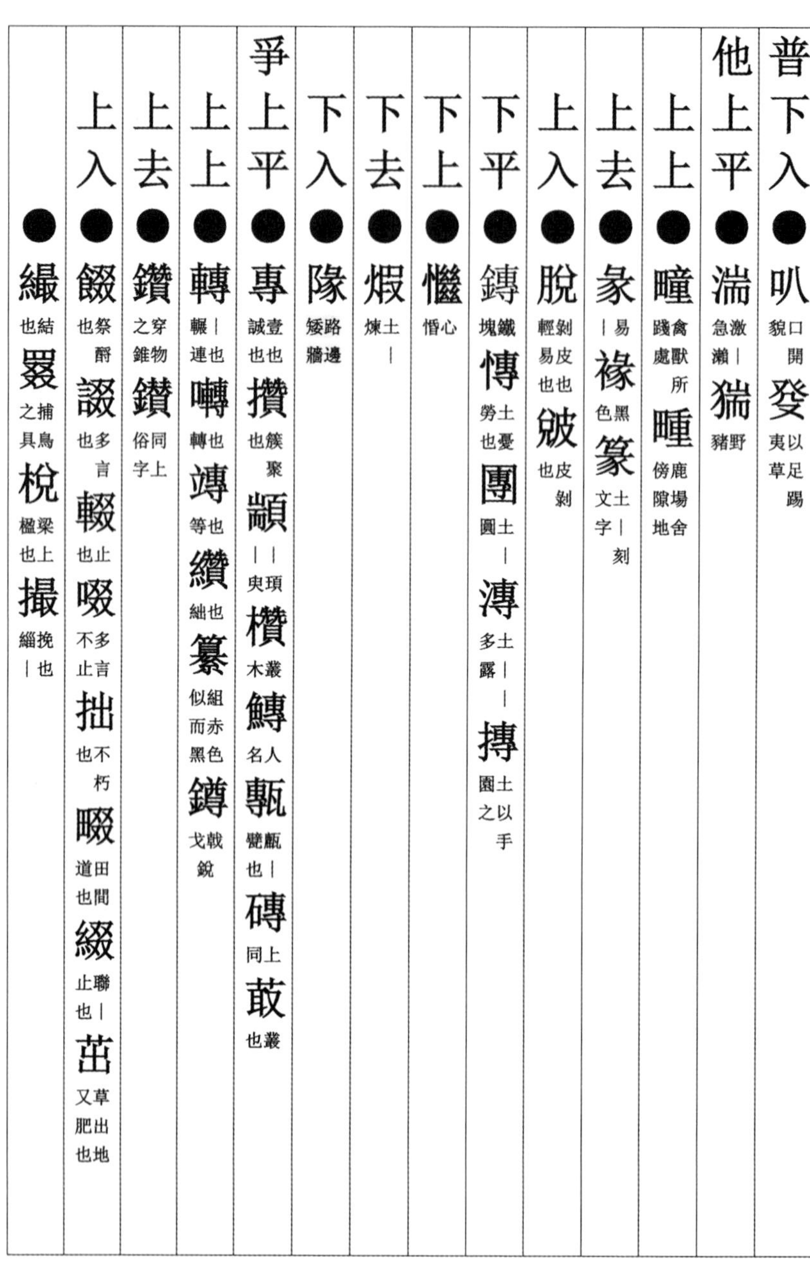

普 下入 ● 叭口開貌 癹以足蹋夷草

他 上平 ● 湍激|急瀨 貒野豬

上上 ● 疃禽獸所踐處 畽鹿場舍傍隙地

上去 ● 彖易| 褖黑色 篆土|刻文字

上入 ● 脫剝皮也輕易也 ⿰兌皮皮剝也

下平 ● 鏄鐵塊 慱土憂勞也 團土|圓 漙土||多露 摶土以手圜之

下上 ● ⿰忄㡭心惛

下去 ● 煆土|煉

下入 ● 隊路邊矮牆

爭 上平 ● 專壹也誠也 攢簇聚也 顓|項|臾 欑叢木 鱄人名 甎甌|甓也 磚上同 菆叢也

上上 ● 轉|也輾連 囀也轉 僔也等 纘也絀 篹組赤色似而黑 鐏戟戈銳

上去 ● 鑽穿物之錐 鑚同上俗字

上入 ● 餟祭酹也 諁多言也 輟止也 啜多言不止 拙不朽也 畷田間道也 綴聯|止也 茁草出地又肥也

● 繓結也 罬捕鳥之具 棁梁上楹也 撮挽也緇|

爭下平● 全備也保｜ 牷祭祀之牛 鐫刻也斲也 泉源水濫｜

下上● 鐉土䉵具飲食 撰土造也事也 譔述也

下去● 纘土纘也 顛選具也

下入● 絕斷也奇也

入上平● 撰煩｜ 撋㨹｜ 輲無輻車 壖城下田 堧宮外垣 擩｜祭 瞑隙地也 瑌石次玉

上上● 輭柔也 軟上同

上去● 鐗銀也

上入● 膞人名

下平● 媆人名

下上○

下去● 雛鳥名 鶵上同

下入● 𨑞行貌

時上平● 宣布也明也 諠｜譁 喧声｜不正 諼忘也 咺宣著貌 烜曝也明也 藼忘憂草宜男花婦人宜佩之

● 嚾｜囂也 昍明也 亘揚布也 萱同藼椿｜ 萲上同 暄暖也溫也 晅日氣 吅驚也 貆土貉之子

時 上平 ● 撙 引也 狻 獸名 儇 利也疾也 煊 溫也 痠 身體｜疼 箮 竹花 酸 酢也｜苦

上上 ● 選 土｜擧擇也 褖 黑衣後服 篹 籩也

上去 ● 算 計歷數也 筭 同上 涮 ｜洗也

上入 ● 雪 霜｜ 𧺆 走也 説 辯也｜辭 刷 刮也拭也

下平 ● 旋 周｜轉 遄 速也 檈 開閉門機 扊 門關也 船 舟也 㨹 引也 掟 轉也

● 璿 美玉以齊七政 璿 同上 璇 同上

下上 ○

下去 ● 颴 風轉也 蒜 大｜葷菜 祘 明視以｜之 䩃 面博也 繏 索也 笇 兵｜軍食

下入 ● 蓃 枯也

英 上平 ● 彎 曲也 灣 水曲也 寃 枉也屈也 冤 同上 淵 止水也水出不流曰｜ 𣶒 同上 𣛭 曲木

上上 ● 綰 繫也貫也 遠 不近也 婉 順也美也 唍 微笑也 𥨋 小孔也 腕 掌後節中也 苑 禦｜以養獸者

● 鴛 ｜鴦匹鳥 鳶 鴟類 鍰 六兩曰｜

● 莞 小笑貌 堅 似玉石 婠 好也 捥 同腕 琬 玉名 盌 小盂也 㼝 同上 碗 同上

● 晥 皇明也美好也 梡 俎名 睅 大目也 晼 媚也 宛 ｜然依然

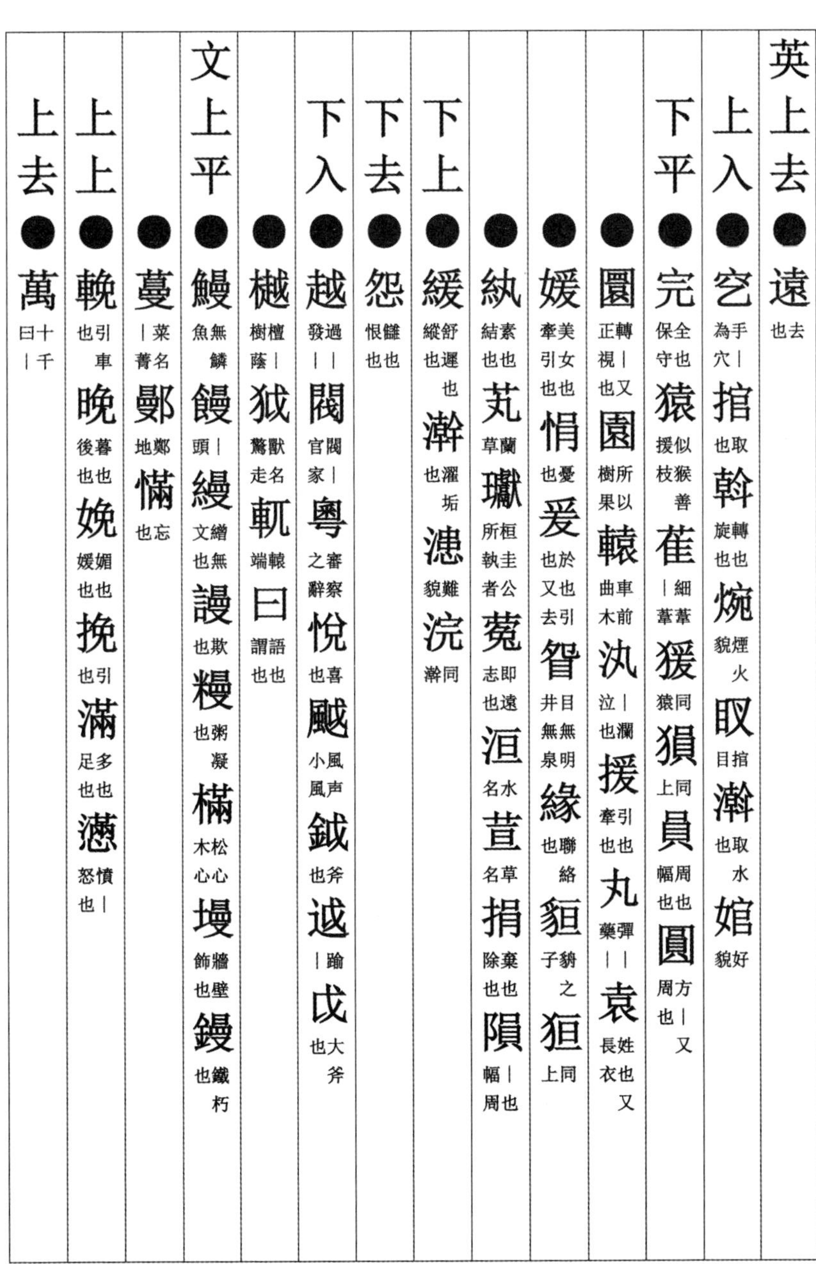

英上去● 遠去也

上入● 窔手丨為穴 揞取也 斡轉也旋也 [illegible]煙火貌 取揞目 澣取水也 婠好貌

下平● 完全也保守 猿似猴善援枝 萑細葦丨葦 猨同猿 [illegible]同上 員周也幅也 圓方丨又周也

● 圜轉丨又正視也 園所以樹果 轅車前曲木 汍丨瀾泣也 援引也牽也 丸彈丨藥丨 袁姓也又長衣

● 媛美女也牽引也 悁憂也 爰於也引也又去 眢目無明井無泉 緣聯絡也 貆貑之子 狟同上

● 紈素也結也 芄蘭草 瓛桓圭公所執者 薳即遠志也 洹水名 萱草名 捐棄也除也 隕丨也幅周

下上● 緩舒遲也縱也 澣濯垢也 漶難貌 浣同澣

下去● 怨讎也恨也

下入● 越過丨發丨 閱閥丨官家 粵審察之辭 悅喜也 颰風声小風 鉞斧也 [illegible]踰丨 戉大斧也

● 樾檀丨樹蔭 狘獸名驚走 軏轅端 曰語也謂也

文上平● 鰻無鱗魚 饅丨頭 縵繒無文也 謾欺也 [illegible]粥凝也 樠松心木心 墁牆壁飾也 鏝鐵朽也

● 蔓菜名丨菁 鄤鄭地 慲忘也

上上● 輓引車也 晚暮也後也 娩媚也嫒也 挽引也 滿多也足也 懣憤丨怒也

上去● 萬十千曰丨

文上入●韈足衣也　韤同上　袜同上　抹塗也　絉|肚　襪腳衣

下平●瞞平目也　蹣踚也

下上●贎贈貨

下去●漫|浮也汙也偏也且也

下入●末杪也無也　沫水名涎|　眜帥|

語上平●岏高也　刓圓削　園圓也　䯈骼|

上上●阮國名又姓　翫遊|　䀋視也

上去●玩好也美也

上入●枂樹皮

下平●元始也善之長也　原本也平|　頑|梗癡也　源水之本也　芫菜名　沅水名　灥水泉本也　嫄薑|後稷母也

●騵白腹馬　黿介蟲之長

下上○

下去●願欲也思也羨慕也　愿謹也　瑗大孔璧又人名

下入●月日|太陰之精　刖斷足也　頢短面貌

出上平●川泉流也 巛水會也 穿孔也鑽也 串穿也又音貫 痊疾除也 瑏玉名 絟細布也

●詮擇言也評論事理 銓衡也量也 剈剔也 村土聚落也 㢟安步也

上上●喘疾息也

上去●爨然火也

上入●歠大飲也

下平●拴揀也

下上●闞縠名用字

下去●竄驅逐也逃也 簒逆而奪取曰｜ 縓｜緣 釧臂鐶 汌水名 爨炊｜ 攛攛｜也

下入●皺皮斷也 𥗤石破也

喜上平●歡喜也 璠璵｜魯之寶玉 蕃息也多也 番次也更也 膰祭祀熟肉 𥏮短也 翻反也

●幡｜然又旐也 鄱邑名 懽悅喜也 讙譁也 驩虞｜如也 繙繹也 旛旐也 拚飛貌

●犿宛轉想從貌 鸛鳥名 雚同上 膰祭餘肉 蟠黍也

上上●反不順也覆也 阪澤障也又山脅 返還也 坂坡｜ 岅岥不平不

上去●飯炊穀為｜ 患憂也 梵浮圖種號 擐貫也

喜上入●發興也起也法度也刑|豁|然通也髮頭毛灋古法字須古文髮字

下平●寰|區樊藩也又姓煩不簡也勞也礬|石焚燒田也環同上㙟|堵繁多也雜也

●轘車裂人凡皆也庸常也蹯熊掌也鬟髻|垣墻也墦塚也絙緩也莧山羊細角

●藩屏籬||帆舟上幔笲竹器所以盛婦贄𩡧一歲馬也蠜螽名桓武貌木名還返也袢衣無色也

●蘩蓬蒿也籓大箕蔽也燔也炙也鐶指|耳|

下上●範法也式也范草名又蘦也豢穀食曰|圂同上犬豕犯觸也幹|笵法也

下去●焕光明也喚呼也奐輪|大也汎浮也氾|濫水名販買賣曰|渙流散也水盛也愌伴|不順也

●換易也宦仕也又官芝草浮水貌幻虛|畈田平疇也

下入●伐征||木罰賞|也閥|閱乏無也橃海中大船筏船也活生也

川部終

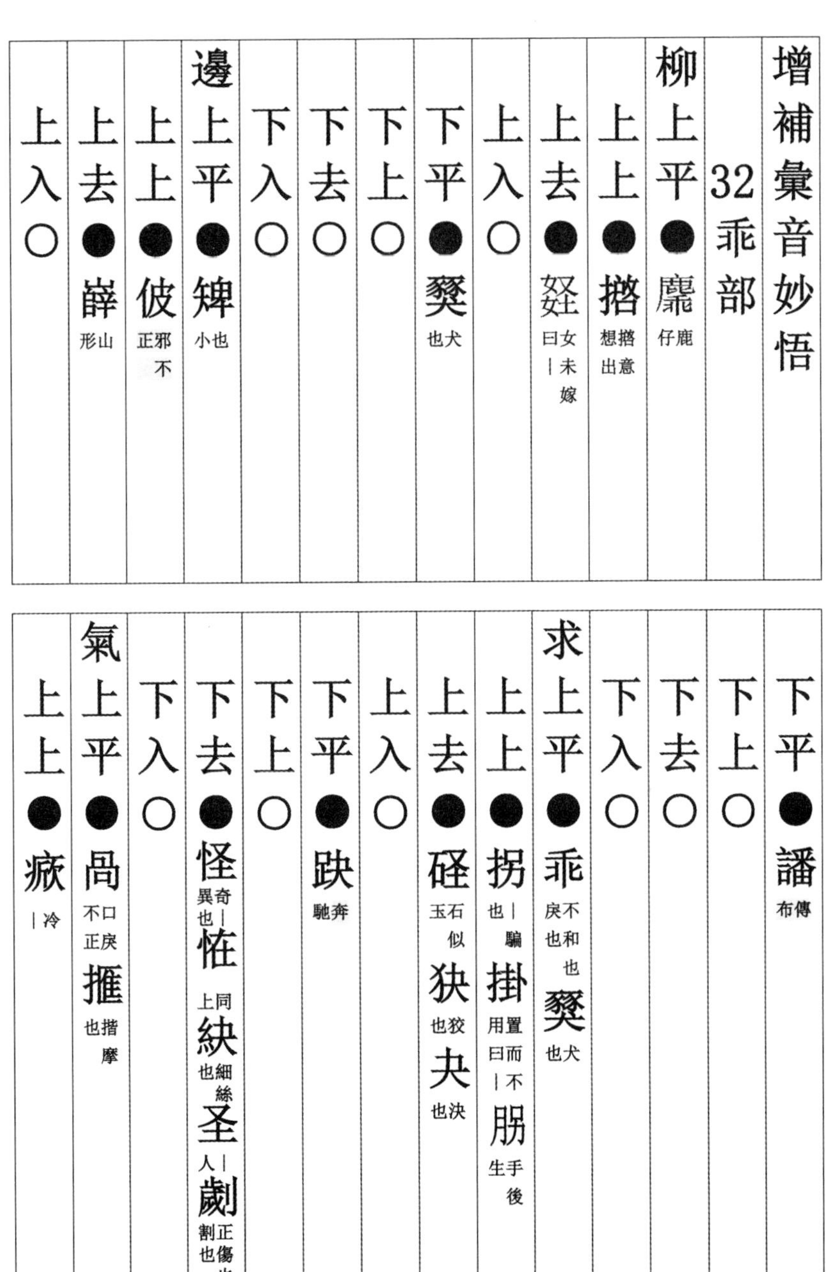

增補彙音妙悟

32乖部

柳 上平● 麤 仔鹿
上上● 揩 想揩出意
上去● ⿱奴⿰女土 女未嫁曰|
上入○
下平● ⿱豩犬 犬也
下上○
下去○
下入○
邊 上平● 粺 小也
上上● 彼 不正邪
上去● 嶭 山形
上入○

下平● 譒 傳布
下上○
下去○
下入○
求 上平● 乖 不和也戾也 ⿱豩犬 犬也
上上● 拐 |騙也 掛 置而不用曰| ⿰月另 手後生
上去● ⿰石圣 石似玉 ⿰犭夬 狡也 夬 決也
上入○
下平● 趹 奔馳
下上○
下去● 怪 奇|異也 恠 同上 ⿰糹夬 細絲也 圣 |人 劌 正傷也割也
下入○
氣 上平● 咼 口戾不正 擓 揩摩也
上上● 瘚 冷|

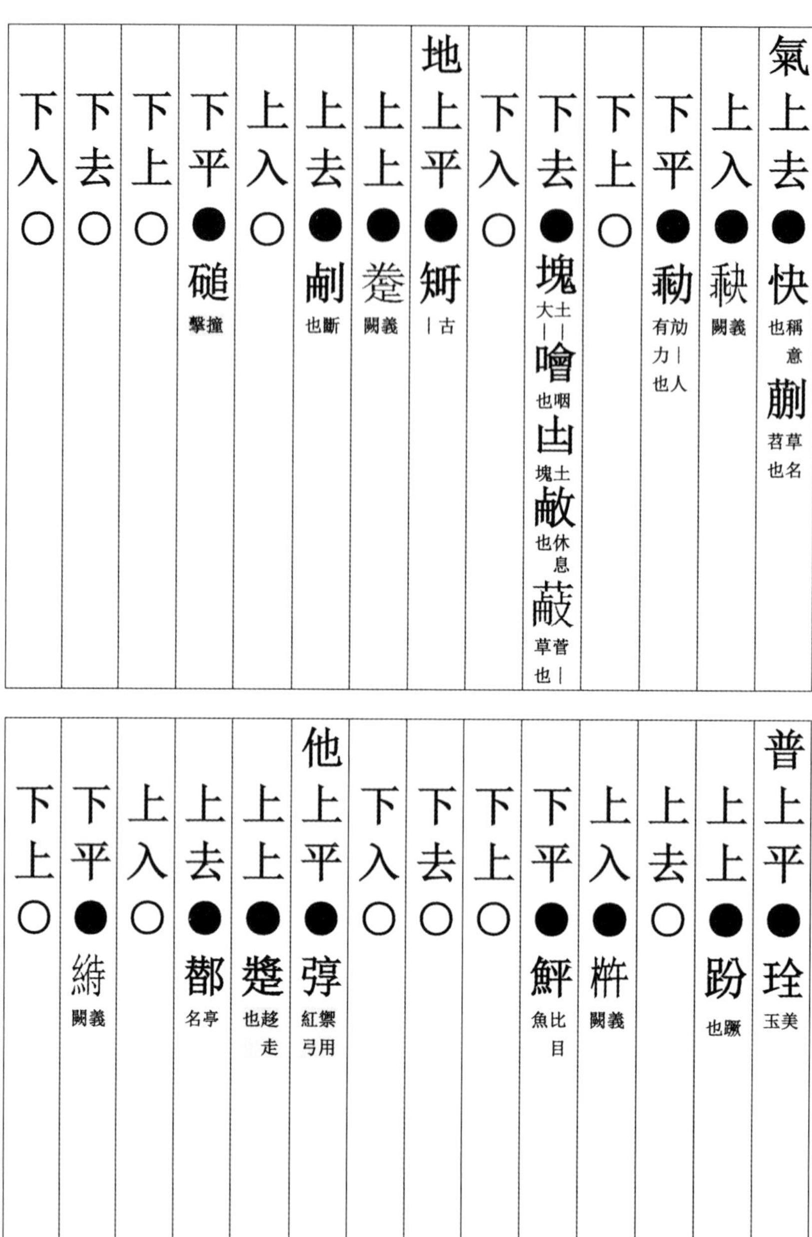

氣	上去	●	快稱意也　蒯草名苕也
	上入	●	秧闕義
	下平	●	勑劥丨人有力也
	下上	○	
	下去	●	塊土丨大丨　噲咽也　凷土塊　敝休息也　蔽菅丨草也
	下入	○	
地	上平	●	𥏊古丨
	上上	●	𨓈闕義
	上去	●	㓷斷也
	上入	○	
	下平	●	磓撞擊
	下上	○	
	下去	○	
	下入	○	

普	上平	●	𤥁美玉
	上上	●	𧿒蹶也
	上去	○	
	上入	●	栟闕義
	下平	●	鮃比目魚
	下上	○	
	下去	○	
	下入	○	
他	上平	●	弴槃用紅弓
	上上	●	𨘢趍走也
	上去	●	都亭名
	上入	○	
	下平	●	𦀚闕義
	下上	○	

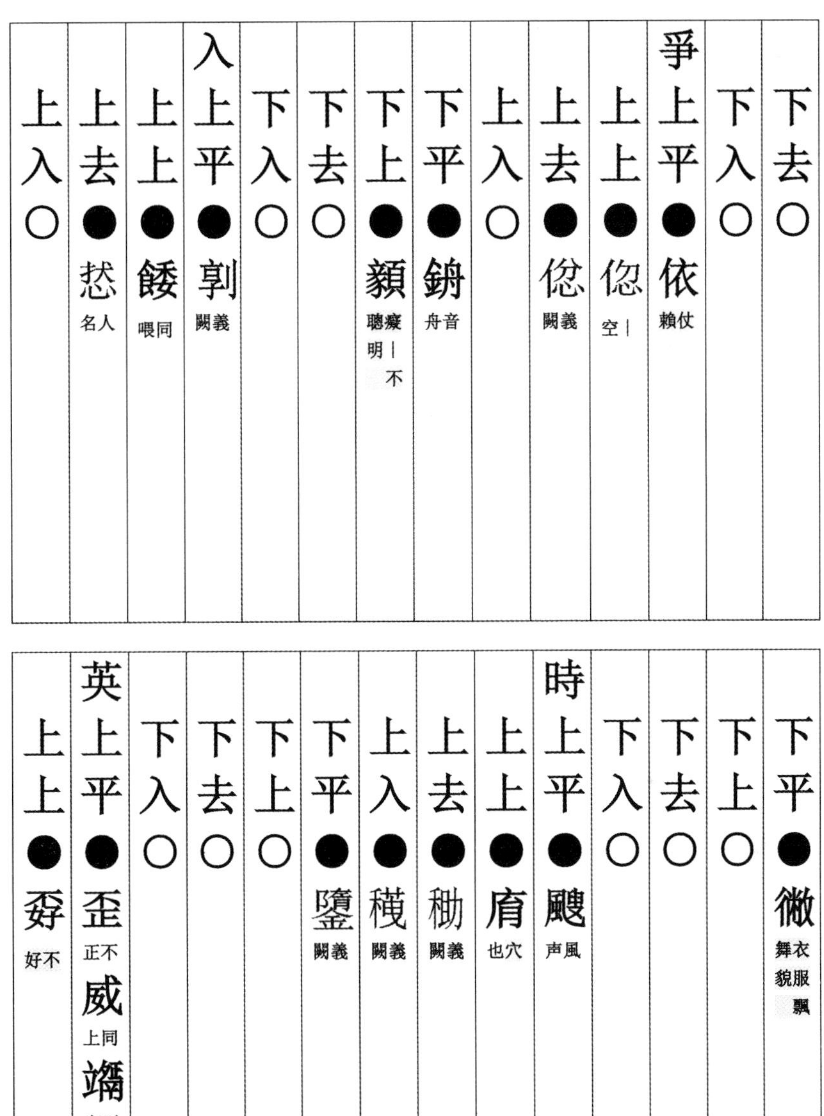

	下去○		
	下入○		
爭	上平●	依	仗賴
	上上●	偬	｜空
	上去●	傯	義闕
	上入○		
	下平●	鋓	音舟
	下上●	[illegible]	癡｜不聽明
	下去○		
	下入○		
入	上平●	[illegible]	義闕
	上上●	餧	同喂
	上去●	[illegible]	人名
	上入○		

	下平●	微	衣服飄舞貌
	下上○		
	下去○		
	下入○		
時	上平●	颼	風声
	上上●	肩	穴也
	上去●	[illegible]	義闕
	上入●	[illegible]	義闕
	下平●	[illegible]	義闕
	下上○		
	下去○		
	下入○		
英	上平●	歪	不正
		威	同上
		[illegible]	不正也
	上上●	孬	不好

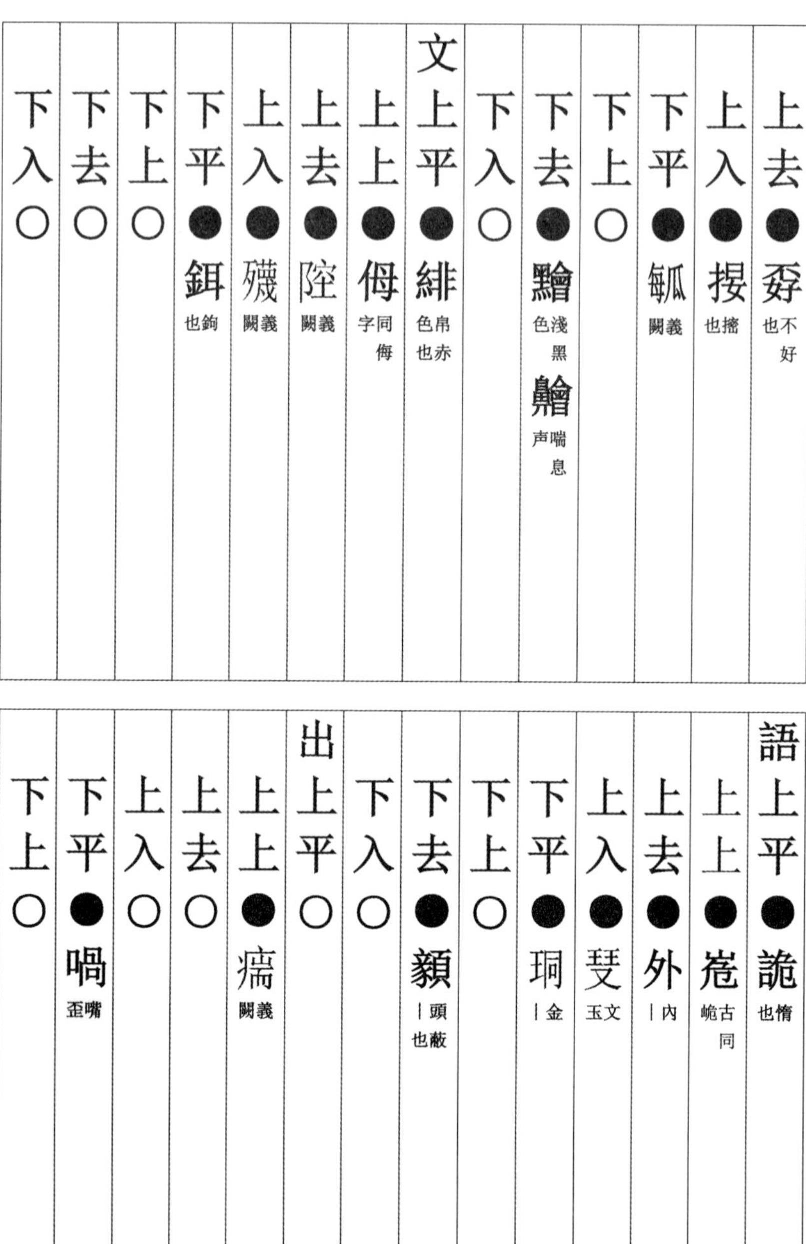

	上去	●	㚵	不好也
	上入	●	揋	擩也
	下平	●	[illegible]	闕義
	下上	○		
	下去	●	䵳	淺黑色
			[illegible]	喘息声
	下入	○		
文	上平	●	緋	帛赤色也
	上上	●	侮	同侮字
	上去	●	[illegible]	闕義
	上入	●	[illegible]	闕義
	下平	●	鉺	鉤也
	下上	○		
	下去	○		
	下入	○		

語	上平	●	詭	惰也
	上上	●	峞	古同峗
	上去	●	外	內｜
	上入	●	[illegible]	文玉
	下平	●	[illegible]	金｜
	下上	○		
	下去	●	顡	頭蔽｜也
	下入	○		
出	上平	○		
	上上	●	[illegible]	闕義
	上去	○		
	上入	○		
	下平	●	喎	嘴歪
	下上	○		

下去〇

下入〇

喜上平●偝優丨

上上●鍦善自用之意

上去●壞敗也敝也

上入〇

下平●懷思念也 淮水名山名丨藥 瀤北方水也 槐葉細花黄可染

下上〇

下去●瓌腐也

下入〇

乖部終

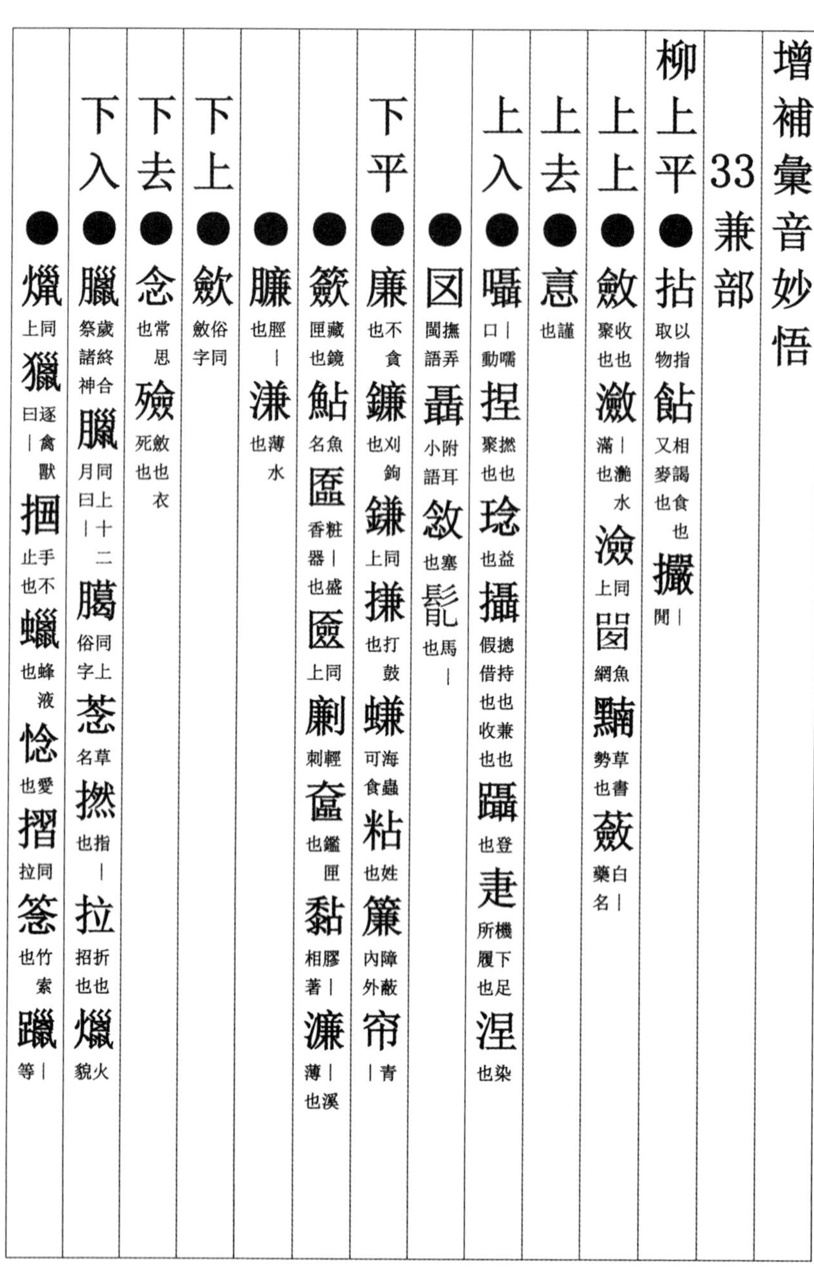

增補彙音妙悟

33兼部

柳上平● 拈以指取物 鮎相謁食也又麥也 攕|閒

上上● 斂收也聚也 瀲|瀲水滿也 ⿰氵僉同上 ⿱罒図魚網 ⿰黑冉草書勢也 蘞白|藥名

上去● 意謹也

上入● 囁|嚅動口 捏撚也聚也 ⿰王念益也 攝摠持也兼也假借也收也 躡登也 疌機下足所履也 涅染也

● 図撫弄闆語 聶附耳小語 敜塞也 鬣馬|也

下平● 廉不貪也 鐮刈鉤也 鎌同上 搛打鼓也 蠊海蟲可食 粘姓也 簾障蔽內外 帘青|

● 籢藏鏡匣也 鮎魚名 匲粧|盛香器也 匳同上 劆輕刺 奩鑑匣也 黏膠|相著 濂|溪薄也

● 臁脛|也 溓薄水也

下上● 歛俗同斂字

下去● 念常思也 殮斂也衣死也

下入● 臘歲終合祭諸神 臘同上十二月曰| 臈同上俗字 ⿱艹念草名 撚指|也 拉折也招也 爉火貌

● 爉同上 獵逐禽獸曰| 擸手不止也 蠟蜂液也 惗愛也 摺同拉 ⿱竹念竹索也 躐|等

柳下入●笠土簑丨　獵同獵　粒丨米

邊上平●黶淺黃黑色

上上●㝵人名

上去●闇視貌

上入●譫人名

下平●皺人名

下上○

下去○

下入●慊人名

求上平●兼並也及也　縑絲絹也　蒹丨葭葦屬　緘索也封也

上上●檢防範也丨點也　減損也加丨　减同上　臉面丨頰也

上去●劒兵器也

上入●頰面旁也　鋏劒把彈丨　愜快足也丨意也　峽交水曰丨　夾左右持也　莢蓂丨瑞草　㥦志滿也

●郟地名　蛺丨蝶　匧藏物之器　䛟妄語　甲十幹之首又長也　刼同上　梜箸也又挾門短限

求上入● 刧|戮也 刦同上 袷曲領也 筴筯也筮| 悏同愜 浹|洽周| 砝硬也 呷眾声 跲躓也蹶也

下平● 鉗以鐵束物 拑|口不言 箝|天下之口 鹹土|味 鍼|虎

下上○

下去● 鐱臿也 劍刀| 蘞草藥

下入● 衱衣後裾也

氣上平● 謙莊敬也 嗛古謙字又歉也厭也

上上● 歉不足也 慊快也恨也足也不滿也

上去● 欠|伸|數

上入● 狜多畏也 掐爪刺 魥以竹貫魚為乾

下平● 嵌山險也又山岩

下上● 儉節制也

下去● 芡|實藥名

下入● 衱衣裾

地上平● 敁|敠稱量 沾土益也濡也 砧土鐵| 甛甘也美也

地 上上 ● 點|晝人名 居戶牡所以閉戶 点俗字點
上去 ● 墊下也溺也 刮缺也 窒窮也 玷玉病缺也 坫障也反|
上入 ● 褡|薑|背
下平 ● 佔|佤輕薄也 髾髮踈薄貌 掂手|也 聑小耳垂貌 胋大羹也 ⿰火咸鉗也
下上 ○
下去 ● 店肆也
下入 ● 牒劄也簡也 褋彈衣曰| 喋多言也 揲土閱持也 㲲細毛布 疊震懼也重也 曡同上 牐治也
● 褶有表裏而無著曰| 韘決也 惵安也 蝶粉| 堞雉| 曡重也累也 諜細作也 蹀踏也
普 上平 ○
上上 ○
上去 ○
上入 ○
下平 ○
下上 ○

普下去〇

下入〇

他上平●添益也增也 忝即添字 覘視也 湉｜灔音不和也 怗｜滯

上上●忝｜辱也 忝同上累也 諂｜諛媚也 餂鉤取也 㤐｜辱 讇同諂

上去●㮇炊龜木也 閊小開門以候望

上入●帖安也簡｜ 貼附也 呫小貌｜囁多言

下平●恬靜也安也 ⿱沾女喜笑也

下上●簟竹席也

下去●菾草木長貌 ⿰足詹馬急行也 栝炊灶木 㐁吐舌 ⿰火舌火光也

下入●謵小語又言不正也

爭上平●詹省也又姓 占測也蔔也 瞻仰視也臨視也 尖銳也少也 霑漬也濡也 襜土蔽膝又整貌 㦰盡絕也

上上●颭風吹浪動

上去●占相｜

上入●接相續也交｜也 䀹目旁毛也 睫同上 尐小也

下平● 潛 涉也藏也 潜 同上俗字 熸 火滅也 燂 溫也 燖 以湯沃毛令脫也

下上● 漸 稍也進也 暫 土不久也

下去● 佔 土攦| 賺 重賣也

下入● 懾 怖也伏也 輒 車相倚也又忽然也 慴 |伏也 耴 耳垂也

入 上平● 髯 頰鬚 袡 衣緣也 袇 同上

上上● 冉 行貌又姓 冄 弱也 苒 荏|柔弱 ⿱竹冉 弱竹

上去● 染 |色桑也

上入● 顳 鬢骨

下平● 衻 衣之下曰| ⿰冉頁 鬚也

下上● ⿰女染 整理

下去○

下入● ⿱習耳 同睫字

時 上平● 纖 細微 殲 微也盡也 韱 山韭細也 苫 編茅也蓋也

上上● 閃 躲避 陜 地名 撊 疾動也 ⿰夾支 舉手貌 夾 广 因巖為屋 淰 群魚驚散 ⿰言夾 誘言 䀹 ||目貌

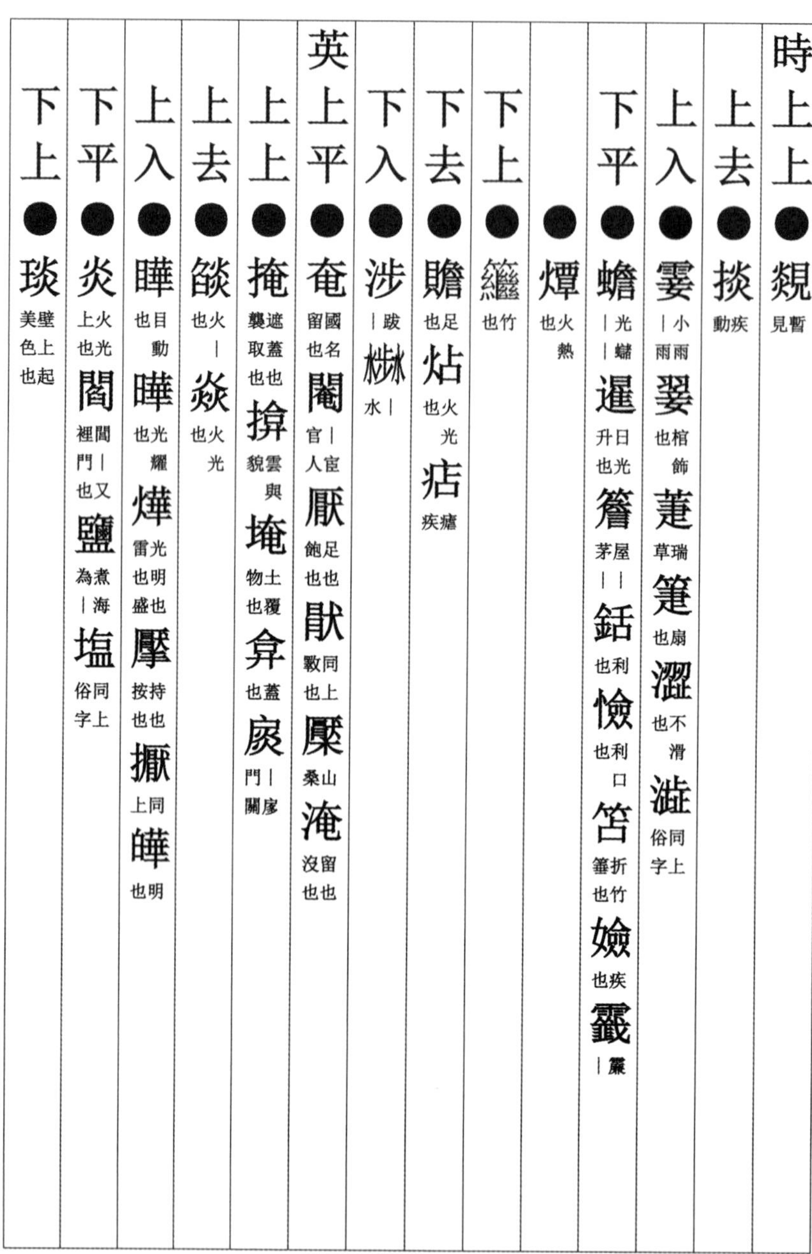

時上上● 覘暫見

上去● 掞疾動

上入● 霎小雨｜雨 翣棺飾也 萐瑞草 箑扇也 澀不滑也 澁同上俗字

下平● 蟾光蠩｜｜ 暹日光升也 簷屋｜茅｜ 銛利也 憸利口也 笘折竹箠也 嬐疾也 䨘霡｜

● 燂火熱也

下上● 䉤竹也

下去● 贍足也 炶火光也 痁瘧疾

下入● 涉跋｜ 𣸈｜水

英上平● 奄國名留也 閹｜宦官人 厭足也飽也 猒同上數也 檿山桑 淹留也沒也

上上● 掩遮蓋也襲取也 揜雲與貌 埯土覆物也 弇蓋也 扊｜扅門關

上去● 餤火｜也 焱火光也

上入● 瞱目動也 曄光耀也 燁光明也雷也盛 擪持也按也 擫同上 曄明也

下平● 炎火光上也 閻閭｜又裡門也 鹽煮海為｜ 塩同上俗字

下上● 琰璧上起美色也

英下去●豔美也 豓同上 饜飫也飽也 灩激｜水貌 灔同上 艷｜冶

文下入●葉枝｜又姓 絕臭衣 旃手編也 揭箕舌也

上平●黵人名

上上●顩人名

上去○

上入●裣人名

下平●馦香｜

下上○

下去○

下入●讘人名

語上平●讝人名

上上●儼恭也｜然又昂頭也

上去●驗效｜

上入●掞捕鳥器具

下平●嚴戒|莊也 巌土山| 岩同上俗字

下上○

下去●驗徵也試|

下入●業基|創| 鄴地名 牒築墻版 楪牖也 ⿱魚⿰魚魚魚盛也 ⿱大⿱羊大也

出上平●僉眾言也皆也 籤驗也竹| 簽|書文字也 ⿰米僉薯|

上上●醶醋也

上去●塹坑|也 槧斷木為|

上入●妾女婢侍| 緁縫衣又與捷同 ⿰糸習緹|采色鮮也 ⿱穴⿰禾禼私也

下平●韂鞍|

下上○

下去●僭土假也差也

下入●⿱蛅心|心

喜上平●忺青齊呼意所好為| 杴古農具似鍬

上上●險|阻危也 獫犬長喙也 玁|狁北狄號

喜
上去●嫛好貌
上入●脅左右下腋也
下平●嫌土疑也 杴鍪屬
下上●鼸田鼠也
下去●喊丨聲
下入●協合力也同也 劦同上 脇丨肩 陜丨廣隘也不 狹同上 趍走也 叶合丨也韻 叶和合也也
●協拉也 恰正巧 洽土丨浹 祫祭一丨三年 挾持帶也也 綊紐丨也 脇迫也 匣箱也
●柙藏獸也

兼部終

增補彙音妙悟

34管部 漳腔有音無字

柳 上平〇

上上〇

上去〇

上入〇

下平〇

下上〇

下去〇

下入〇

邊 上平〇

上上〇

上去〇

上入〇

下平〇

下上〇

下去〇

下入〇

求 上平〇

上上〇

上去〇

上入〇

下平〇

下上〇

下去〇

下入〇

氣 上平〇

上上〇

上去○	上入○	下平○	下上○	下去○	下入○	地上平○	上上○	上去○	上入○	下平○	下上○	下去○	下入○

普上平○	上上○	上去○	上入○	下平○	下上○	下去○	下入○	他上平○	上上○	上去○	上入○	下平○	下上○

		爭								入			
下去〇	下入〇	上平〇	上上〇	上去〇	上入〇	下平〇	下上〇	下去〇	下入〇	上平〇	上上〇	上去〇	上入〇

				時								英	
下平〇	下上〇	下去〇	下入〇	上平〇	上上〇	上去〇	上入〇	下平〇	下上〇	下去〇	下入〇	上平〇	上上〇

上去○
上入○
下平○
下上○
下去○
下入○
文 上平○
上上○
上去○
上入○
下平○
下上○
下去○
下入○

語 上平○
上上○
上去○
上入○
下平○
下上○
下去○
下入○
出 上平○
上上○
上去○
上入○
下平○
下上○

下去○

下入○

喜上平○

上上○

上去○

上入○

下平○

下上○

下去○

下入○

增補彙音妙悟

35生部

柳上平●檸吳俗謂木椎曰丨頭

上上●嚨多言也　檸木皮入酒浸之可治風病

上去○

上入●㥾內愧也　昵小目

下平●能有才者　藍草亂也　耐同能

下上○

下去○

下入●惄飢意　溺沉小便丨又　氼人在水上為丨

邊上平●堋喪葬下土

上上●誁說也　併詐偽人也

上去○

上入●奭偪也

	下平	●	朋同類也
	下上	○	
	下去	○	
	下入	○	
求	上平	●	更改也代也　庚十幹名又更也　觥酒器　賡續也丨歌　肱股丨臂上一節也　絙大索
	上上	●	骾骨丨　郠地名　鯁魚骨　哽語為舌礙　梗木名桔梗
	上去	●	更再也
	上入	●	硌至也
	下平	○	
	下上	●	恆道路也　亙丨古
	下去	○	
	下入	○	
氣	上平	●	坑山丨丨儒　摼撞也　硜人名
	上上	●	頃丨刻萬丨　肯計也不丨　肻同上

氣 上去 ○

上入 ● 客 賓｜寄也 刻 時｜雕｜ 克 能也勝也 剋 殺也｜期 尅 刑｜相｜

下平 ○

下上 ○

下去 ○

下入 ○

地 上平 ● 登 禮器 登 升也成也 燈 ｜燭 灯 同上俗字 鐙 豆之下附也 橙 似柚桔屬 簦 笠有柄者 鐙 錠中置燭曰｜

上上 ● 等 齊也｜級

上去 ● 嶝 小阪

上入 ● 德 行道而有得於心曰｜ 得 獲也相｜ 淂 水名 罘 兔罟也 㝵 得本字

下平 ● 騰 升也 滕 國名 謄 鈔也｜寫 螣 蛇似龍能興雲霧而遊其中 藤 葛屬 滕 波浪也 縢 緘繩約也

● 籐 蔓生似竹

下上 ● 𨇨 行貌 蹬 困頓也

下去 ● 鄧 國名又姓 凳 牀｜

地下入● 特 獨也一牲曰｜ 犆 ｜牛 蟦 食苗菜蟲 螣 同上 蟘 食禾蟲

普上平● 鞛 刀靴下飾曰｜ 烹 土煮也 崩 土壞也 怦 心急也

上上● ⿰崩刂 國名 皏 白貌

上去● ⿰魚朋 大魚也

上入○

下平● 鵬 大｜鳥也 彭 土行也人名

下上○

下去○

下入● 匐 匍｜伏地

他上平● 鼟 ｜｜鼓声 瞠 直視貌 牚 邪柱也 橕 機也 撐 邪柱也

上上○

上去○

上入● 慝 惡也淑｜ 忒 差也

下平○

他 下上 ○

下去 ○

下入 ○

爭 上平 ● 曾乃也丨孫又姓 僧丨家和尚也 增加也益也 爭鬪也丨競 綪屈也 箏樂器 憎惡也 橧巢類

● 繒丨繳 崢丨嶸 ⿰糸爭結縈也

上上 ● 紅絲繩緊直也

上去 ● 䰝鬵屬 淨清潔也

上入 ● 則也也法即 𠟭則古字 葥丨子藥名

下平 ● 層累也

下上 ○

下去 ● 贈送還也丨答也 諍諫丨 竫人名

下入 ● 賊害也盜也 鱡烏丨目丨 鰂同上 蠈食苗節蟲

入 上平 ○

上上 ○

入

上去○

上入○

下平●仍因也 陾地名 陑土築墻 ⿱仍玉玉器 扔強牽引也 ⿰糹乃見集韻

下上○

下去○

下入○

時

上平●生產也先丨 笙丨簧樂器 牲祭天地宗廟之牛曰丨 甥姊妹之子 珄金色 鉎鐵鏽 湦人名 狌貓屬

●⿱屮土古生字

上上●眚過也

上去●貹財富也

上入●索繩也 塞滿也窒也 ⿳宀𡗗心實也 ⿳宀𡗗心實也安也 ⿳宀𡗗目視無所見 縩繩也 ⿰亻塞細碎也

下平○

下上○

下去○

時	下入	○
英	上平	○
	上上	○
	上去	○
	上入	○
	下平	○
	下上	○
	下去	○
	下入	○
文	上平	○
	上上	○
	上去	○
	上入	○
	下平	○

文	下上	○
	下去	○
	下入	●陌阡丨田間也 默不言也 寞寂也 麦同麥
		●墨筆丨黑也 貊蠻丨狄名 貉同上 纆索也
		●嘿丨丨不自得 麥穀名秋種夏熟 嘿丨丨不自安
		●霢丨霂小雨 霡同上 脉血丨 [illegible]聽丨
語	上平	○
	上上	○
	上去	○
	上入	○
	下平	○
	下上	○
	下去	○
	下入	○
出	上平	●[illegible]毛張貌
	上上	●[illegible]盡也

出上去○
上入●測量度也 惻愴也痛也 側旁也 仄平丨
下平●根丨闌人名 堂距也
下上○
下去●鋥摩也
下入○
喜上平○
上上○
上去○
上入●黑北方色也 赫赤色 胇拂丨
下平○
下上○
下去○
下入○

生部終

增補彙音妙悟

36基部

柳上平● 𠢑 剝也 刕 同上 剺 割也 蜊 蛤丨 鯬 丨魚 離 別丨 離 同上俗字 莉 茉丨花名

● 羅 寡丨婦人所戴 酈 邑名

上上● 理 治民也道丨 里 鄉丨 李 果名又姓 履 足所依也又禮 裏 表丨內也 娌 妯丨 梩 土舉也 澧 水出衡山

● 俚 聊也鄙俗也 你 汝也 蠡 蚌屬又蠡木蟲 鯉 丨魚也 醴 甘酒也 邐 丨迤行貌又連接也 孷 古李字

上去● 利 宜也財也 詈 罵也 涖 臨也又水声 屐 不正也

上入● 力 正勇丨也

下平● 尼 聖人字又和也 籬 竹丨菊丨 篱 笊丨竹杓 縭 綏也帶也 蘺 草似篷為杖 霾 風而雨土曰丨 嫠 寡婦也

● 醨 丨酏乳腐名 纚 矮也 蔾 蒺丨藥名 狸 狐丨 鸝 黃鶯倉庚 褵 褘也又衣帶 驪 馬純黑色 螭 似蛟無角

● 离 明也又猛獸也 呢 言不了也 氂 牛尾也又十毫為丨 釐 理也予也 怩 忸丨心慙 𢢼 伎丨多端也

● 犂 雜色牛也又耕具 漓 淋丨 棃 果名 梨 同上 黎 丨民黑髮之民 貍 狐丨 離 丨名別卦

下上○

下去● 吏 治人也 蒞 臨也治也 莅 同上 痢 瀉也 㦒 惡丨恐人也

柳下入●裂解物|也

邊上平●卑下也尊|　卑同上俗字　碑堅石紀功曰|　砰同上俗字　蓽|蘼藥名　埤汙下也　悲慼也傷|

●禆益也助也　陂畜水曰|又澤障也　屄女人陰戶　螕牛|　犤牛之卑小　波|池

上上●比密也量也　彼伊也|此　妣歿母也　吡明白也　沘水名　秕不成穀也　粃同上　朼所以載牲

●祕以豚祀司命　匕匙也箸也　俾使也益也　髀股骨

上去●閉闔門也　閇同上　閟閉也止也　泌水俠流也　祕神也密也　秘同上俗字　畀付與也　勩壯也

●備具也　偹同上俗字　紕織組也　糒糗量也乾飯也　篦竹器去頭垢也　絥車|也　芘同庇　飶香也

上入●必正期|也　鱉鼈|

下平●脾屬土在胃下主化穀也　琵|琶　羆獸似熊　枇|杷果名　郫地名　毗厚也輔也　⿰牜丕使牛声

●蚍|蜉大蟻　膍厚也又牛百葉也　陴城上女牆　⿸疒卑鳥名　⿰月𤰞同脾　貔猛獸

下上●陛升堂之階級也　婢奴|女|　跛有司|倚以臨祭　詖險|不平之言又辟也　⿰卑攵毀也　梐行馬

下去●備具也足也　庇廕也　⿱辟弓弶也　鼻口|引氣也　避逃也遯也　辟同上　賁飾也　毖勞也謹也

●⿰馬泉水名　奰壯大也怒也　贔有力也　駜馬肥　轡馬|　鄪魯邑名　臂自肘下至腕曰|

●痹腳冷濕病　疪同上　葡具也　敝敗衣也　獘困也敗壞也　⿸尸芊劈麻苧|頭也　濞涕也　泌水俠流也

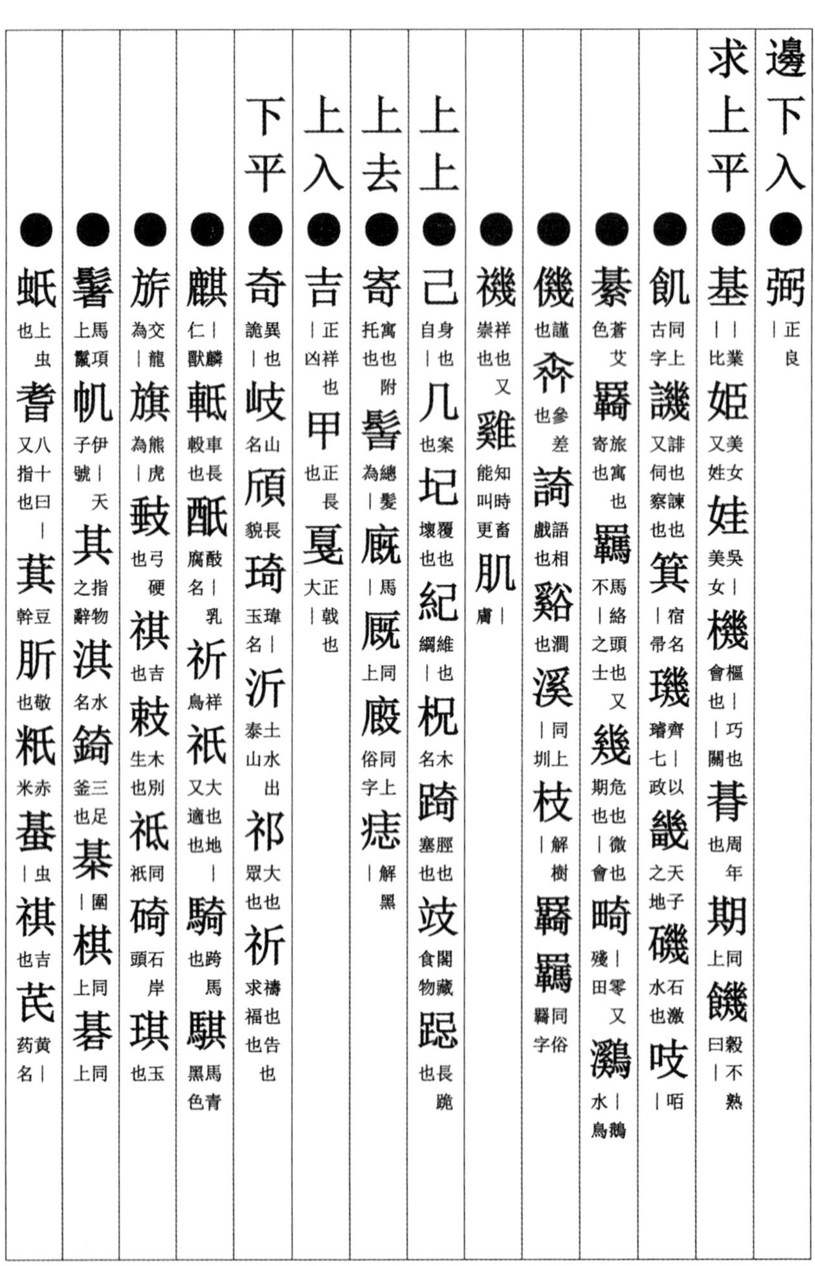

邊下入 ● 弼正良｜

求上平 ● 基｜業｜比 姬美女又姓 娃吳｜美女 機樞｜巧也會也｜關 朞周年也 期同上 饑穀不熟曰｜

● 飢同上古字 譏誹也諫也又伺察也 箕宿名｜帚 璣齊｜以璿七政 畿天子之地 磯石激水也 吱咟｜

● 綦蒼艾色 羇旅寓也寄也 羈馬絡頭也又不｜之士 幾危也微也期也｜會 畸｜零又殘田 鸂｜鵜水鳥

● 僟謹也 奇參差也 諆語相戲也 谿澗也 溪同上｜圳 枝解樹｜ 羇 羈同俗羇字

● 禨祥也又崇也 雞知時畜能叫更 肌｜膚

上上 ● 己身也自｜ 几案也 圮覆也壞也 紀維也綱｜ 杞木名 踦脛也塞也 跂閣藏食物 跽長跪也

上去 ● 寄寓也附托也 髻總髮為｜ 廐馬｜ 厩同上 廏同上俗字 痣解黑｜

上入 ● 吉正祥也｜凶 甲正長也 戛正戟也大｜

下平 ● 奇異也詭｜ 岐山名 頎長貌 琦瑋｜玉名 沂土水出泰山 祁大也眾也 祈禱也告也求福也

● 麒｜麟仁獸 軝車長轂也 ⿰酉氏酸｜乳腐名 祈祥鳥 祇大也地｜又適也 騎跨馬也 騏馬青黑色

● 旂交龍為｜ 旗熊虎為｜ 鼓弓硬也 祺吉也 ⿰束支木別生也 祇同祇 碕石岸頭 琪玉也

● 鬐馬項上鬣 帆伊｜天子號 其指物之辭 淇水名 錡三足釜也 棊｜圍 棋同上 碁同上

● 蚔上虫也 耆八十曰｜又指也 萁豆幹 肵敬也 ⿰米氏赤米 ⿱其虫虫｜ 祺吉也 芪黃｜药名

求 下平 ● 蘄 止丨當歸

下上 ● 技 藝也巧也 妓 女樂也

下去 ● 記 丨書也誌也 冀 欲也望也 兾 同上俗字 既 小食也盡也 既 已也同上 瘈 狂也 畀 舉也 刉 封也

● 覬 丨覦希幸也 忌 畏也怨也又丨諱 彑 彙頭 旡 飲食迎氣 驥 千里馬也 驥 同上俗字 溉 灌也

● 芰 水果四角曰丨 ⿱艹記 草名 蔇 至也 薊 幽州

下入 ● 及 正逮也

氣 上平 ● 欺 詐也妄也 䫏 丨頭 崎 丨嶇險也 僛 丨丨醉無貌 ⿰扌幾 扱取也 ⿰飠支 禮器 ⿰嵒攴 丨不正也

● 敧 傾低不正 鼓 丨斜 犄 牛名

上上 ● 起 興丨早丨 屺 山有草木 豈 焉也反語之辭 綺 細綾也繒也 杞 柳屬又枸丨藥名 葩 蘗草 棨 丨戟兵欄也

● 玘 佩玉 綮 戟衣信也 綮 同丿 芑 白粱粟又草名 齮 解嘴丨 ⿱艹豈 菜名 裿 衣好貌

上去 ● 器 丨皿丨具丨量丨品 ⿰飠乞 食怒也 ⿰多吉 多也

上入 ● 乞 正求也 缺 正失也

下平 ● 蜞 解蜈丨 ⿰虫奇 同上

下上 ● 柹 丨果

氣下去 ● 氣元｜ 棄捐也廢｜ 弃同上古字 憩息也 餂上同 跂坐舉足望也 企舉踵而望 忮頃也

● 臮興也及也 愒恐也 惧同上 兑｜慕也 吃姓也 炁同气 气雲也｜ 洎及也

● 悸心動也又帶下垂也 惎教也毒也 噐皿也 忌土憚也 暨及也

地上平 ● 知識｜覺也 蜘｜蛛 鼅同上 䓡｜母藥名

上上 ● ⿰言致言也 底下也 弤弓名 觝觸也 詆詞也 邸舍也 砥磨石也 牴相觸也 薙芟草

● 坻隴也 ⿰土㐌同上 抵觸也大｜ 疷月底 觟｜觸 ⿰𠂤支隱也 疷滯之病也

上去 ● 智心所知也 值遇也當也 滯沉｜留也 知同智｜識

上入 ● 質正｜樸 滴水｜

下平 ● 池穿地鐘水 蚳螳子 踟｜蹰 馳疾驅也 墀丹｜階上地也 篪樂器仲氏吹｜ 箎同上 鞮單履

● 趍走也 遲緩也延｜ ⿱⺮㐌｜篢 茬草盛貌 泜水名 堤壅也

下上 ● 治天下平也 雉野雞長尾 彘豕也 痔具也 症下部病 峙峻｜具也 ⿰扌戠持物相當 痔後病也

● ⿸疒帶久痢也 稚同稺 稺幼小皆曰｜ 穉同上又驕也

下去 ● 致推而極也又造詣也 ⿱日直立也 置措｜安｜棄｜ 眡｜滌濯也 緻密也

下入 ● 碟解碗｜

普上平 ● 披 旁持曰｜開也散也 批 准也示也 丕 姓也 駓 馬黃白色 坯 未燒陶瓦 丕 大也 伾 有力也山名 鉟 旂名

● 秛 禾租 秠 黑黍種也 狓 張羽也 ⿰月皮 開張也 邳 下｜地名

上上 ● 痞 起隔不通也 否 不善也 鄙 劣也陋也 啚 嗇也 ⿸戶巴 毀也 嚭 人名 仳 離也 ⿰言匕 具也 庀 治也

● 噽 大也 圮 毀也

上去 ● 譬 ｜論

上入 ● 匹 正偶也 肏 性交

下平 ● 疲 勞力也倦也 皮 土膚也被也 砒 ｜霜毒藥 磇 同上 鈹 兵器

下上 ● 被 覃也覆｜也 ⿰忄比 劣也

下去 ● 嬖 ｜幸愛也 睥 ｜睨傍視也 辟 同譬 淠 ｜｜動貌 鼻 解｜目 屁 下氣也

下入 ● ⿰亻短 義闕

他上平 ● 笞 錘擊也 梯 正階｜也 摛 布也舒也 鴟 ｜鴞惡鳥 ⿰氐隹 怪鳥 瞝 歷視也 絺 葛之細者 褫 土革也

● 螭 似蛟無角 痴 ｜癡不達之貌

上上 ● 耻 俗恥字 體 正身｜ 搋 奪也 褫 同上 恥 慙也辱也 醍 酒也色赤 ⿰虒刂 削也 杝 ｜棺椑也

● 恀 恃也 ⿸广多 廣也

他上去●替正衰也

上入●剔正削去毛也 鐵解銅丨

下平●啼正小兒哭也 苔解青丨

下上●弟正兄丨

下去●地正天丨 趨超特也 㶇敗也

下入●狄正夷丨

爭上平●支丨持分也 之適也語助也有所指也 骩丨膚 肢丨骵 胑四丨五藏 脂膏丨胭丨 芝瑞草

●枝丨柯荔丨 菑不耕田 卮玉丨 尼酒丨 汥水派流貌 梔黃丨可染 巵酒器 秖穀始熟者 錙丨銖

●禔福也安也 胝皮厚也

上上●趾足也 阯交丨郡名 黹刺繡 祉福也喜也 只語辭 汦水名 咫丨尺 尺同上 訨許也

●枳似橘有刺 沚小渚也 夂從後至也 抵側手擊也 芷香草白丨藥名 址基丨 指大丨手丨丨示 砋礪石

●旨美味丨趣 紙楮也 苐蘘菜也 畤五丨祭地 泲沇也 止已也至也 秭十億丨曰 藢芋丨草名

●抵側手擊也丨掌而談

上去●志心之所之也又記也 鷙猛鳥

爭

上入●接土解相|摺土解卷|也

下平●⿰礻支福也糍|粿

下上●舐土以舌取食物也

下去●至到也極也寘廢也銍銘也觶酒器輊車|躓跆也頓也摯至也⿱艹志遠|藥名

●忮害也⿰多支多也懫忿也恨也懥同上怒也⿰扌致刺也刼也痣黑子疐頓也跆也

下入●舌解口|折土解木|也

入

上平●⿰骨奇小骨也

上上○

上去●二一之對弍古二字貳不一也樲|棘小棗膩肥|⿰二刂削也聏和萬物也⿰耳申神欲聽之

上入●⿰忄耳

下平●而承上起下之辭又汝也兒嬰|⿰女而媚也胹爛也煮也唲多言也又笑貌臑熟也檽木耳耏古而字

●栭小栗

下上○

下去●餌粉餅也衈羽牲曰|咡口旁也刵截取也珥瑱也耳璫

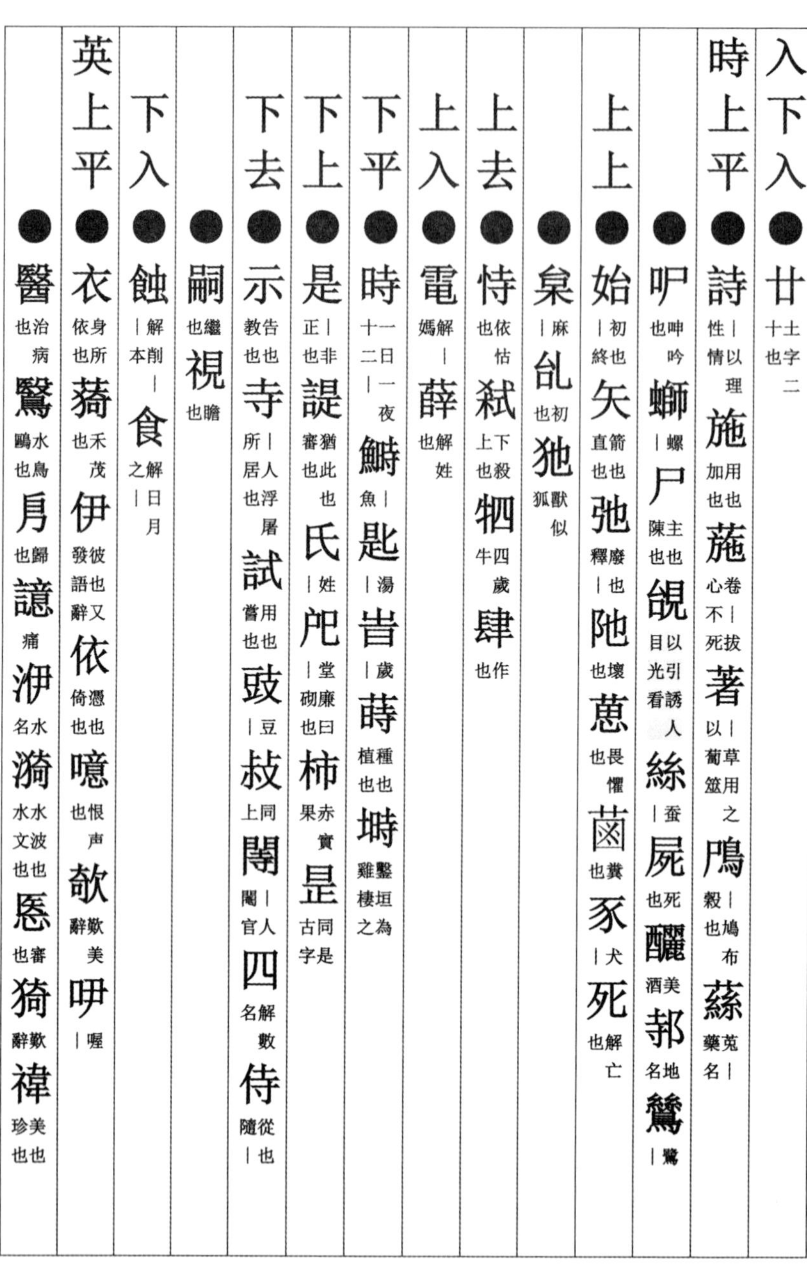

入下入 ● 廿土字二十也

時上平 ● 詩|以理性情 施用也加也 葹卷|拔心不死 著|草用之以蔔篮 鳲|鳩布穀也 蕬莬|藥名

● 吚呻吟也 螄螺| 尸主也陳也 覗以引誘人目光看 絲蚕| 屍死也 釃美酒 郝地名 鷥鷺|

上上 ● 始初也|終 矢箭也直也 弛廢也釋| 阤壞也 葸畏懼也 圂糞也 豕犬| 死解亡也

● 枲麻| 乩初也 狏獸似狐

上去 ● 恃依怙也 弑下殺上也 牭四歲牛 肆作也

上入 ● 電解|媽 薛解姓也

下平 ● 時一日一夜十二| 鰣|魚 匙湯| 峕歲| 蒔種也植也 塒鑿垣為雞棲之

下上 ● 是|非正也 諟猶此也審也 氏姓| 㞎堂廉曰|砌也 柿赤實果 昰同是古字

下去 ● 示告也教也 寺|人浮屠所居也 試用也嘗也 豉豆| ⿰尗支同上 ⿵門寺|人閹官 四解數名 侍從也隨|

● 嗣繼也 視瞻也

下入 ● 蝕解削||本 食解日月之|

英上平 ● 衣身所依也 ⿱艹猗禾茂也 伊彼也又發語辭 依憑也倚也 噫恨声也 欹歎美辭 咿喔|

● 醫治病也 鷖水鳥鷗也 肙歸也 譩痛 洢水名 漪水波也水文也 悘審也 猗歎辭 禕美也珍也

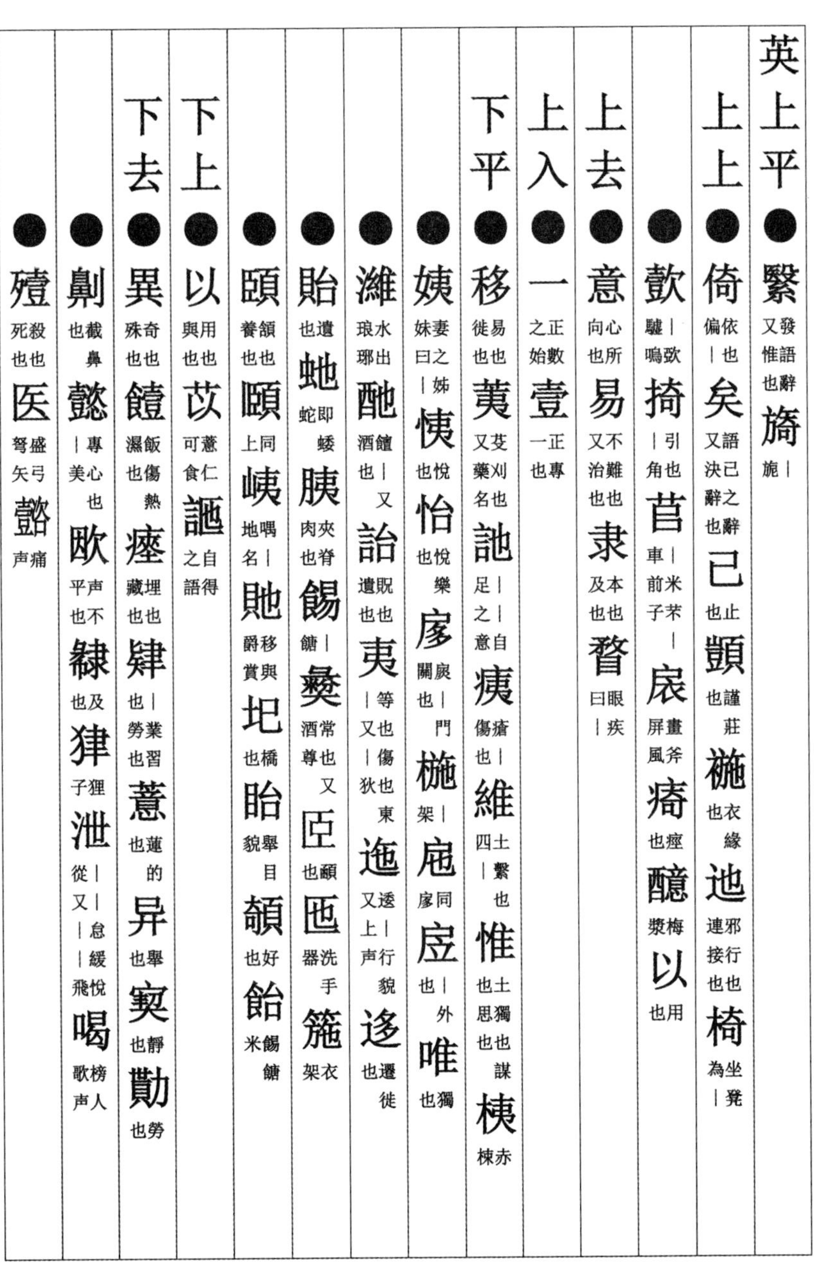

英上平 ● 緊發語辭又惟也 旖|旎

上上 ● 倚依也偏| 矣語已之辭又決辭也 已止也 顗謹莊也 褫衣緣也 迆邪行也連接也 椅坐凳為|

● 歖|歌歔嗚 掎引也|角 苢|米茉|車前子 扆畫斧屏風 猗瘧也 醷梅漿 以用也

上去 ● 意心所向也 易不難也又治也 隶本也及也 瞖眼疾曰|

上入 ● 一正數之始 壹正專一也

下平 ● 移易也徙也 荑芟刈也又藥名 訑||自足之意 痍瘡|傷也 維土繫也四| 惟土獨也謀也思也 桋赤棟

● 姨妻之姊妹曰| 恞悅也 怡悅樂也 扅扊|門關也 椸|架 庀同扅 𡰱|外也 唯獨也

● 濰水出琅琊 酏餹|又酒也 詒貺也遺也 夷等也傷也東|又|狄 迤逶|行貌又上声 迻遷徙也

● 貽遺也 虵即蜲蛇 胰夾脊肉也 餳|餹 彝常也又酒尊 臣頤也 匜洗手器 箷衣架

● 頤頷也養也 頤同上 峓嵎|地名 貤移與爵賞 圯橋也 眙舉目貌 頮好也 飴餳餹米

下上 ● 以用也與也 苡薏仁可食 訑自得之語

下去 ● 異奇也殊也 饐飯傷熱濕也 瘞埋也藏也 肄|業習也勞也 薏蓮的也 异舉也 瘱靜也 勩勞也

● 劓截鼻也 懿專心也|美 欭声不平也 隸及也 貄狸子 泄||怠緩悅從又||飛 喝榜人歌声

● 殪殺也死也 医盛弓弩矢 豷痛声

下入 ● 逸正放| 飴土解蜂|

文上平 ● 迷正|亂

上上 ● 米穀實 靡無也|色|奢侈也 彌久也|月 弭止也 美土好也嘉也 羙同上俗字 敉撫也安也 芈楚姓

● 瀰水流貌 浼||水流平貌 亹||不倦也 娓順也勉也 瀰水貌 渳水貌浴也

上去 ● 媚親順也陷也

上入 ● 密正細|

下平 ● 微土細也衰也 微同上俗字 薇菜名又花名 糜粥也爛也 麋鹿屬 郿土地名 醾醾|酒名

● 蘪蘪草即蛇床 縻縶也 楣土門上横樑 眉土目上毛 溦小雨 薇薔|花名 湄水草之交

下上 ● 媚土愛也

下去 ● 未六月之辰又|已也 味五|酸鹹甘苦辛也 菋五|藥名 寐寢也息也

下入 ● 篾解竹|

語上平 ● 倪正小兒也

上上 ● 擬像也議也 儗僭也比也 蟻蚍蜉之小者 螘同上 薿茂也 礒山峻貌

上去 ● 詣正至也 怵帆|度也

語

上入●逆正不順也

下平●疑土不定也惑也　宜適理也當也　宜同上　𠤕未定也　嶷九丨山名　儀法也

下上○

下去●義事之宜也　誼同誼俗字　誼同情義丨　議讌也丨論　虩虎息也　毅果敢也強忍也　藙茱萸

下入●曦口丨

出

上平●癡不慧也又病也　蚩丨丨愚貌　嗤笑也　媸醜也　[illegible]羽盛貌

上上●侈奢也丨肆　齒牙丨　茝香草　欼歠也　[illegible]馬丨菜　扡伐木丨矣　扯同上

上去●饎酒食也又熟食

上入●叱正丨咤發怒也

下平●持執也丨守　荎即五味子

下上●市買賣所也

下去●熾昌丨火盛也　啻至切也　[illegible]人名　莿草木針也　[illegible]忿戾也　痓惡也　刺土譏也　飼丨牛馬

●翅翼也又言不止如是也　翨周禮丨氏掌攻猛鳥　幟旗丨　饎丨人掌祭共盛

下入●蠘蟳丨

喜

上平 ● 希（少也） 熈（光明也和也） 熙（古熙字） 僖（樂也|公） 晞（乾也） 醯（酸也） 嬉（|戲遊也） 禧（福也吉也）

● 稀（疏也少也） 郗（骨節） 羲（伏|氏） 糦（黍稷也） 羛（地名） 瀸（水名） 熹（人名炙也） 曦（目動也）

● 嘻（噫|歎声）

● 俙（依|仿佛） 犧（包|氏教民養六牲） 唏（笑声） 欷（歔|） 悕（悲也） 屎（糞也呻吟也） 曦（日光） 虘（古陶器）

上上 ● 喜（欣|悅也） ⿱雲氣（雲貌）

上去 ● 戲（謔也歌|） 戯（同上|弄）

上入 ● 肸（振動）

下平 ○

下上 ● 耳（解|仔） ⿰豕喜（人名）

下去 ● 屭（大力也） 餼（饋客生食及芻米） 愾（太息也） 塈（取也息也） 墍（泥飾屋也） ⿰言氣（語氣） 摡（取也拭也）

● 犔（牛病） ⿱既心（息也） 咥（笑也）

下入 ● 炨（人名）

基部終

增補彙音妙悟

37貓部 土解有音無字

柳 上平●貓 解鼠食

上上●鳥 鳥之總名 了 明白知道

上去○

上入○

下平○

下上○

下去○

下入○

邊 上平○

上上○

上去○

上入○

下平○

下上○

下去○

下入○

求 上平○

上上○

上去○

上入○

下平○

下上○

下去○

下入○

氣 上平○

上上○

上去〇	上入〇	下平〇	下上〇	下去〇	下入〇	地上平〇	上上〇	上去〇	上入〇	下平〇	下上〇	下去〇	下入〇

普上平〇	上上〇	上去〇	上入〇	下平〇	下上〇	下去〇	下入〇	他上平〇	上上〇	上去〇	上入〇	下平〇	下上〇

字母	聲調	字
	下去	○
	下入	○
爭	上平	○
	上上	○
	上去	○
	上入	○
	下平	○
	下上	○
	下去	○
	下入	○
入	上平	○
	上上	○
	上去	○
	上入	○

字母	聲調	字
	下平	○
	下上	○
	下去	○
	下入	○
時	上平	○
	上上	○
	上去	○
	上入	○
	下平	○
	下上	○
	下去	○
	下入	○
英	上平	○
	上上	○

上去〇
上入〇
下平〇
下上〇
下去〇
下入〇
文上平〇
上上〇
上去〇
上入〇
下平〇
下上〇
下去〇
下入〇

語上平〇
上上〇
上去〇
上入〇
下平〇
下上〇
下去〇
下入〇
出上平〇
上上〇
上去〇
上入〇
下平〇
下上〇

下去〇

下入〇

喜 上平〇

上上〇

上去〇

上入〇

下平〇

下上〇

下去〇

下入〇

貓部終

增補彙音妙悟

38刀部 解此一音俱從土解

柳 上平● 囉 |嗦 哪嗦 語助也

上上● 腦 頭| 瑙 瑪| 筶 土解箣| 惱 患| 嫋 恨痛也

上去● 艕 身長

上入● 蕔 古草名

下平● 羅 |布又姓 鑼 銅| 籮 米| 欏 |木 騾 |駝

下上● 懦 柔弱

下去● 嗦 助語辭

下入● 落 花|雨| 駱 姓也 漉 |米

邊 上平● 波 水| 褒 |貶 玻 |璃

上上● 寶 |貝 保 |守 堡 |社

上去● 報 |答

上入〇

下平●婆老|公|

下上○

下去●潳喜言人惡為|

下入●薄厚|箔金|

求上平●哥兄|羔羊|糕米|膏|藥脂|篙船|歌謳|高解姓也

上上●稿禾|藁草|

上去●告|狀个几|

上入●閣樓|

下平●笴魚|

下上●擙|去

下去●過|去個偏也箇數也枚也

下入○

氣上平●科|場|甲

上上●考稽|可許也薧乾也洘水乾也

上去●㟝 船擱淺

上入●㔕 勞極貌

下平●胢 臭也

下上●砓 擊也

下去●犒 勞也 庫 倉｜

下入●汥 水聚積

地

上平●刀 兵器鎗｜ 哆 哆囉咘

上上●倒 仆也 垜 城子｜

上去○

上入●卓 姓也 棹 椅｜

下平●躲 ｜閃 逃 避也 萄 葡｜ 朵 花成｜ 淘 ｜井 馱 騾｜

下上●道 ｜理

下去●到 ｜來

下入●着 ｜火

普上平●波土風丨
上上○
上去●吓吸也
上入●粕糟丨朴丨實樸米丨樸丨素
下平●吓噴丨地名
下上●抱懷丨丨子
下去○
下入○
他上平●叨承受
上上●討丨罪丨物
上去●妥丨當
上入●托丨起
下平●桃丨李
下上○

他下去●套長也外丨
下入○
爭上平●遭遇見碰到
上上●棗果名紅丨
上去○
上入●作丨稽
下平●槽馬丨曹姓也皂丨隸啅囉丨嘈嘲丨
下上●造創丨
下去●做丨事
下入●弋用帶繩之箭射鳥
入上平○
上上○
上去○
上入○

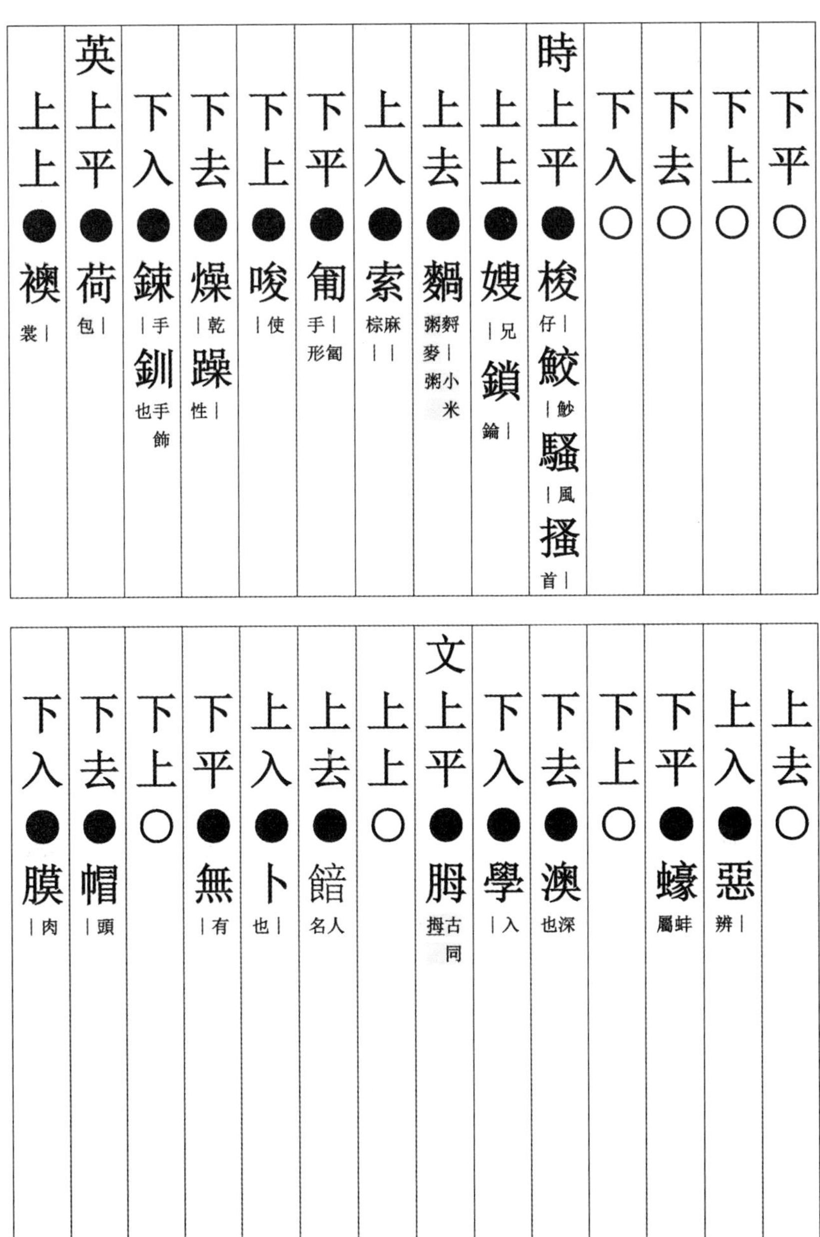

	下平	○	
	下上	○	
	下去	○	
	下入	○	
時	上平	●	梭｜仔 鮻魦｜ 騷風｜ 搔｜首
	上上	●	嫂兄｜ 鎖｜鑰
	上去	●	⿰麥咼麫｜小米粥麥粥
	上入	●	索麻｜棕｜
	下平	●	甬｜[illegible]手形
	下上	●	唆使｜
	下去	●	燥乾｜ 躁｜性
	下入	●	鍊手｜ 釧手飾也
英	上平	●	荷｜包
	上上	●	襖｜裳

	上去	○	
	上入	●	惡｜辨
	下平	●	蠔蚌屬
	下上	○	
	下去	●	澳深也
	下入	●	學入｜
文	上平	●	胟古同拇
	上上	○	
	上去	●	餢人名
	上入	●	卜｜也
	下平	●	無有｜
	下上	○	
	下去	●	帽頭｜
	下入	●	膜肉｜

語 上平○
上上○
上去○
上入○
下平●廒 丨倉
下上○
下去●餓 丨飢
下入●愕 訝驚
出 上平●莗 葥丨
上上●草 丨甘
上去●⿱艹⿵門高 草藥
上入○
下平○
下上○

下去●⿰斗刂 丨刀
下入○
喜 上平○
上上●好 歹丨
上去○
上入○
下平●河 海丨 和 好丨 毫 丨分 何 丨奈
下上○
下去●賀 丨恭
下入●鶴 丨白

刀部終

增補彙音妙悟

39科部 解此音俱從俗解

柳 上平〇

上上●傴 傀｜

上去〇

上入●捻 土解手｜也

下平●螺 蚌屬｜片

下上〇

下去〇

下入〇

邊 上平●飛 鳥｜也

上上〇

上去●褙 ｜套

上入〇

下平●賠 ｜補

下上●倍 加｜也

下去●焙 火｜ 垻 壅水

下入〇

求 上平〇

上上●果 ｜子 粿 ｜食

上去〇

上入●郭 姓也

下平〇

下上〇

下去●髻 束髮為｜ 過 往也

下入〇

氣 上平●科 ｜埸 斜 ｜藤

上上〇

上去○
上入●缺丨欠 闕額丨
下平●葵丨土 扇解
下上○
下去●課文試 丨也
下入○
地 上平○
上上●短丨長
上去●袋丨布
上入●啄丨鳥
下平○
下上○
下去●戴也姓 埭丨海
下入●奪也搶 丨

普 上平●⿰开皮張開
上上○
上去○
上入○
下平●皮肉丨 丨膚
下上●被丨覆 席也
下去○
下入○
他 上平●推托丨
上上○
上去○
上入○
下平○
下上○

下去●退 進丨
下入○
爭 上平○
上上○
上去○
上入○
下平○
下上○
下去○
下入●絕 無之盡
入 上平○
上上○
上去○
上入○

下平○
下上○
下去○
下入○
時 上平○
上上○
上去○
上入●雪 霜丨 說 丨話
下平○
下上○
下去●稅 租丨 賽 相丨
下入○
英 上平●瞿 丨毹 [illegible] 長頭毹也
上上○

上去○

上入○

下平○

下上●禍 ｜作 端｜

下去○

下入○

文 上平○

上上●尾 ｜頭 鰢 鮫土 ｜

上去●未 也｜ 已

上入●卜 也｜

下平●糜 ｜粥 飯也

下上○

下去●妹 小兄 ｜｜

下入●韈 ｜鞋 袜 上同

語 上平○

上上○

上去○

上入○

下平○

下上○

下去○

下入●月 ｜日

出 上平●吹 風｜ ｜篇 炊 飯｜

上上●髓 ｜骨

上去○

上入●撮 仔一 ｜ 嘬 糜｜

下平●柒 火土 ｜字 箠 火竹 ｜｜

下上○

下去●尋 相｜ ｜物
下入○
喜上平●灰 壳石 ｜｜
上上●火 ｜水 夥 記｜
上去○
上入○
下平●回 ｜往 茴 香｜
下上○
下去●貨 物｜ 歲 ｜年
下入○

科部終

增補彙音妙悟
40梅部 無解字有音
柳上平○
上上○
上去○
上入○
下平○
下上○
下去○
下入○
邊上平○
上上○
上去○
上入○

				求								氣	
下平	下上	下去	下入	上平	上上	上去	上入	下平	下上	下去	下入	上平	上上
○	○	○	○	○	○	○	○	○	○	○	○	○	○

						地							
上去	上入	下平	下上	下去	下入	上平	上上	上去	上入	下平	下上	下去	下入
○	○	○	○	○	○	○	○	○	○	○	○	○	○

普	上平	○
	上上	○
	上去	○
	上入	○
	下平	○
	下上	○
	下去	○
	下入	○
他	上平	○
	上上	○
	上去	○
	上入	○
	下平	○
	下上	○

	下去	○
	下入	○
爭	上平	○
	上上	○
	上去	○
	上入	○
	下平	○
	下上	○
	下去	○
	下入	○
入	上平	○
	上上	○
	上去	○
	上入	○

	下平○
	下上○
	下去○
	下入○
時	上平○
	上上○
	上去○
	上入○
	下平○
	下上○
	下去○
	下入○
英	上平○
	上上●姆 土音

英	上去○
	上入○
	下平●梅 花｜
	下上○
	下去●不 ｜土 也話
	下入○
文	上平○
	上上○
	上去○
	上入○
	下平○
	下上○
	下去○
	下入○

語上平〇
上上〇
上去〇
上入〇
下平〇
下上〇
下去〇
下入〇
出上平〇
上上〇
上去〇
上入〇
下平〇
下上〇

下去〇
下入〇
喜上平〇
上上〇
上去〇
上入〇
下平〇
下上〇
下去〇
下入〇

梅部終

增補彙音妙悟

41京部解此一字音俱從俗解

柳上平○

上上●嶺｜山領｜衣

上去○

上入○

下平●娘俗叫母引｜

下上○

下去○

下入●掠土音｜人力俗解

邊上平●兵土話放｜

上上●餅｜糕

上去○

上入●壁｜墻

下平○

下上○

下去○

下入○

求上平●京城｜驚恐｜

上上●子兒｜

上去○

上入●挌擊也

下平●行路｜

下上●件｜物

下去●鏡鑑也宝｜

下入●屐｜木

氣上平○

上上○

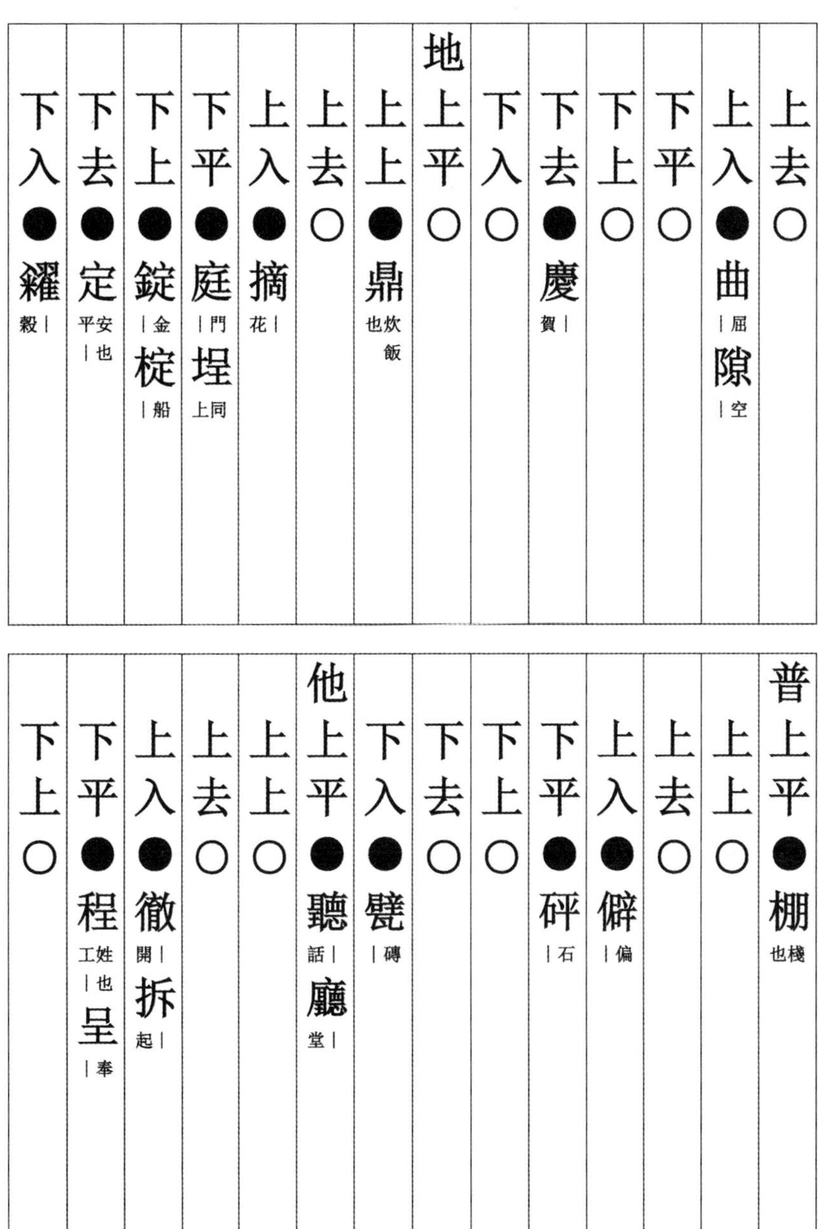

上去○
上入●曲屈|隙空|
下平○
下上○
下去●慶|賀
下入○
地上平○
上上●鼎炊飯也
上去○
上入●摘|花
下平●庭門|埕同上
下上●錠金|椗船|
下去●定安也平|
下入●糴|穀

普上平●棚棧也
上上○
上去○
上入●僻偏|
下平●砰石|
下上○
下去○
下入●甓磚|
他上平●聽|話廳|堂
上上○
上去○
上入●徹|開拆|起
下平●程姓也工|呈奉|
下上○

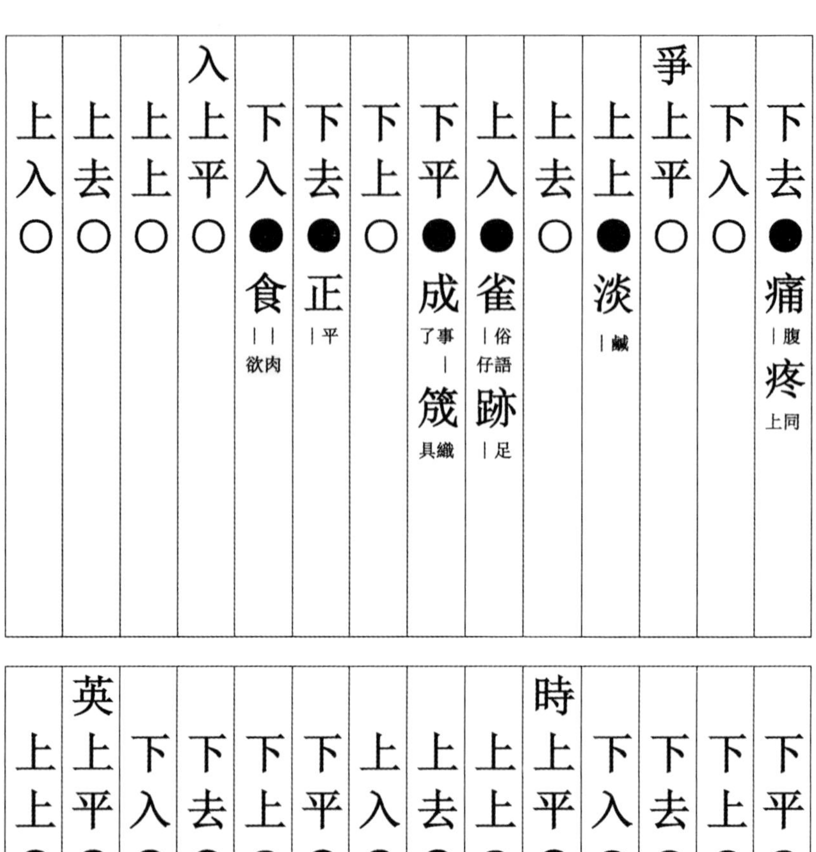

字母	聲調		例字
	下去	●	痛丨腹 疼上同
	下入	○	
爭	上平	○	
	上上	●	淡丨鹹
	上去	○	
	上入	●	雀丨俗仔語 跡丨足
	下平	●	成了事丨 筬具織
	下上	○	
	下去	●	正丨平
	下入	●	食丨丨欲肉
入	上平	○	
	上上	○	
	上去	○	
	上入	○	

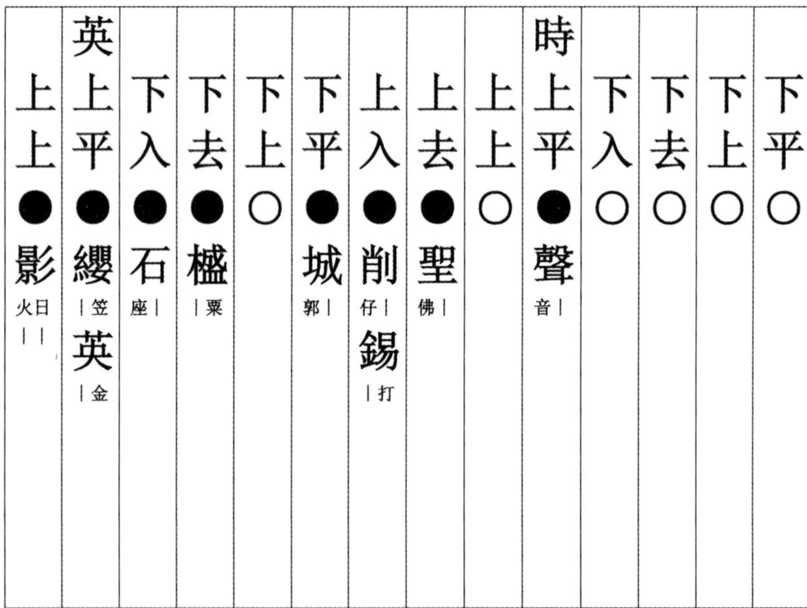

字母	聲調		例字
	下平	○	
	下上	○	
	下去	○	
	下入	○	
時	上平	●	聲音丨
	上上	○	
	上去	●	聖佛丨
	上入	●	削仔丨 錫丨打
	下平	●	城郭丨
	下上	○	
	下去	●	檻丨粟
	下入	●	石座丨
英	上平	●	纓丨笠 英丨金
	上上	●	影火日丨丨

上去○
上入●益土話進|
下平●嬴輸|營|寨
下上●颶土解|米
下去○
下入●易|經蝶粉|驛|站
文上平○
上上○
上去○
上入○
下平●名|声
下上○
下去●命性|
下入○

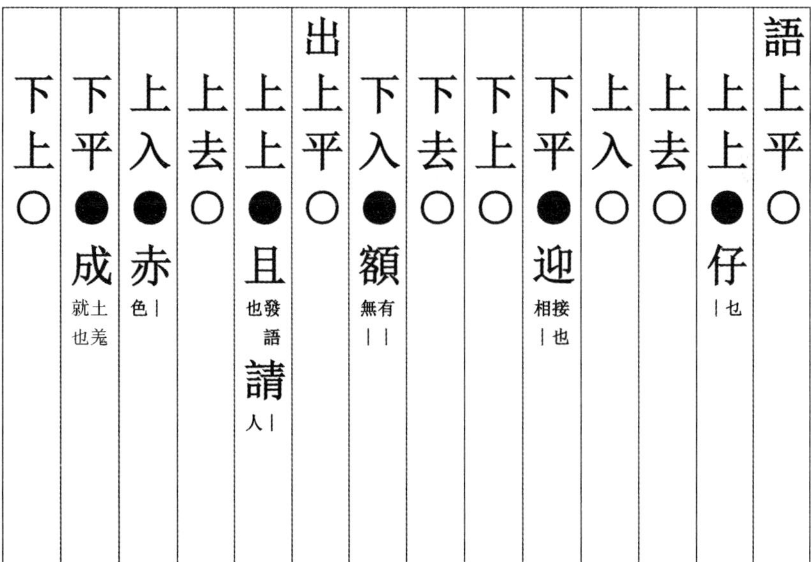

語上平○
上上●仔也|
上去○
上入○
下平●迎接也相|
下上○
下去○
下入●額有|無|
出上平○
上上●且發語也請|人
上去○
上入●赤|色
下平●成土羌就也
下上○

下去●倩 做丨工人

下入○

喜上平●兄 弟丨

上上○

上去○

上入○

下平●顏 丨土厝話

下上○

下去●艾 火草丨也

下入●額 也額

京部終

增補彙音妙悟

42雞部 俱解從此俗字解母

柳上平○

上上●奶 母丨

上去○

上入○

下平●犁 耙丨

下上●鱺 魚丨

下去●鑢 丨鋸 銼 刀丨

下入●笠 箬熱丨丨

邊上平○

上上○

上去○

上入○

下平○

下上○

下去○

下入○

求上平●雞｜犬 圭水｜ 堦玲｜ 街｜市

上上●改易也 解｜說

上去○

上入●鋏草｜ 夾｜衣 莢豆｜

下平●鮭｜魚

下上○

下去●易無難也 癠｜癖

下入●挾以腋持物

氣上平●溪眾川所歸

上上○

上去○

上入○

下平○

下上○

下去●契田｜

下入○

地上平○

上上●底下也

上去○

上入○

下平●題｜目｜名 蹄腳｜

下上●苧｜布 紵纘｜

下去●地土｜

下入○

字母	聲調	有無	例字
普	上平	○	
	上上	○	
	上去	○	
	上入	○	
	下平	○	
	下上	○	
	下去	○	
	下入	○	
他	上平	●	刣 丨刀 鈙 金丨
	上上	●	吒 叱丨
	上去	○	
	上入	●	帖 丨物 屜 鞍丨
	下平	○	
	下上	○	

字母	聲調	有無	例字
	下去	●	替 丨人
	下入	○	
爭	上平	○	
	上上	○	
	上去	●	做 丨事
	上入	●	節 丨氣
	下平	●	齊 丨整也
	下上	○	
	下去	●	眾 多也不少也
	下入	●	截 丨物
入	上平	○	
	上上	○	
	上去	○	
	上入	○	

下平○
下上○
下去○
下入○
時
上平●踈不密也 疏親丨
上上●黍土音丨仔 洗去垢也
上去●小大丨
上入○
下平○
下上○
下去●細精丨
下入○
英
上平●摻丨去也
上上●矮丨小也

上去○
上入○
下平●鞋足所穿也
下上●能有才也
下去○
下入●狹不闊也 窄闊丨
文
上平○
上上○
上去○
上入○
下平○
下上○
下去○
下入○

語上平○
上上○
上去○
上入○
下平●倪 姓也
下上○
下去●藝 做｜
下入○
出上平●初 始也
上上○
上去○
上入●切 ｜苦
下平○
下上○

下去●糉 ｜米
下入○
喜上平○
上上○
上去○
上入○
下平○
下上●蠏 田｜
下去○
下入○

雞部終

增補彙音妙悟

43 毛部 解此音俱從俗解

字母	聲調	例字
柳	上平	○
	上上	● 軟｜弱
	上去	○
	上入	○
	下平	● 郎稱人也
	下上	● 卵羽禽所生 二一｜
	下去	● 弄波｜
	下入	○
邊	上平	● 楓木名
	上上	● 榜｜文 本｜錢
	上去	○
	上入	○

字母	聲調	例字
	下平	○
	下上	○
	下去	● 傍｜人 飯人所吃也
	下入	○
求	上平	● 光明也 扛兩人相｜ 甌大罌
	上上	● 廣｜東｜西 卷｜書 捲｜起｜簾
	上去	○
	上入	○
	下平	○
	下上	○
	下去	● 鑛鐵｜ 犈牛｜ 串｜錢 貫錢｜ 犈冲｜
	下入	○
氣	上平	● 康姓也 糠米｜糟｜
	上上	○

上去●勸相|
上入○
下平○
下上○
下去●藏|物
下入○
地上平●當輪|
上上●返|來也
上去○
上入○
下平●唐姓也 塘水| 堂廳| 長|短 腸心|
下上●斷不連也 丈十尺曰|
下去●撞|著 頓幾|
下入○

普上平●妨相|
上上○
上去○
上入○
下平○
下上○
下去●坋塵埃
下入○
他上平●湯菜|水|
上上○
上去○
上入○
下平●糖飴也甘也 餹同上
下上○

下去●脫|衣
下入○
爭上平●莊姓也 磚|甓 贓賊| 粧梳|
上上○
上去○
上入○
下平●全備也
下上○
下去●臟五|小| 鑽|仔 藏返|
下入○
入上平○
上上○
上去○
上入○

下平○
下上○
下去○
下入○
時上平●霜|雪 孫姓也 酸|苦 桑木名又姓
●喪|孝 痠腳|
上上●磉珠| 損|子
上去○
上入●○
下平●甑所以坎也
下上○
下去●蒜菜名蔥| 算|數
下入○
英上平●秧|針
上上●影人|

文
上平●茳 土字丨仔
上上●晚 早丨
上去○
上入○
下平●毛 髮也 門 戶也
下上○
下去●問 相丨
下入●物 凡可食可用可玩者為丨

上去●瞈 土字丨望
上入○
下平●黃 中央土又姓
下上○
下去○
下入○

語
上平○
上上○
上去○
上入○
下平○
下上○
下去○
下入○

出
上平●村 鄉丨丨僕 倉 粟丨 瘡 疥丨
●穿 丨空 川 山丨 艙 船丨
上上○
上去○
上入○
下平●床 榻也 牀 同上
下上○

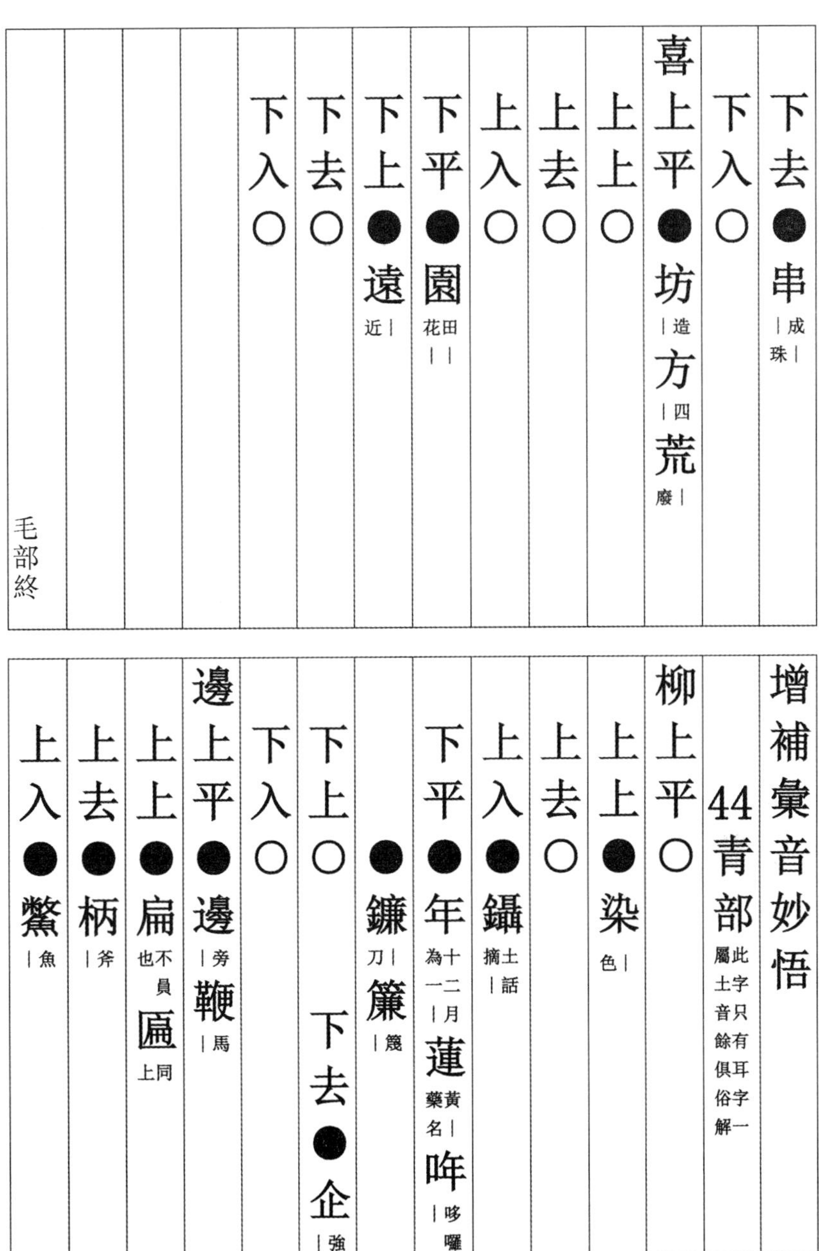

下去●串 成｜｜珠

下入○

喜上平●坊 造｜ 方 四｜ 荒 ｜廢

上上○

上去○

上入○

下平●園 田｜花｜

下上●遠 ｜近

下去○

下入○

毛部終

增補彙音妙悟

44青部 此字只有耳字一屬土音餘俱俗解

柳上平○

上上●染 ｜色

上去○

上入●鑷 土話摘｜

下平●年 十二月為一｜ 蓮 黃｜藥名 哖 哆囉｜

●鐮 ｜刀 簾 篋｜

下上○

下去●企 強｜

下入○

邊上平●邊 旁｜ 鞭 馬｜

上上●扁 不員也 匾 同上

上去●柄 斧｜

上入●鱉 魚｜

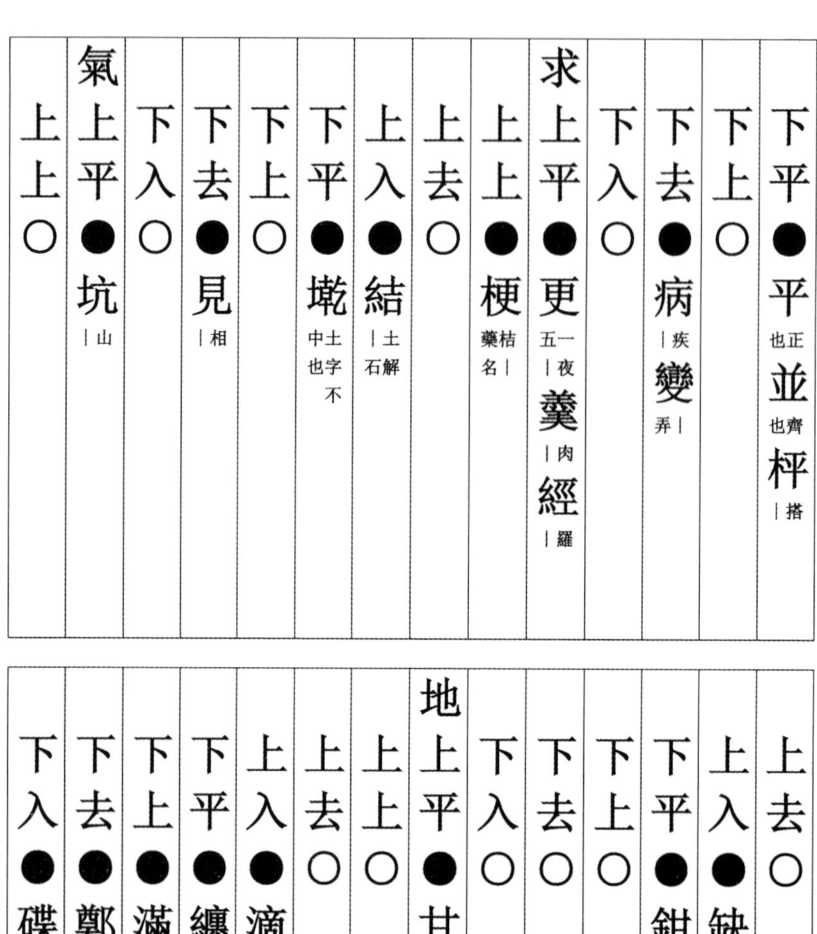

	下平	● 平 正也 並 齊也 枰 搭丨
	下上	○
	下去	● 病 疾丨 變 丨弄
	下入	○
求	上平	● 更 一夜五丨 羹 肉丨 經 羅丨
	上上	● 梗 桔丨藥名
	上去	○
	上入	● 結 土解丨石
	下平	● 墘 土字不中也
	下上	○
	下去	● 見 相丨
	下入	○
氣	上平	● 坑 山丨
	上上	○

	上去	○
	上入	● 缺 丨角
	下平	● 鉗 鐵丨
	下上	○
	下去	○
	下入	○
地	上平	● 甘 美也
	上上	○
	上去	○
	上入	● 滴 水丨也
	下平	● 纏 維繫也
	下上	● 滿 土解盈也
	下去	● 鄭 國名姓也
	下入	● 碟 乘食品之小盤

普上平●篇兆|
上上○
上去○
上入●劈刀|
下平●彭姓也澎|湖
下上○
下去●片土解成|
下入○
他上平●天|地添加也
上上○
上去○
上入●鐵銅|削|頭
下平○
下上○

下去○

下入○

爭 上平● 笙樂器 晶水丨 精妖丨

上上● 井汲水丨也

上去○

上入● 接迎丨也

下平● 錢丨銀 勺俗字十分為丨 簷厝丨

下上● 靜不鬧也又風丨

下去● 箭弓丨

下入● 舌齒丨

入 上平○

上上● 禰父廟曰丨祖丨也 耳可聽也又木丨 爾汝也與也 叕交理交互之形 你汝也 緝丨丨盛貌鬙 邇近也

● 尔詞也必然也 駬駿馬 栮木丨生枯木 薾花草盛也

上去○

上入○

下平○

下上○

下去○

下入●廿二十也

時上平●生丨死 鉎丨鐵

上上○

上去●姓字丨 ⿰木扇門丨車丨

上入●薛姓也

下平○

下上○

下去●扇用以颺風也

下入●蝕消丨

英上平●英稱子曰阿丨

英上上○

上去●院寺丨

上入○

下平●員無角也 圓同上團丨 櫞丨桷 丸藥丨香丨

下上○

下去●燕丨子

下入○

文上平○

上上○

上去○

上入●乜丨斜目因困倦而眯成一縫

下平●綿絲丨丨尾 瞑閉目

下上○

下去●麵麥丨丨干

下入○
語 上平○
上上○
上去○
上入○
下平○
下上●硬（凡物｜也）
下去○
下入○
出 上平●星（天上｜）青（｜色）菁（用以染布）
●腥（未熟也）
上上●醒（睡｜點｜）淺（｜布）
上去○ 上入○
下平○

下上○
下去○
下入●蠛（蠓｜）
喜 上平○
上上○
上去○
上入○
下平●弦（布｜）
下上○
下去●硯（筆｜）
下入○

青部終

增補彙音妙悟

45燒部 解此音俱從俗解

柳上平〇

上上〇

上去〇

上入〇

下平〇

下上〇

下去〇

下入〇

邊上平〇

上上●表 |文

上去〇

上入〇

下平〇

下上●鰾 魚|

下去〇

下入〇

求上平〇

上上〇

上去〇

上入●腳脚 仔|

下平●橋 水梁也 茄 菜名

下上〇

下去●叫 呼也 轎 佛|肩行之|

下入〇

氣上平〇

上上〇

上去〇
上入●却 著丨
下平〇
下上〇
下去●叩 答丨
下入〇
地上平〇
上上〇
上去●⿸疒兆 丨白
上入〇
下平〇
下上●趙 也姓
下去●釣 魚丨 銚 丨鐵
下入●着 丨了

普上平〇
上上〇
上去●漂 布丨
上入〇
下平●瓢 丨椰
下上〇
下去●票 出牌丨丨
下入〇
他上平〇
上上〇
上去〇
上入〇
下平●頭 姜土
下上〇

下去●糴 ｜五谷

下入○

爭 上平●招 ｜人 蕉 芭｜ 椒 楜｜

上上●少 不多也

上去●焇 同照

上入●借 ｜物

下平○

下上○

下去●照 日｜

下入●石 沙｜

入 上平○

上上○

上去○

上入○

下平○

下上○

下去●尿 小便也

下入○

時 上平●蕭 姓也 燒 火｜ 鐎 急｜

上上●小 ｜豆

上去○

上入●惜 愛也

下平○

下上○

下去●紹 姓也 邵 古地名

下入●俗 不貴也 芶 白｜

英 上平●邀 相｜ 麼 小也 腰 身｜

上上●摳 土字打也

	上去	○	
	上入	●	勺 合｜ 約 相｜
	下平	●	搖 ｜動｜鼓 窑 瓦｜
	下上	○	
	下去	○	
	下入	●	藥 病人所食 鑰 ｜門
文	上平	○	
	上上	○	
	上去	●	茂 盛也
	上入	○	
	下平	●	謀 計也
	下上	○	
	下去	●	廟 宮｜
	下入	○	

語	上平	○	
	上上	○	
	上去	○	
	上入	○	
	下平	●	蜊 蛤｜
	下上	○	
	下去	○	
	下入	○	
出	上平	○	
	上上	○	
	上去	○	
	上入	●	尺 寸｜
	下平	○	
	下上	○	

下去●笑喜也

下入●席被｜

喜上平〇

上上〇

上去〇

上入●宿倦也｜止也 歇止也

下平〇

下上〇

下去〇

下入●葉花｜

燒部終

增補彙音妙悟

46風部此音有解無一字声

柳上平〇

上上〇

上去〇

上入〇

下平〇

下上〇

下去〇

下入〇

邊上平〇

上上〇

上去〇

上入〇

下平○
下上○
下去○
下入○
求上平●光明丨
上上○
上去○
上入○
下平○
下上○
下去○
下入○
氣上平○
上上○

上去○
上入○
下平○
下上○
下去○
下入○
地上平○
上上○
上去○
上入○
下平○
下上○
下去○
下入○

普	上平	○
	上上	○
	上去	○
	上入	○
	下平	○
	下上	○
	下去	○
	下入	○
他	上平	○
	上上	○
	上去	○
	上入	○
	下平	○
	下上	○

	下去	○
	下入	○
爭	上平	○
	上上	○
	上去	○
	上入	○
	下平	○
	下上	○
	下去	○
	下入	○
入	上平	○
	上上	○
	上去	○
	上入	○

	英								時				
上上	上平	下入	下去	下上	下平	上入	上去	上上	上平	下入	下去	下上	下平
〇	〇	〇	〇	〇	〇	〇	〇	〇	〇	〇	〇	〇	〇

							文						
下入	下去	下上	下平	上入	上去	上上	上平	下入	下去	下上	下平	上入	上去
〇	〇	〇	〇	〇	〇	〇	〇	〇	〇	〇	〇	〇	〇

語上平○
上上○
上去○
上入○
下平○
下上○
下去○
下入○
出上平○
上上○
上去○
上入○
下平○
下上○

下去●閫土音
下入○
喜上平●風解陰陽之氣
上上○
上去○
上入○
下平○
下上○
下去●放丨動
下入●伏趴也袱俱土音

風部終

增補彙音妙悟

47箱部 解此一字俱從俗解

柳 上平●柔 字土

上上●兩 十六為斤 刄 十未成丨

上去○

上入○

下平●糧 丨草錢丨 粮 同上俗字 樑 棟丨 娘 小女之稱又丨丨

下上○

下去●量 丈尺也又大度也

下入○

邊 上平○

上上○

上去○

上入○

下平○

下上○

下去○

下入○

求 上平●薑 菜名辛味

上上○

上去○

上入○

下平●強 丨骨丨企

下上○

下去○

下入○

氣 上平●姜 姓也 腔 丨口

上上○

上去○
上入○
下平○
下上○
下去○
下入○
地 上平●張姓也
上上●長鄉丨丨房
上去○
上入○
下平●場丨圃
下上●丈姑丨姨丨
下去●脹腫也 帳蚊丨
下入○

普 上平○
上上○
上去○
上入○
下平○
下上○
下去○
下入○
他 上平○
上上○
上去○
上入○
下平●長專丨特丨
下上○

聲母	聲調	標記	例字
	下去	○	
	下入	○	
爭	上平	●	章文丨　樟木名　蟑丨魚
	上上	●	蔣姓也　掌手丨　槳船丨
	上去	○	
	上入	●	喌呼雞也
	下平	○	
	下上	●	上丨下　癢痛丨
	下去	●	醬豆丨　漿酒丨
	下入	○	
入	上平	○	
	上上	○	
	上去	○	
	上入	○	

聲母	聲調	標記	例字
	下平	○	
	下上	○	
	下去	○	
	下入	○	
時	上平	●	箱竹丨　廂丨籠　傷刀丨
	上上	●	賞玩丨
	上去	○	
	上入	●	⿰口束吸也
	下平	●	常平丨
	下上	●	鯗丨魚　想心思丨
	下去	●	相丨公丞丨
	下入	○	
英	上平	●	鴦鴛丨
	上上	●	養安丨

上去〇

上入〇

下平● 楊 姓也 羊 牛| 洋 田| 海| 鎔 |金

下上〇

下去● 樣 模|

下入〇

文 上平〇

上上〇

上去〇

上入〇

下平〇

下上〇

下去〇

下入〇

語 上平〇

上上● 瓩 瓦|

上去〇

上入〇

下平〇

下上〇

下去〇

下入〇

出 上平● 創 |刀 鯧 |魚 鎗 鐵|

上上● 搶 爭取也

上去〇

上入〇

下平● 牆 |壁

下上● 象 獅| 像 親|

下去●唱丨曲匠土木丨
下入〇
喜上平●香丨燭鄉丨里
上上●響應声也朽腐也缶陶器
上去〇
上入〇
下平〇
下上〇
下去●向相對也
下入〇

箱部終

增補彙音妙悟

48 三部解此一字母只有文語二韻從土音餘皆俗解

柳上平●那丨儺人声
上上●欖橄丨挪丨來娜婀丨美貌
上去〇
上入●凹不凸也
下平●藍木丨染草林樹丨籃大丨
下上〇
下去●那丨事何也
下入●蠟蜂飴也
邊上平〇
上上〇
上去〇
上入●百滿數也

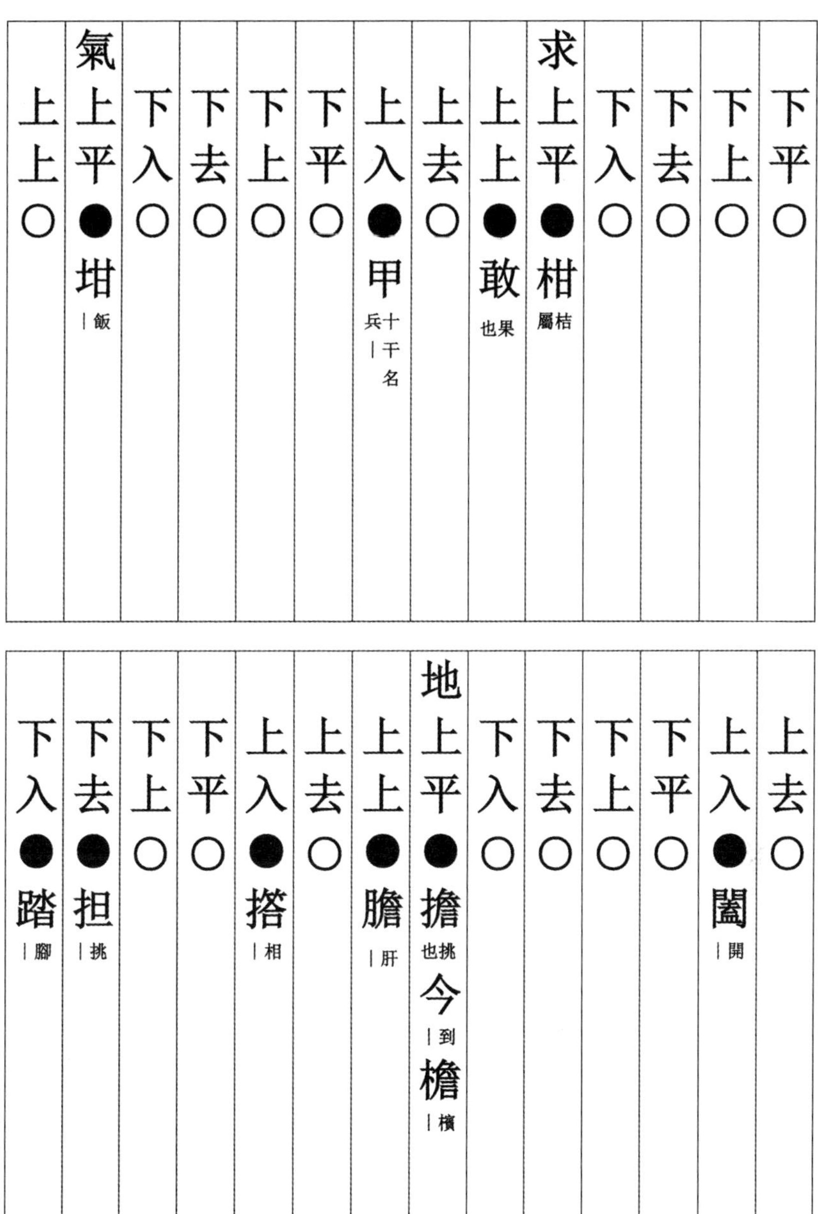

聲母	聲調	圈	字	注
	下平	○		
	下上	○		
	下去	○		
	下入	○		
求	上平	●	柑	桔屬
	上上	●	敢	果也
	上去	○		
	上入	●	甲	十干名兵|
	下平	○		
	下上	○		
	下去	○		
	下入	○		
氣	上平	●	坩	飯|
	上上	○		

聲母	聲調	圈	字	注
	上去	○		
	上入	●	闔	開|
	下平	○		
	下上	○		
	下去	○		
	下入	○		
地	上平	●	擔 今 檐	挑也；到|；櫝|
	上上	●	膽	肝|
	上去	○		
	上入	●	搭	相|
	下平	○		
	下上	○		
	下去	●	担	挑|
	下入	●	踏	腳|

普							他						
上平〇	上上〇	上去〇	上入●	下平〇	下上〇	下去●	下入〇	上平〇	上上〇	上去〇	上入●	下平〇	下上〇
			打 擊也			冇 有丨					塔 石丨		

		爭								入			
下去〇	下入●	上平〇	上上〇	上去〇	上入〇	下平〇	下上〇	下去●	下入●	上平〇	上上〇	上去〇	上入〇
	疊 成丨							乍 忽也	截 丨人				

下平○
下上○
下去○
下入○
時上平●三數名參同上衫身所衣也
上上○
上去○
上入○
下平○
下上○
下去○
下入○
英上平○
上上○

上去○
上入○
下平○
下上○
下去○
下入●匣鏡｜盒盛物
文上平○
上上●馬牛｜又姓媽祖母曰｜碼｜瑙
上去○
上入○
下平●麻皮績為布
下上○
下去●罵詈也禡出征祭名
下入○

語上平●○
上上●雅正也閑也　庌庌|不合　疋正也
上去○
上入○
下平○
下上○
下去○
下入○
出上平○
上上●謯詠也
上去○
上入●插栽|
下平○
下上○

下去○
下入○
喜上平○
上上○
上去○
上入●噏吸也
下平○
下上○
下去○
下入●箬竹|

三部终

增補彙音妙悟

49 熋部 此字母只有柳字平上二声及文字上去二声從土音餘俱俗解

柳 上平 ● 熋 熱也

上上 ● 乃 難辭也又轉字 迺 同乃

上去 ○

上入 ○

下平 ● 蓮 |花

下上 ○

下去 ○

下入 ○

邊 上平 ○

上上 ● 反 |正 捭 兩手擊也

上去 ○

上入 ○

下平 ● 畔 對|

下上 ○

下去 ○

下入 ○

求 上平 ● 間 屋| 肩 |頭

上上 ● 繭 结| 揀 |擇

上去 ○

上入 ○

下平 ○

下上 ○

下去 ● 間 |斷

下入 ○

氣 上平 ○

上上 ○

	上去	○
	上入	○
	下平	○
	下上	○
	下去	●蓋 子丨
	下入	○
地	上平	○
	上上	○
	上去	●店 鋪丨
	上入	○
	下平	●還 他丨
	下上	●閬 丨門
	下去	●有 有丨 黛 丨青
	下入	○

普	上平	○
	上上	○
	上去	○
	上入	○
	下平	○
	下上	○
	下去	○
	下入	○
他	上平	○
	上上	○
	上去	○
	上入	○
	下平	○
	下上	○

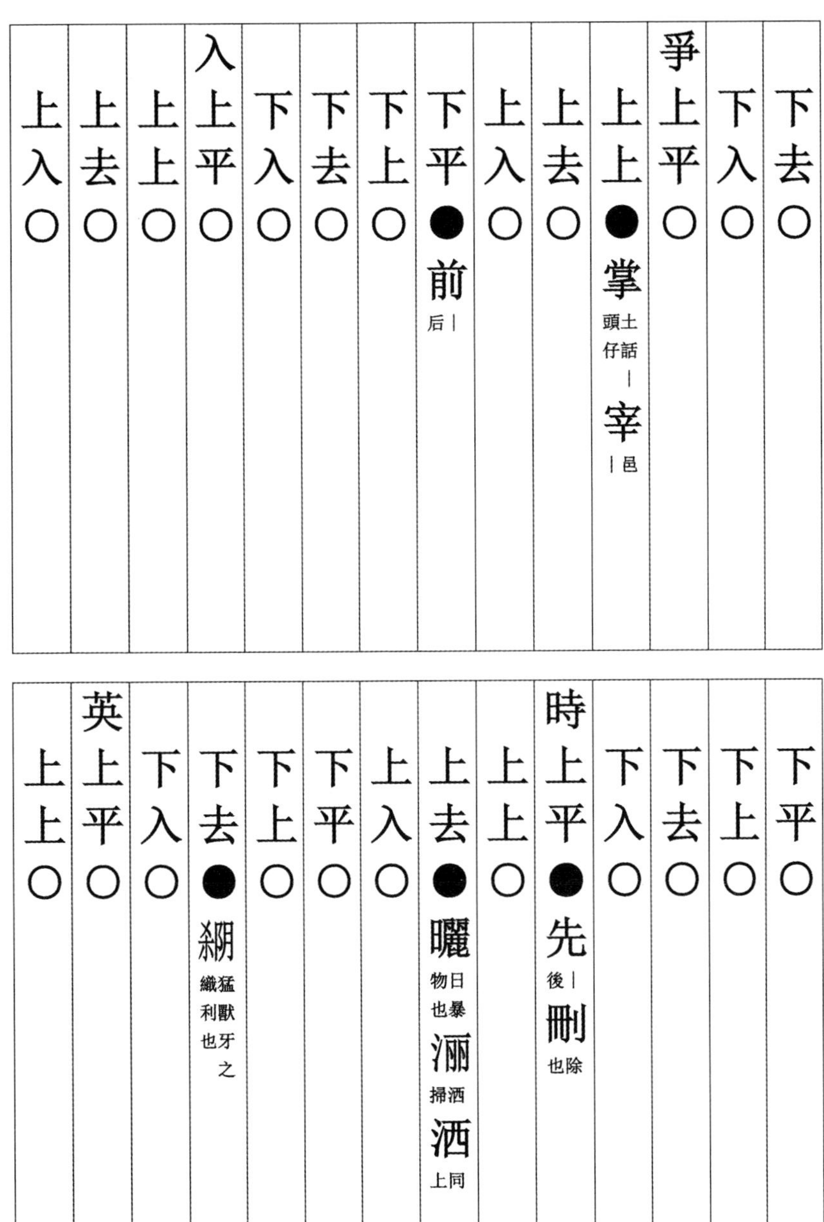

下去○
下入○
爭上平○
上上●掌 土話頭仔| 宰 邑|
上去○
上入○
下平●前 |后
下上○
下去○
下入○
入上平○
上上○
上去○
上入○

下平○
下上○
下去○
下入○
時上平●先 |後 刪 除也
上上○
上去●曬 日暴物也 灑 洒掃 洒 同上
上入○
下平○
下上○
下去●[illegible] 猛獸之牙纖利也
下入○
英上平○
上上○

上去○
上入○
下平●閒｜暇 閑｜｜無事
下上○
下去●鍻食敗也
下入○
文上平●粥俗話食｜
上上●買｜賣
上去●賣買｜ 邁遠行也
上入○
下平○
下上○
下去●勱勉力也
下入○

語上平○
上上●研｜破 眼土姜龍｜
上去○
上入○
下平○
下上○
下去○
下入○
出上平●千十百為｜ 仟同上
上上○
上去○
上入○
下平●蚕羌｜藥名又沙｜
下上○

下去●跐 行貌
下入○
喜上平○
上上○
上去○
上入●喝 土話|啞
下平○
下上○
下去●莧 |菜
下入○

僥部終

增補彙音妙悟

50嘐部 土姜有音無字

柳上平○
上上○
上去○
上入○
下平○
下上○
下去○
下入○
邊上平○
上上○
上去○
上入○

				求								氣	
下平	下上	下去	下入	上平	上上	上去	上入	下平	下上	下去	下入	上平	上上
○	○	○	○	○	○	○	○	○	○	○	○	○	○

						地							
上去	上入	下平	下上	下去	下入	上平	上上	上去	上入	下平	下上	下去	下入
○	○	○	○	○	○	○	○	○	○	○	○	○	○

普								他					
上平	上上	上去	上入	下平	下上	下去	下入	上平	上上	上去	上入	下平	下上
○	○	○	○	○	○	○	○	○	○	○	○	○	○

		爭								入			
下去	下入	上平	上上	上去	上入	下平	下上	下去	下入	上平	上上	上去	上入
○	○	○	○	○	○	○	○	○	○	○	○	○	○

	英								時				
上上	上平	下入	下去	下上	下平	上入	上去	上上	上平	下入	下去	下上	下平
○	○	○	○	○	○	○	○	○	○	○	○	○	○

							文						
下入	下去	下上	下平	上入	上去	上上	上平	下入	下去	下上	下平	上入	上去
○	○	○	○	○	○	○	○	○	○	○	○	○	○

字母	聲調	字
語	上平	○
	上上	○
	上去	○
	上入	○
	下平	○
	下上	○
	下去	○
	下入	○
出	上平	○
	上上	○
	上去	○
	上入	○
	下平	○
	下上	○

字母	聲調	字
	下去	○
	下入	○
喜	上平	○
	上上	○
	上去	○
	上入	○
	下平	○
	下上	○
	下去	○
	下入	○

《拍掌知音》與泉州方言音系

馬重奇

《拍掌知音》，全稱為《拍掌知音切音調平仄圖》，作者為清代連陽廖綸璣。此書大約成書於康熙年間。久佚，1979 年《方言》刊載了廈門大學黃典誠先生所藏葉國慶先生贈本《拍掌知音》木刻本一冊，原書 8.8 × 13.5cm，板框 7.8 ×11.5cm。凡例上中下三頁，正文十八頁，每頁兩圖，共三十六圖。扉頁中刻“拍掌知音”，右上刻“連陽廖綸璣撰”，下款“梅軒書屋藏”。正文中縫上刻“拍掌知音切音調平仄圖”，下刻“芹園藏版”。韻圖是單音字表，韻書則是同音字表而略加解釋。

關於《拍掌知音》的成書年代，黃典誠認為，“似乎《拍掌知音》是比《彙音妙悟》較為原始粗糙的地方韻書。”① 後來古屋昭弘（1994）通過考察《拍掌知音》作者廖綸璣的生活年代，認為《拍掌知音》成書不會晚於 1700 年。② 他還考證了廖綸璣生平事蹟，認為廖綸璣籍貫連陽人即廣東連縣人。《中國古今地名大辭典》云：“連縣，漢置桂陽縣，南朝梁置陽山郡，隋罷郡為連州，又改州為熙平郡，複曰連州，屬嶺南道。宋曰連州連山郡。元升漣州路，尋仍為連州。清時為直隸州，屬廣東省。民國改稱為縣，原屬廣東嶺南道。”③ 廖綸璣曾於清康熙九年（1670）庚戌孟冬朔日寫了《滿文十二字頭引》，見於《正字通》正文前，落款為“正黃旗教習廖綸璣撰”④。康熙年間刊《連州志・選舉志》云：“國朝例監，

---

① 黃典诚：《〈拍掌知音〉说明》，《方言》1979 年第 2 期。

② ［日］古屋昭弘：《關於拍掌知音的成書時間問題》，《中國語文》1994 年第 6 期。

③ 臧励龢等：《中国古今地名大辞典》，商务印书馆 1982 年版。

④ （明）张自烈、（清）廖文英：《正字通》，中国工人出版社 1996 年版。

廖綸璣，鑲黄旗教習。”可見，廖綸璣曾官至正黄旗教習。

《拍掌知音》若不會晚於1700年的話，那就比《戚參軍八音字義便覽》（16世紀60年代）晚了幾十年，而比《彙音妙悟》（1800）則早了百餘年。廖綸璣《拍掌知音》“十五音”似乎是參考了《戚參軍八音字義便覽》的“十五音”。

戚參軍八音字義便覽	柳	邊	求	氣	低	波	他	曾	日	時	鶯	蒙	語	出	非
拍掌知音	柳	邊	求	去	地	頗	他	爭	入	時	英	文	語	出	喜

以上“十五音”中只有：“氣/去”“低/地”“波/頗”“曾/爭”“日/入”“鶯/英”“蒙/文”“非/喜”等八對聲母字有差異，其餘“柳”“邊”“求”“他”“時”“語”“出”等七個聲母字是相同的。

《拍掌知音切音調平仄圖》凡例八則：

一第一連平第二卵平等字聲，謂之音。祖因有音無字，故撰此三十六字代之，至於某字當讀某音，從各圖推之便知。

一圖中有音無字者皆用〇圈之。初學當選横直全字者先呼之，呼熟三四韻，則圈中之音，自能信口發出。

一上去聲俱系下去聲滑口之音，如均是見字，讀曰聞見，本是下去聲若讀曰見聞，則滑口在上去聲矣。今上去聲一韻俱以匕字填之，所以别其與下去聲同字異音也。間有采字填下者，是欲湊全八字，俾初學人便於按字調聲耳。

一呼韻法。先將柳邊十五字熟誦之，然後各間一字呼下。如呼第三裡平上上聲之韻，則呼曰：柳裡、邊妣、求杞、去起、地底、頗鄙、他恥、爭只、入爾、時弛、英椅、文美、語蟻、出齒、喜喜，是也，餘仿此。

一調聲法。從首音横呼之，首音為上平聲，二音為上上，三音為上去，四音為上入，五音為下平，六音為下上，七音為下去，八音為下入。兩平為平聲，兩上兩去兩入為仄聲。如欲調輒字，則呼曰：顛典填哲，田佃殿輒，是輒在八音，則為下入聲，屬仄聲矣。又如欲調乾字，則呼曰：肩繭見結，乾在五音，則為下平聲，屬平聲矣。餘按圖推之。

一切音法。如虔肩切，先從上虔字韻呼曰：柳蓮、邊便、求乾，次從下肩字韻呼曰：柳連平、邊鞭、求肩、去鏗，則鏗就是鏗所切之音。總以上字定位，下字照位取音而已。蓋上字是定其唇喉齒舌牙，凡去位之字俱可切之；下字是取其同韻，凡同韻之字，亦俱可切之也。如此鏗字，易之以寬肩切、欹肩切、虔鞭切、虔天切，亦可更易之以遣顛切、起仙切，亦未嘗不可。

以上“凡例八則”告訴我們這樣一些資訊：（1）該韻圖共有36個韻部，查某字的讀音可到各幅韻圖中去查找；（2）圖中有音無字者，都用○圈表示；（3）本韻圖只有下去聲，上去聲與下去聲同，用匕字示之，上去聲間有采字填下者，是為了湊全八字；（4）呼韻法，即從某韻圖中的十五音縱查所要查尋的音節；（5）調聲法，即從某韻圖中橫查八個聲調，即上平、上上、上去、上入、下平、下上、下去、下入，從而找出所要的韻字；（6）切音法，即反切上字定其聲母，反切下字定其韻母和聲調。

一 《拍掌知音》聲母系統研究

《拍掌知音切音調平仄圖》“凡例八則”中的“十五音”：柳裡、邊妣、求杞、去起、地底、頗鄙、他恥、爭只、入爾、時弛、英椅、文美、語蟻、出齒、喜喜。

第一個字讀出本字音，第二個字的讀音取第一個字的聲母，與第二個字的母音 i 相拼，並各從原有四聲連而言之。這與閩南漳州 ma－sa 式反切語的定音方法有點相似。漳州 ma－sa 式反切語的定音方法是：把本字音作為反切語聲母字，再將本字韻母配以附加聲 s，作為反切語韻母字，並各從原有四聲，連而言之①。

① 馬重奇：《闽南漳州方言中的反切语》，《福建师范大学学报》（哲学社会科学版）1994年第1期。

現將《拍掌知音》“十五音”與現代泉州各個縣市的方言相比較，從而擬出其音值來。請看下表：

拍掌知音	柳		邊	求	去	地	頗	他	爭	入	時	英	文		語		出	喜
鯉城話	l	n	p	k	k‘	t	p‘	t‘	ts	—	s	ø	b	m	g	ŋ	ts‘	h
晉江話	l	n	p	k	k‘	t	p‘	t‘	ts	—	s	ø	b	m	g	ŋ	ts‘	h
南安話	l	n	p	k	k‘	t	p‘	t‘	ts	—	s	ø	b	m	g	ŋ	ts‘	h
安溪話	l	n	p	k	k‘	t	p‘	t‘	ts	—	s	ø	b	m	g	ŋ	ts‘	h
惠安話	l	n	p	k	k‘	t	p‘	t‘	ts	—	s	ø	b	m	g	ŋ	ts‘	h
永春話	l	n	p	k	k‘	t	p‘	t‘	ts	dz	s	ø	b	m	g	ŋ	ts‘	h
德化話	l	n	p	k	k‘	t	p‘	t‘	ts	—	s	ø	b	m	g	ŋ	ts‘	h

泉州各縣市方言加括弧的［m］、［n］、［ŋ］是［b］、［l］、［g］的音位變體。當［b］、［l］、［g］與鼻化韻相拼時，就分別變成了［m］、［n］、［ŋ］。如“溜”讀作［liu］，“微”讀作［bui］，“牛”讀作［giu］，“林”讀作［nã］，“罵”讀作［mã］，“雅”讀作［ŋã］。《拍掌知音》中的“入”母字均為《廣韻》中的日母字，在泉州各縣市方言中惟獨永春話讀作［dz］，而其餘方言則讀作［l］或［n］。實際上，《拍掌知音》既然有“日”母字，在西方傳教士杜嘉德《廈英大辭典》中的“泉州音系”中也有日母字，擬音為［dz］是無疑的，而現在多數泉州話讀作［l］或［n］，是一種語音變異。因此，《拍掌知音》聲母系統如下表：

十五音	韻字	十五音	韻字	十五音	韻字	十五音	韻字	十五音	韻字
柳［l/n］	裡	邊［p］	妣	求［k］	杞	去［k‘］	起	地［t］	底
頗［p‘］	鄙	他［t‘］	恥	爭［ts］	只	入［dz］	爾	時［s］	弛
英［ø］	椅	文［b/m］	美	語［g/ŋ］	蟻	出［ts‘］	齒	喜［h］	喜

二 《拍掌知音》韻母系統研究

《拍掌知音》有 36 個字母，即：1. 連、2. 卵、3. 裡、4. 魯、5. 兩、6. 令、7. 郎、8. 侖、9. 能、10. 吝、11. 欄、12. 廉、13. 覽、14. 林、

15. 巴、16. 來、17. 禮、18. 勞、19. 內、20. 鳥、21. 婁、22. 雷、23. 女、24. 誄、25. 鈕、26. 撓、27. 邦、28. 巾、29. 嗟、30. 瓜、31. 老、32. 乖、33. 針、34. 枚、35. 拿、36. 乃。現將《拍掌知音》與現代泉州各個縣市方言進行歷史比較，從而擬測出《拍掌知音》36 個韻部的音值。

(一)“連卵裡魯兩令郎侖能吝”十韻部與現代泉州方言比較表

1. 連部

例字	鯉城話	晉江話	南安話	安溪話	惠安話	永春話	德化話
鞭	pian	pian	pian	pian	pen	pian	pian
匾	pian	pian	pian	pian	pen	pian	pian
變	pian	pian	pian	pian	pen	pian	pian
鱉	piat	piat	piat	piat	pet	piat	piat
便	pian	pian	pian	pian	pen	pian	pian
辨	pian	pian	pian	pian	pen	pian	pian
遍	pian	pian	pian	pian	pen	pian	pian
別	piat	piat	piat	piat	pet	piat	piat

上表可見，連部舒聲韻字在鯉城區、晉江市、南安縣、安溪縣、永春縣、德化縣諸方言中均讀作［ian］，促聲韻字均讀作［iat］。惟獨舒聲韻字在惠安方言中讀作［en］，促聲韻字均讀作［et］。鑒於此，我們將連部擬音為［ian/iat］。

2. 卵部

例字	鯉城話	晉江話	南安話	安溪話	惠安話	永春話	德化話
端	tuan	tuan	tuan	tuan	tuan	tuan	tuan
短	tuan	tuan	tuan	tuan	tuan	tuan	tuan
段	tuan	tuan	tuan	tuan	tuan	tuan	tuan
輟	tuat	tuat	tuat	tuat	tuat	tuat	tuat
傳	tuan	tuan	tuan	tuan	tuan	tuan	tuan
斷	tuan	tuan	tuan	tuan	tuan	tuan	tuan
緞	tuan	tuan	tuan	tuan	tuan	tuan	tuan
奪	tuat	tuat	tuat	tuat	tuat	tuat	tuat

上表可見，卵部舒聲韻字在鯉城區、晉江市、南安縣、安溪縣、惠安縣、永春縣、德化縣諸方言中均讀作［uan］，促聲韻字均讀作［uat］。鑒於此，我們將卵部擬音為［uan/uat］。

3. 裡部

例字	鯉城話	晉江話	南安話	安溪話	惠安話	永春話	德化話
姬	ki	ki	ki	ki	ki	ki	ki
杞	ki	ki	ki	ki	ki	ki	ki
匕	——	——	——	——	——	——	——
○	——	——	——	——	——	——	——
旗	ki	ki	ki	ki	ki	ki	ki
技	ki	ki	ki	ki	ki	ki	ki
寄	ki	ki	ki	ki	ki	ki	ki
○	——	——	——	——	——	——	——

上表可見，裡部舒聲韻字在鯉城區、晉江市、南安縣、安溪縣、惠安縣、永春縣、德化縣諸方言中均讀作［i］，無促聲韻。鑒於此，我們將裡部擬音為［i］。

4. 魯部

例字	鯉城話	晉江話	南安話	安溪話	惠安話	永春話	德化話
魯	lɔ	lɔ	lɔ	lɔ	lɔ	lɔ	lɔ
虜	lɔ	lɔ	lɔ	lɔ	lɔ	lɔ	lɔ
匕	lɔ	lɔ	lɔ	lɔ	lɔ	lɔ	lɔ
○	——	——	——	——	——	——	——
爐	lɔ	lɔ	lɔ	lɔ	lɔ	lɔ	lɔ
弩	lɔ	lɔ	lɔ	lɔ	lɔ	lɔ	lɔ
路	lɔ	lɔ	lɔ	lɔ	lɔ	lɔ	lɔ
○	——	——	——	——	——	——	——

上表可見，魯部舒聲韻字在鯉城區、晉江市、南安縣、安溪縣、惠安縣、永春縣、德化縣諸方言中均讀作［ɔ］，無促聲韻。鑒於此，我們將

魯部擬音為［ɔ］。

5. 兩部

例字	鯉城話	晉江話	南安話	安溪話	惠安話	永春話	德化話
相	siɔŋ	siɔŋ	siɔŋ	siɔŋ	siɔŋ	siɔŋ	siɔŋ
想	siɔŋ	siɔŋ	siɔŋ	siɔŋ	siɔŋ	siɔŋ	siɔŋ
尚	siɔŋ	siɔŋ	siɔŋ	siɔŋ	siɔŋ	siɔŋ	siɔŋ
叔	siɔk	siɔk	siɔk	siɔk	siɔk	siɔk	siɔk
嘗	siɔŋ	siɔŋ	siɔŋ	siɔŋ	siɔŋ	siɔŋ	siɔŋ
象	siɔŋ	siɔŋ	siɔŋ	siɔŋ	siɔŋ	siɔŋ	siɔŋ
誦	siɔŋ	siɔŋ	siɔŋ	siɔŋ	siɔŋ	siɔŋ	siɔŋ
熟	siɔk	siɔk	siɔk	siɔk	siɔk	siɔk	siɔk

上表可見，兩部舒聲韻字在鯉城區、晉江市、南安縣、安溪縣、惠安縣、永春縣、德化縣諸方言中均讀作［iɔŋ］，促聲韻字均讀作［iɔk］。鑒於此，我們把兩部擬音為［iɔŋ/iɔk］。

6. 令部

例字	鯉城話	晉江話	南安話	安溪話	惠安話	永春話	德化話
亨	hiŋ	hiŋ	hiŋ	hiŋ	hieŋ	hiŋ	hiŋ
悻	hiŋ	hiŋ	hiŋ	hiŋ	hieŋ	hiŋ	hiŋ
興	hiŋ	hiŋ	hiŋ	hiŋ	hieŋ	hiŋ	hiŋ
洫	hik	hik	hik	hik	hiek	hik	hik
型	hiŋ	hiŋ	hiŋ	hiŋ	hieŋ	hiŋ	hiŋ
杏	hiŋ	hiŋ	hiŋ	hiŋ	hieŋ	hiŋ	hiŋ
行	hiŋ	hiŋ	hiŋ	hiŋ	hieŋ	hiŋ	hiŋ
獲	hik	hik	hik	hik	hiek	hik	hik

上表可見，令部舒聲韻字在鯉城區、晉江市、南安縣、安溪縣、永春縣、德化縣諸方言中均讀作［iŋ］，促聲韻字均讀作［ik］；舒聲韻字在惠安方言中均讀作［ieŋ］，促聲韻字均讀作［iek］。鑒於此，我們將令部擬音為［iŋ/ik］。

7. 郎部

例字	鯉城話	晉江話	南安話	安溪話	惠安話	永春話	德化話
冬	tɔŋ	tɔŋ	tɔŋ	tɔŋ	tɔŋ	tɔŋ	tɔŋ
黨	tɔŋ	tɔŋ	tɔŋ	tɔŋ	tɔŋ	tɔŋ	tɔŋ
棟	tɔŋ	tɔŋ	tɔŋ	tɔŋ	tɔŋ	tɔŋ	tɔŋ
篤	tɔk	tɔk	tɔk	tɔk	tɔk	tɔk	tɔk
同	tɔŋ	tɔŋ	tɔŋ	tɔŋ	tɔŋ	tɔŋ	tɔŋ
動	tɔŋ	tɔŋ	tɔŋ	tɔŋ	tɔŋ	tɔŋ	tɔŋ
凍	tɔŋ	tɔŋ	tɔŋ	tɔŋ	tɔŋ	tɔŋ	tɔŋ
毒	tɔk	tɔk	tɔk	tɔk	tɔk	tɔk	tɔk

上表可見，郎部舒聲韻字在鯉城區、晉江市、南安縣、安溪縣、惠安縣、永春縣、德化縣諸方言中均讀作［ɔŋ］，促聲韻字均讀作［ɔk］。鑒於此，我們將郎部擬音為［ɔŋ/ɔk］。

8. 侖部

例字	鯉城話	晉江話	南安話	安溪話	惠安話	永春話	德化話
分	hun	hun	hun	hun	hun	hun	hun
粉	hun	hun	hun	hun	hun	hun	hun
奮	hun	hun	hun	hun	hun	hun	hun
笏	hut	hut	hut	hut	hut	hut	hut
魂	hun	hun	hun	hun	hun	hun	hun
混	hun	hun	hun	hun	hun	hun	hun
糞	hun	hun	hun	hun	hun	hun	hun
佛	hut	hut	hut	hut	hut	hut	hut

上表可見，侖部舒聲韻字在鯉城區、晉江市、南安縣、安溪縣、惠安縣、永春縣、德化縣諸方言中均讀作［un］，促聲韻字均讀作［ut］。鑒於此，我們將侖部擬音為［un/ut］。

9. 能部

例字	鯉城話	晉江話	南安話	安溪話	惠安話	永春話	德化話
燈	hiŋ	hiŋ	həŋ	hiŋ	heŋ	hiŋ	hiŋ
等	hiŋ	hiŋ	həŋ	hiŋ	heŋ	hiŋ	hiŋ
凳	hiŋ	hiŋ	həŋ	hiŋ	heŋ	hiŋ	hiŋ
德	hik	hik	hək	hik	hek	hik	hik
滕	hiŋ	hiŋ	həŋ	hiŋ	heŋ	hiŋ	hiŋ
鄧	hiŋ	hiŋ	həŋ	hiŋ	heŋ	hiŋ	hiŋ
蹬	hiŋ	hiŋ	həŋ	hiŋ	heŋ	hiŋ	hiŋ
特	hik	hik	hək	hik	hek	hik	hik

上表可見，能部舒聲韻字在鯉城區、晉江市、安溪縣、永春縣、德化縣諸方言中均讀作［iŋ］，促聲韻字均讀作［ik］；舒聲韻字在南安方言讀作［əŋ］，促聲韻字均讀作［ək］；舒聲韻字在惠安縣［eŋ］，促聲韻字均讀作［ek］。鑒於此，因上文已將令部擬音為［iŋ/ik］，為了區分令部與能部的區別，我們就采用南安方言的读法將能部擬音為［əŋ/ək］。

10. 吝部

例字	鯉城話	晉江話	南安話	安溪話	惠安話	永春話	德化話
真	tsin	tsin	tsin	tsin	tsen	tsin	tsin
軫	tsin	tsin	tsin	tsin	tsen	tsin	tsin
進	tsin	tsin	tsin	tsin	tsen	tsin	tsin
質	tsit	tsit	tsit	tsit	tset	tsit	tsit
秦	tsin	tsin	tsin	tsin	tsen	tsin	tsin
盡	tsin	tsin	tsin	tsin	tsen	tsin	tsin
震	tsin	tsin	tsin	tsin	tsen	tsin	tsin
疾	tsit	tsit	tsit	tsit	tset	tsit	tsit

上表可見，吝部舒聲韻字在鯉城區、晉江市、南安縣、安溪縣、永春縣、德化縣諸方言中均讀作［in］，促聲韻字均讀作［it］；舒聲韻字在惠安方言中讀作［en］，促聲韻字均讀作［et］。鑒於此，我們將吝部擬音

為［in/it］。

從上表可見，《拍掌知音》中“卵、裡、魯、兩、郎、侖”等六部在泉州各個縣市方言中的各自讀音基本上是一致的。異同點有：（1）惟獨惠安話將“連”部讀作［en/et］，其餘方言讀作［ian/iat］；（2）惟獨惠安話將“令”部讀作［ieŋ/iek］，其餘方言讀作［iŋ/ik］；（3）惟獨南安話將“能”部讀作［əŋ/ək］，惠安話讀作［eŋ/ek］，其餘方言讀作［iŋ/ik］，為了區別令部與能部，特將能部擬音為［əŋ/ək］；（4）惟獨惠安話將“吝”部讀作［en/et］，其餘方言讀作［in/it］，為了區別吝部與巾部，特將吝部擬音為［in/it］。黃典誠在《〈拍掌知音〉說明》中把“能部”擬音為［ɤŋ/ɤk］，洪惟仁擬音為 irng［ɨŋ/ɨk］，我們沒有採納。因此，我們將這十韻分別擬測如下：

1 連［ian/iat］	2 卵［uan/uat］	3 裡［i］	4 魯［ɔ］	5 兩［iɔŋ/iɔk］
6 令［iŋ/ik］	7 郎［ɔŋ/ɔk］	8 侖［un/ut］	9 能［əŋ/ək］	10 吝［in/it］

（二）“欄廉覽林巴來禮勞內鳥”十韻部與現代泉州方言比較表

11. 欄部

例字	鯉城話	晉江話	南安話	安溪話	惠安話	永春話	德化話
艱	kan	kan	kan	kan	kan	kan	kan
趕	kan	kan	kan	kan	kan	kan	kan
⼔	——	——	——	——	——	——	——
葛	kat	kat	kat	kat	kat	kat	kat
彈	tan	tan	tan	tan	tan	tan	tan
○	——	——	——	——	——	——	——
幹	kan	kan	kan	kan	kan	kan	kan
達	tat	tat	tat	tat	tat	tat	tat

上表可見，欄部舒聲韻字在鯉城區、晉江市、南安縣、安溪縣、惠安縣、永春縣、德化縣諸方言中均讀作［an］，促聲韻字均讀作［at］。鑒於此，我們將欄部擬音為［an/at］。

12. 廉部

例字	鯉城話	晉江話	南安話	安溪話	惠安話	永春話	德化話
廉	liam	liam	liam	liam	lem	liam	liam
殮	liam	liam	liam	liam	lem	liam	liam
匕	——	——	——	——	lem	——	——
攝	liap	liap	liap	liap	lep	liap	liap
簾	liam	liam	liam	liam	lem	liam	liam
儉	kiam	kiam	kiam	kiam	kem	kiam	kiam
念	liam	liam	liam	liam	lem	liam	liam
粒	liap	liap	liap	liap	lep	liap	liap

上表可見，廉部舒聲韻字在鯉城區、晉江市、南安縣、安溪縣、永春縣、德化縣諸方言中均讀作［iam］，促聲韻字均讀作［iap］；舒聲韻字在惠安方言中讀作［em］，促聲韻字均讀作［ep］。鑒於此，我們將廉部擬音為［iam/iap］。

13. 覽部

例字	鯉城話	晉江話	南安話	安溪話	惠安話	永春話	德化話
耽	tam	tam	tam	tam	tam	tam	tam
膽	tam	tam	tam	tam	tam	tam	tam
○	——	——	——	——	——	——	——
答	tap	tap	tap	tap	tap	tap	tap
談	tam	tam	tam	tam	tam	tam	tam
淡	tam	tam	tam	tam	tam	tam	tam
鑒	kam	kam	kam	kam	kam	kam	kam
踏	tap	tap	tap	tap	tap	tap	tap

上表可見，覽部舒聲韻字在鯉城區、晉江市、南安縣、安溪縣、惠安縣、永春縣、德化縣諸方言中均讀作［am］，促聲韻字均讀作［ap］。鑒於此，我們將覽部擬音為［am/ap］。

14. 林部

例字	鯉城話	晉江話	南安話	安溪話	惠安話	永春話	德化話
金	kim	kim	kim	kim	kem	kim	kim
錦	kim	kim	kim	kim	kem	kim	kim
○	——	——	——	——	——	——	——
急	kip	kip	kip	kip	kep	kip	kip
淋	lim	lim	lim	lim	kem	lim	lim
甚	sim	sim	sim	sim	sem	sim	sim
禁	kim	kim	kim	kim	kem	kim	kim
及	kip	kip	kip	kip	kep	kip	kip

上表可見，林部舒聲韻字在鯉城區、晉江市、南安縣、安溪縣、永春縣、德化縣諸方言中均讀作［im］，促聲韻字均讀作［ip］；舒聲字在惠安方言讀作［em］，促聲韻字均讀作［ep］。鑒於此，我們將林部擬音為［im/ip］。

15. 巴部

例字	鯉城話	晉江話	南安話	安溪話	惠安話	永春話	德化話
巴	pa	pa	pa	pa	pa	pa	pa
把	pa	pa	pa	pa	pa	pa	pa
匕	——	——	——	——	——	——	——
○	——	——	——	——	——	——	——
琶	pa	pa	pa	pa	pa	pa	pa
下	ha	ha	ha	ha	ha	ha	ha
豹	pa	pa	pa	pa	pa	pa	pa
閘	tsaʔ	tsaʔ	tsaʔ	tsaʔ	tsaʔ	tsaʔ	tsaʔ

上表可見，巴部舒聲韻字在鯉城區、晉江市、南安縣、安溪縣、惠安縣、永春縣、德化縣諸方言中均讀作［a］，促聲韻字均讀作［aʔ］。鑒於此，我們將巴部擬音為［a/aʔ］。

16. 來部

例字	鯉城話	晉江話	南安話	安溪話	惠安話	永春話	德化話
獃	tai	tai	tai	tai	tai	tai	tai
歹	tai	tai	tai	tai	tai	tai	tai
匕	——	——	——	——	——	——	——
○	——	——	——	——	——	——	——
臺	tai	tai	tai	tai	tai	tai	tai
逮	tai	tai	tai	tai	tai	tai	tai
代	tai	tai	tai	tai	tai	tai	tai
○	——	——	——	——	——	——	——

上表可見，來部舒聲韻字在鯉城區、晉江市、南安縣、安溪縣、惠安縣、永春縣、德化縣諸方言中均讀作［ai］，無促聲韻。鑒於此，我們將來部擬音為［ai］。

17. 禮部

例字	鯉城話	晉江話	南安話	安溪話	惠安話	永春話	德化話
齋	tse	tse	tse	tse	tse	tse	tse
躋	tse	tse	tse	tse	tse	tse	tse
匕	——	——	——	——	——	——	——
○	——	——	——	——	——	——	——
齊	tse	tse	tse	tse	tse	tse	tse
○	——	——	——	——	——	——	——
祭	tse	tse	tse	tse	tse	tse	tse
○	——	——	——	——	——	——	——

上表可見，禮部舒聲韻字在鯉城區、晉江市、南安縣、安溪縣、惠安縣、永春縣、德化縣諸方言中均讀作［e］，無促聲韻。鑒於此，我們將禮部擬音為［e］。

18. 勞部

例字	鯉城話	晉江話	南安話	安溪話	惠安話	永春話	德化話
多	to	to	to	to	to	to	to
倒	to	to	to	to	to	to	to
⼔	——	——	——	——	——	——	——
○	——	——	——	——	——	——	——
逃	to	to	to	to	to	to	to
道	to	to	to	to	to	to	to
到	to	to	to	to	to	to	to
○	——	——	——	——	——	——	——

上表可見，勞部舒聲韻字在鯉城區、晉江市、南安縣、安溪縣、惠安縣、永春縣、德化縣諸方言中均讀作［o］，無促聲韻。鑒於此，我們將勞部擬音為［o］。

19. 內部

例字	鯉城話	晉江話	南安話	安溪話	惠安話	永春話	德化話
盃	pue	pue	pue	pue	pue	pue	pue
悔	hue	hue	hue	hue	hue	hue	hue
⼔	——	——	——	——	——	——	——
○	——	——	——	——	——	——	——
陪	pue	pue	pue	pue	pue	pue	pue
倍	pue	pue	pue	pue	pue	pue	pue
背	pue	pue	pue	pue	pue	pue	pue
○	——	——	——	——	——	——	——

上表可見，內部舒聲韻字在鯉城區、晉江市、南安縣、安溪縣、惠安縣、永春縣、德化縣諸方言中均讀作［ue］，無促聲韻。鑒於此，我們將內部擬音為［ue］。

20. 鳥部

例字	鯉城話	晉江話	南安話	安溪話	惠安話	永春話	德化話
嬌	kiau	kiau	kiau	kiau	kiau	kiau	kiau
矯	kiau	kiau	kiau	kiau	kiau	kiau	kiau
ヒ	——	——	——	——	——	——	——
○	——	——	——	——	——	——	——
橋	kiau	kiau	kiau	kiau	kiau	kiau	kiau
兆	tiau	tiau	tiau	tiau	tiau	tiau	tiau
叫	kiau	kiau	kiau	kiau	kiau	kiau	kiau
○	——	——	——	——	——	——	——

上表可見，鳥部舒聲韻字在鯉城區、晉江市、南安縣、安溪縣、惠安縣、永春縣、德化縣諸方言中均讀作［iau］，無促聲韻。鑒於此，我們將鳥部擬音為［iau］。

從上表可見，《拍掌知音》中“欄、覽、巴、來、禮、勞、內、鳥”諸部在泉州各個縣市方言中的各自讀音基本上是一致的。異同點有：（1）惟獨惠安話將“廉部”讀作［em/ep］，其餘方言均讀作［iam/iap］；（2）惟獨惠安話將“林部”讀作［em/ep］，與廉部合流，其餘方言均讀作［im/ip］。因此，我們將這十韻分別擬測如下：

11 欄［an/at］	12 廉［iam/iap］	13 覽［am/ap］	14 林［im/ip］	15 巴［a/aʔ］
16 來［ai］	17 禮［e］	18 勞［o］	19 內［ue］	20 鳥［iau］

（三）“婁雷女誺鈕撓邦巾嗟瓜”十韻部與現代泉州方言比較表

21. 婁部

例字	鯉城話	晉江話	南安話	安溪話	惠安話	永春話	德化話
婁	ləu	ləu	ləu	ləu	ləu	ləu	ləu
褸	ləu	ləu	ləu	ləu	ləu	ləu	ləu
ヒ	——	——	——	——	——	——	——

续表

例字	鯉城話	晉江話	南安話	安溪話	惠安話	永春話	德化話
○	——	——	——	——	——	——	——
樓	ləu	ləu	ləu	ləu	ləu	ləu	ləu
趙	təu	təu	təu	təu	təu	təu	təu
漏	ləu	ləu	ləu	ləu	ləu	ləu	ləu
○	——	——	——	——	——	——	——

上表可見，婁部舒聲韻字在鯉城區、晉江市、南安縣、安溪縣、惠安縣、永春縣、德化縣諸方言中均讀作［əu］，無促聲韻。鑒於此，我們將婁部擬音為［əu］。

22. 雷部

例字	鯉城話	晉江話	南安話	安溪話	惠安話	永春話	德化話
雷	lui	lui	lui	lui	lui	lui	lui
磊	lui	lui	lui	lui	lui	lui	lui
匕	——	——	——	——	——	——	——
○	——	——	——	——	——	——	——
縲	lui	lui	lui	lui	lui	lui	lui
跪	kui	kui	kui	kui	kui	kui	kui
壘	lui	lui	lui	lui	lui	lui	lui
○	——	——	——	——	——	——	——

上表可見，雷部舒聲韻字在鯉城區、晉江市、南安縣、安溪縣、惠安縣、永春縣、德化縣諸方言中均讀作［ui］，無促聲韻。鑒於此，我們將雷部擬音為［ui］。

23. 女部

例字	鯉城話	晉江話	南安話	安溪話	惠安話	永春話	德化話
女	lɯ	li	lɯ	lɯ	lɯ	lɯ	lɯ
旅	lɯ	li	lɯ	lɯ	lɯ	lɯ	lɯ

续表

例字	鯉城話	晉江話	南安話	安溪話	惠安話	永春話	德化話
匕	——	——	——	——	——	——	——
○	——	——	——	——	——	——	——
廬	lɯ	li	lɯ	lɯ	lɯ	lɯ	lɯ
呂	lɯ	li	lɯ	lɯ	lɯ	lɯ	lɯ
慮	lɯ	li	lɯ	lɯ	lɯ	lɯ	lɯ
○	——	——	——	——	——	——	——

上表可見，女部舒聲韻字在鯉城區、南安縣、安溪縣、惠安縣、永春縣、德化縣諸方言中均讀作［ɯ］，晉江市則讀作［i］，無促聲韻。鑒於此，我們將女部擬音為［ɯ］。

24. 誅部

例字	鯉城話	晉江話	南安話	安溪話	惠安話	永春話	德化話
株	tu	tu	tu	tu	tu	tu	tu
竚	tu	tu	tu	tu	tu	tu	tu
匕	——	——	——	——	——	——	——
○	——	——	——	——	——	——	——
廚	tu	tu	tu	tu	tu	tu	tu
腴	u	u	u	u	u	dzu	u
喻	u	u	u	u	u	dzu	u
○	——	——	——	——	——	——	——

上表可見，誅部舒聲韻字在鯉城區、晉江市、南安縣、安溪縣、惠安縣、永春縣、德化縣諸方言中均讀作［u］，無促聲韻。鑒於此，我們將誅部擬音為［u］。

25. 鈕部

例字	鯉城話	晉江話	南安話	安溪話	惠安話	永春話	德化話
丟	tiu	tiu	tiu	tiu	tiu	tiu	tiu
肘	tiu	tiu	tiu	tiu	tiu	tiu	tiu
匕	——	——	——	——	——	——	——
○	——	——	——	——	——	——	——
儔	tiu	tiu	tiu	tiu	tiu	tiu	tiu
紂	tiu	tiu	tiu	tiu	tiu	tiu	tiu
晝	tiu	tiu	tiu	tiu	tiu	tiu	tiu
○	——	——	——	——	——	——	——

上表可見，鈕部舒聲韻字在鯉城區、晉江市、南安縣、安溪縣、惠安縣、永春縣、德化縣諸方言中均讀作［iu］，無促聲韻。鑒於此，我們將鈕部擬音為［iu］。

26. 堯部［au］

例字	鯉城話	晉江話	南安話	安溪話	惠安話	永春話	德化話
糟	tsau	tsau	tsau	tsau	tsau	tsau	tsau
找	tsau	tsau	tsau	tsau	tsau	tsau	tsau
○	——	——	——	——	——	——	——
○	——	——	——	——	——	——	——
巢	tsau	tsau	tsau	tsau	tsau	tsau	tsau
○	——	——	——	——	——	——	——
哨	sau	sau	sau	sau	sau	sau	sau
○	——	——	——	——	——	——	——

上表可見，堯部舒聲韻字在鯉城區、晉江市、南安縣、安溪縣、惠安縣、永春縣、德化縣諸方言中均讀作［au］，無促聲韻。鑒於此，我們將堯部擬音為［au］。

27. 邦部

例字	鯉城話	晉江話	南安話	安溪話	惠安話	永春話	德化話
江	kaŋ	kaŋ	kaŋ	kaŋ	kaŋ	kaŋ	kaŋ
港	kaŋ	kaŋ	kaŋ	kaŋ	kaŋ	kaŋ	kaŋ
匕	——	——	——	——	——	——	——
角	kak	kak	kak	kak	kak	kak	kak
龐	paŋ	paŋ	paŋ	paŋ	paŋ	paŋ	paŋ
棒	paŋ	paŋ	paŋ	paŋ	paŋ	paŋ	paŋ
絳	kaŋ	kaŋ	kaŋ	kaŋ	kaŋ	kaŋ	kaŋ
學	hak	hak	hak	hak	hak	hak	hak

上表可見，邦部舒聲韻字在鯉城區、晉江市、南安縣、安溪縣、惠安縣、永春縣、德化縣諸方言中均讀作［aŋ］，促聲韻字均讀作［ak］。鑒於此，我們將邦部擬音為［aŋ/ak］。

28. 巾部

例字	鯉城話	晉江話	南安話	安溪話	惠安話	永春話	德化話
殷	un	un	ən	un	ən	ən	ən
狠	hun	hun	hən	hun	hən	hən	hən
匕	——	——	——	——	——	——	——
迄 g	gut	gut	gət	gut	gət	gət	gət
痕	hun	hun	hən	hun	hən	hən	hən
近 k	kun	kun	kən	kun	kən	kən	kən
恨	hun	hun	hən	hun	hən	hən	hən
核	hut	hut	hət	hut	hət	hət	hət

上表可見，巾部舒聲韻字在鯉城區、晉江市、安溪縣諸方言中均讀作［un］，促聲韻字均讀作［ut］；舒聲韻字在南安、惠安、永春、德化諸方言中均讀作［ən］，促聲韻字均讀作［ət］。因侖部已擬音為［un/ut］，鑒於此，我們將巾部擬音為［ən/ət］。

29. 嗟部

例字	鯉城話	晉江話	南安話	安溪話	惠安話	永春話	德化話
奢	sia	sia	sia	sia	sia	sia	sia
捨	sia	sia	sia	sia	sia	sia	sia
匕	——	——	——	——	——	——	——
○	——	——	——	——	——	——	——
邪	sia	sia	sia	sia	sia	sia	sia
社	sia	sia	sia	sia	sia	sia	sia
瀉	sia	sia	sia	sia	sia	sia	sia
○	——	——	——	——	——	——	——

上表可見，嗟部舒聲韻字在鯉城區、晉江市、南安縣、安溪縣、惠安縣、永春縣、德化縣諸方言中均讀作［ia］，無促聲韻字。鑒於此，我們將嗟部擬音為［ia］。

30. 瓜部

例字	鯉城話	晉江話	南安話	安溪話	惠安話	永春話	德化話
花	hua	hua	hua	hua	hua	hua	hua
耍	sua	sua	sua	sua	sua	sua	sua
匕	——	——	——	——	——	——	——
○	——	——	——	——	——	——	——
劃	hua	hua	hua	hua	hua	hua	hua
○	——	——	——	——	——	——	——
化	hua	hua	hua	hua	hua	hua	hua
○	——	——	——	——	——	——	——

上表可見，瓜部舒聲韻字在鯉城區、晉江市、南安縣、安溪縣、惠安縣、永春縣、德化縣諸方言中均讀作［ua］，無促聲韻。鑒於此，我們將瓜部擬音為［ua］。

從上表可見，《拍掌知音》中“嘍、雷、誺、鈕、堯、邦、嗟、瓜”等八部在泉州各個縣市方言中的各自讀音基本上是一致的。異同點有：

(1) 惟獨晉江話將“女部”讀作［i］，其餘方言均讀作［ɯ］；(2) 鯉城區、晉江市、安溪縣諸方言將“巾部”讀作［un/ut］，南安、惠安、永春、德化諸方言中均讀作［ən/ət］。因侖部已擬音為［un/ut］，鑒於此，我們將巾部擬音為［ən/ət］。在擬音方面，有三個韻部有參差：一是婁部，黃典誠擬音為［ɤu］，洪惟仁擬音為［io］，我們則擬為［əu］；二是女部，黃典誠擬音為［ɯ］，洪惟仁擬音為 ir［ɨ］，我們與黃典誠一樣擬為［ɯ］；三是巾部，黃典誠擬音為［ɤn/ɤt］，洪惟仁擬音為［ɨn/ɨt］，我們則擬為［ən/ət］。因此，我們將這十韻分別擬測如下：

21 婁［əu］	22 雷［ui］	23 女［ɯ］	24 誅［u］	25 鈕［iu］
26 撓［au］	27 邦［aŋ/ak］	28 巾［ən/ət］	29 嗟［ia］	30 瓜［ua］

（四）“老乖針枚拿乃”六韻部與現代泉州方言比較表

31. 老部

例字	鯉城話	晉江話	南安話	安溪話	惠安話	永春話	德化話
老	n ɔ̃	n ɔ̃	n ɔ̃	n ɔ̃	n ɔ̃	n ɔ̃	n ɔ̃
我	ŋ ɔ̃	ŋ ɔ̃	ŋ ɔ̃	ŋ ɔ̃	ŋ ɔ̃	ŋ ɔ̃	ŋ ɔ̃
匕	——	——	——	——	——	——	——
○	——	——	——	——	——	——	——
鵝	ŋ ɔ̃	ŋ ɔ̃	ŋ ɔ̃	ŋ ɔ̃	ŋ ɔ̃	ŋ ɔ̃	ŋ ɔ̃
懦	n ɔ̃	n ɔ̃	n ɔ̃	n ɔ̃	n ɔ̃	n ɔ̃	n ɔ̃
餓	ŋ ɔ̃	ŋ ɔ̃	ŋ ɔ̃	ŋ ɔ̃	ŋ ɔ̃	ŋ ɔ̃	ŋ ɔ̃
○	——	——	——	——	——	——	——

上表可見，老部舒聲韻字在鯉城區、晉江市、南安縣、安溪縣、惠安縣、永春縣、德化縣諸方言中均讀作［ɔ̃］，無促聲韻。鑒於此，我們將老部擬音為［ɔ̃］。

32. 乖部

例字	鯉城話	晉江話	南安話	安溪話	惠安話	永春話	德化話
乖	kuai	kuai	kuai	kuai	kuai	kuai	kuai
拐	kuai	kuai	kuai	kuai	kuai	kuai	kuai
匕	——	——	——	——	——	——	——
○	——	——	——	——	——	——	——
懷 h	huai	huai	huai	huai	huai	huai	huai
○	——	——	——	——	——	——	——
怪	kuai	kuai	kuai	kuai	kuai	kuai	kuai
○	——	——	——	——	——	——	——

上表可見，乖部舒聲韻字在鯉城區、晉江市、南安縣、安溪縣、惠安縣、永春縣、德化縣諸方言中均讀作［uai］，無促聲韻。鑒於此，我們將乖部擬音為［uai］。

33. 針部

例字	鯉城話	晉江話	南安話	安溪話	惠安話	永春話	德化話
簪	tsəm	tsəm	tsəm	tsəm	tsem	tsəm	tsəm
怎	tsəm	tsəm	tsəm	tsəm	tsem	tsəm	tsəm
○	——	——	——	——	——	——	——
澁	səp	səp	səp	səp	sep	səp	səp
○	——	——	——	——	——	——	——
○	——	——	——	——	——	——	——
譖	tsəm	tsəm	tsəm	tsəm	tsem	tsəm	tsəm
○	——	——	——	——	——	——	——

上表可見，針部舒聲韻字在鯉城區、晉江市、南安縣、安溪縣、永春縣、德化縣諸方言中均讀作［əm］，促聲韻字讀作［əp］；舒聲韻字在惠安方言中讀作［em］，促聲韻字讀作［ep］。鑒於此，我們將針部擬音為［əm/əp］。

34. 枚部

例字	鯉城話	晉江話	南安話	安溪話	惠安話	永春話	德化話
枚	mui	mui	mui	mui	mui	mui	mui
每	mui	mui	mui	mui	mui	mui	mui
匕	——	——	——	——	——	——	——
○	——	——	——	——	——	——	——
梅	mui	mui	mui	mui	mui	mui	mui
○	——	——	——	——	——	——	——
妹	mui	mui	mui	mui	mui	mui	mui
○	——	——	——	——	——	——	——

上表可見，枚部舒聲韻字在鯉城區、晉江市、南安縣、安溪縣、惠安縣、永春縣、德化縣諸方言中均讀作［uĩ］，無促聲韻。鑒於此，我們將枚部擬音為［uĩ］。

35. 拿部

例字	鯉城話	晉江話	南安話	安溪話	惠安話	永春話	德化話
拿	nã	nã	nã	nã	nã	nã	nã
馬	mã	mã	mã	mã	mã	mã	mã
匕	——	——	——	——	——	——	——
○	——	——	——	——	——	——	——
○	——	——	——	——	——	——	——
○	——	——	——	——	——	——	——
那	nã	nã	nã	nã	nã	nã	nã
○	——	——	——	——	——	——	——

上表可見，拿部舒聲韻字在鯉城區、晉江市、南安縣、安溪縣、惠安縣、永春縣、德化縣諸方言中均讀作［ã］，無促聲韻。鑒於此，我們將拿部擬音為［ã］。

36. 乃部

例字	鯉城話	晉江話	南安話	安溪話	惠安話	永春話	德化話
乃	nãi	nãi	nãi	nãi	nãi	nãi	nãi
買	mãi	mãi	mãi	mãi	mãi	mãi	mãi
匕	——	——	——	——	——	——	——
○	——	——	——	——	——	——	——
○	——	——	——	——	——	——	——
○	——	——	——	——	——	——	——
賣	mãi	mãi	mãi	mãi	mãi	mãi	mãi
○	——	——	——	——	——	——	——

上表可見，乃部舒聲韻字在鯉城區、晉江市、南安縣、安溪縣、惠安縣、永春縣、德化縣諸方言中均讀作［ãi］，無促聲韻。鑒於此，我們將乃部擬音為［ãi］。

從上表可見，《拍掌知音》中“老、乖、枚、拿、乃”諸部在泉州各個縣市方言中的各自讀音基本上是一致的。異同點有：惠安話將“針部”讀作［em/ep］，與“林部”、廉部合流，其餘方言均讀作［əm/əp］。在擬音方面，有兩個韻部有參差：一是針部，黃典誠擬音為［ɤm/ɤp］，洪惟仁擬音為 irm［ɨm/ɨp］，我們則擬為［əm/əp］；二是枚部，黃典誠擬音為［uĩ］，洪惟仁擬音為［m］，我們與黃典誠一樣，則擬為［uĩ］。因此，我們將這六韻分別擬測如下：

31 老［ɔ̃］	32 乖［uai］	33 針［əm］	34 枚［uĩ］	35 拿［ã］
36 乃［ãi］				

綜上所述，《拍掌知音》共有 36 個韻部 52 個韻母，現分別擬音如下表：

1 連［ian/iat］	2 卵［uan/uat］	3 裡［i］	4 魯［ɔ］	5 兩［iɔŋ/iɔk］	6 令［iŋ/ik］
7 郎［ɔŋ/ɔk］	8 侖［un/ut］	9 能［əŋ/ək］	10 吝［in/it］	11 欄［an/at］	12 廉［iam/iap］
13 覽［am/ap］	14 林［im/ip］	15 巴［a/aʔ］	16 來［ai］	17 禮［e］	18 勞［o］
19 內［ue］	20 鳥［iau］	21 婁［əu］	22 雷［ui］	23 女［ɯ］	24 誄［u］
25 鈕［iu］	26 撓［au］	27 邦［aŋ/ak］	28 巾［ən/ət］	29 嗟［ia］	30 瓜［ua］
31 老［ɔ̃］	32 乖［uai］	33 針［əm/əp］	34 枚［uĩ］	35 拿［ã］	36 乃［ãi］

從上表可見，《拍掌知音》中“卵、裡、魯、兩、郎、侖、欄、覽、巴、來、禮、勞、內、鳥、婁、雷、誄、鈕、堯、邦、嗟、瓜、老、乖、枚、拿、乃”等27部在泉州各個縣市方言中的各自讀音基本上是一致的。異同點有：（1）惟獨惠安話將“連”部讀作［en/et］，其餘方言讀作［ian/iat］；（2）惟獨惠安話將“令”部讀作［ieŋ/iek］，其餘方言讀作［iŋ/ik］；（3）惟獨南安話將“能”部讀作［əŋ/ək］，惠安話讀作［eŋ/ek］，其餘方言讀作［iŋ/ik］，為了區別令部與能部，特將能部擬音為［əŋ/ək］；（4）惟獨惠安話將“吝”部讀作［en/et］，其餘方言讀作［in/it］，為了區別吝部與巾部，特將吝部擬音為［in/it］；（5）惟獨惠安話將“廉”部讀作［em/ep］，其餘方言均讀作［iam/iap］；（6）惟獨惠安話將“林”部讀作［em/ep］，與廉部合流，其餘方言均讀作［im/ip］；（7）惟獨晉江話將“女”部讀作［i］，其餘方言均讀作［ɯ］；（8）鯉城區、晉江市、安溪縣諸方言將“巾”部讀作［un/ut］，南安、惠安、永春、德化諸方言中均讀作［ən/ət］，因侖部已擬音為［un/ut］，鑒於此，我們將巾部擬音為［ən/ət］；（9）惠安話將“針”部讀作［em/ep］，與林部、廉部合流，其餘方言均讀作［əm/əp］。

《拍掌知音》雖然只有36個韻部，但《彙音妙悟》中最能反映泉州方言特點的五個韻部（即“居［ɯ］、恩［ən］、箴［əm］、生［əŋ］、科［ə］”），《拍掌知音》就占了四個（即“女［ɯ］、巾［ən］、針［əm］、能［əŋ］”），因此，筆者認為，《拍掌知音》36個韻部所反映的基本上是以泉州文讀音為主的綜合語音系統。

三 《拍掌知音》声调系统研究

至於聲調系統，廖綸璣《拍掌知音》列了八個調類，即平上去入，各分上下。根據作者說“欲湊全八字”，上去調和下去調實際上是相混的。其正文前凡例第三則云：

> 上去聲俱系下去聲滑口之音，如均是見字，讀曰聞見，本是下去聲若讀曰見聞，則滑口在上去聲矣。今上去聲一韻俱以匕字填之，所以別其與下去聲同字異音也。間有采字填下者，是欲湊全八字，俾初學人便於按字調聲耳。

黃典誠《〈拍掌知音〉說明》：“凡例三說，‘聞見’的‘見’與‘見聞’的‘見’‘同字異音’，可能一個是單字調，另一個是連讀變調。”這裡的“滑口”，黃典誠理解為“連讀變調”。“凡例三”中有“今上去聲一韻俱以匕字填之”者，也“間有采字填下者”。現列各圖上去調字和下去調字如下（以下所列字前者為上去聲字，後者為下去聲字），可分為三種情況：

1. 以“匕/某”方式表示“同字異音”，只有連讀變調才產生語音變異，否則視為同音。例如：

一圖（連韻）：匕/煉、匕/纖、匕/片、匕/賤、匕/燕、匕/面、匕/硯等7例；

二圖（卵韻）：匕/亂、匕/半、匕/倦、匕/勸、匕/畔、匕/篆、匕/算、匕/願、匕/串等9例；

三圖（裡韻）：匕/利、匕/備、匕/寄、匕/憩、匕/致、匕/至、匕/餌、匕/弒、匕/意、匕/味、匕/毅、匕/翅、匕/饞等13例；……

據統計，《拍掌知音》共計36幅韻圖，惟獨卅三圖（針韻）沒有例證，其餘35幅韻圖均存在“匕/某”方式表示“同字異音”，共計264例證。若按作者的說法，若沒有連讀變調則是同音字，去聲調是不分上下的。

2. 以“某1/某2”方式表示上去調字和下去調字同時存在。例如：

一圖（連韻）：變/遍、見/健、填/殿、羨/扇等4例；

二圖（卵韻）：段/緞、攢/鑽、怨/怨、販/喚等4例；

五圖（兩韻）：尚/誦1例……

據統計，《拍掌知音》共計8幅韻圖，惟獨二圖（卵韻）出現“怨/怨”同字異調外，其餘均為異字異調，共計14例證。此種類型，我們認為上去調字和下去調字似乎存在語音上的對立。

3. “○/某”方式表示只有下去調字而無上去調字。例如：十二圖（廉韻）：○/店1例；十四圖（林韻）：○/禁1例；十五圖（巴韻）：○/鈔1例；十六圖（來韻）：○/敗1例；廿一圖（婁韻）：○/透1例；廿五圖（鈕韻）：○/咒、○/秀、○/臭等3例；卅五圖（拿韻）：○/罵1例，共計9個例子。此種類型，我們也認為上去調字和下去調字似乎存在語音上的對立。

以上三種情況：第一種情況，264個例證，數量最多，占總數287個例證的91.99%；第二種情況和第三種情況，如果認為它們“上去調字”和“下去調字”均有語音上的對立的話，23個例證也僅占總數的8.01%。這說明《拍掌知音》絕大多數例字上去調和下去調基本上是相混淆的。因此，《拍掌知音》應該是7個調類，即：上平、下平、上上、下上、去聲、上入、下入。廖綸璣認為當時的去聲分上下，只是為了湊足八音，才硬把去聲調分作上去調和下去調。但從另一個側面看，可能當時《戚參軍八音字義便覽》已出現去分上下的現象，而泉音也有去分上下的趨勢，因此廖綸璣才把《拍掌知音》分為八個調類，實際上是七個調類。總之，筆者認為，一種語音現象的演變都是漸變的，不可能一夜之間就完全變過去。

【參考文獻】

福建省泉州市地方誌編纂委員會編：《鯉城區誌·方言誌》，中國社會科學出版社1999年版。

福建省晉江市地方誌編纂委員會編：《晉江市誌·方言誌》，上海三聯書店1994年版。

福建省南安縣地方誌編纂委員會編：《南安縣誌·方言誌》，江西人民出版社 1993 年版。

福建省安溪縣地方誌編纂委員會編：安溪縣誌・方言誌》，新華出版社 1994 年版。

福建省惠安縣地方誌編纂委員會編：《惠安縣誌・方言誌》，方誌出版社 1998 年版。

福建省德化縣地方誌編纂委員會編：《德化縣誌・方言誌》，新華出版社 1992 年版。

福建省同安縣地方誌編纂委員會編：《同安縣誌》，中華書局 2000 年版。

古屋昭弘：《關於拍掌知音的成書時間問題》，《中國語文》1994 年第 6 期。

黃典誠：《〈拍掌知音〉說明》，《方言》1979 年第 2 期。

黃典誠主編：《福建省誌・方言誌》，方誌出版社 1998 年版。

黃典誠：《〈拍掌知音〉說明》，《方言》1979 年第 2 期。

黃典誠：《泉州〈彙音妙悟〉述評》，載《黃典誠語言學論文集》，廈門大學出版社 2003 年版。

林連通：《泉州市方言誌》，社會科學文獻出版社 1993 年版。

林連通、陳章太：《永春方言誌》，語文出版社 1989 年版。

馬睿穎、馬重奇：《西方傳教士論十九世紀閩台閩南方言聲調》，《古漢語研究》2017 年第 3 期。

馬重奇：《閩台閩南方言韻書比較研究》，中國社會科學出版社 2008 年版。

張自烈、廖文英：《正字通》，中國工人出版社 1996 年版。

臧勵龢等：《中國古今地名大辭典》，商務印書館 1982 年版。

新編《拍掌知音》

馬重奇　新著
廖綸璣　原著

連陽廖綸璣撰

拍掌知音

梅軒書屋藏

拍掌知音切音調平仄圖凡例八則

一第一平連第二平卵等字声謂之音祖因有音無字故撰此三十六字代之至於某字當讀某音從各圖推之便知

一圖中有音無字者皆用○圈之初學當選横直全字者先呼之呼熟三四韻則圈中之音自能信口發出

一上去声俱係下去声滑口之音如均是見字讀曰聞見本是下去声若讀曰見聞則滑口在上去声矣今上去声一韻俱以匕字填之所以别其與下去声同字異音也間有採字填下者是欲湊全八字俾初學人便於按字調声耳

一呼韻法先將柳邊十五字熟誦之然后各間一字呼下

如呼第三平里上上声之韻則呼曰柳裡邊妣求杞去起地底頗鄙他恥爭只入爾時弛英椅文美語蟻出齒喜喜是也餘倣此

一調声法從首音橫呼之以首音為上平声二音為上上三音為上去四音為上入五音為下平六音為下上七音為下去八音為下入兩平為平声兩上兩去兩入為仄声如欲調輙字則呼曰顛典填哲田佃殿輙是輙在八音則為下入声屬仄声矣又如欲調乾字則呼曰肩繭見結乾在五音則為下平声屬平声矣餘按圖推之

一切音法如虔肩切先從上虔字韻呼曰柳蓮邊便求乾去虔次從下肩字韻呼曰柳平連邊鞭求肩去鏗則鏗就是所切之音總以上字定位下字照位取音而已蓋

上字是定其唇喉齒舌牙凡去位之字俱可切之下字是取其同韻凡同韻之字亦俱可切之也如此鏗字易之以寬肩切欷肩切虔鞭切虔天切亦可更易之以遣顛切起仙切亦未嘗不可

【表一】

拍掌知声切音調平仄圖	下入	下去	下上	下平	上入	上去	上上	上平	十五音
	烈	煉	○	蓮	○	匕	輦	平連	柳
	別	遍	辨	便	鱉	變	匾	鞭	邊
	傑	健	件	乾	結	見	繭	肩	求
	○	縴	○	虔	頡	匕	遣	鏗	去
	輒	殿	佃	田	哲	填	典	顛	地
	○	片	○	○	○	匕	○	偏	頗
第一平連　芹園藏板	○	○	○	○	鐵	○	腆	天	他
	捷	賤	○	錢	折	匕	剪	煎	爭
	熱	○	○	然	○	○	○	○	入
	舌	扇	善	嬋	薛	羨	癬	仙	時
	悅	燕	○	筵	謁	匕	偃	烟	英
	篾	面	○	綿	○	匕	免	○	文
	孽	○	○	言	○	○	○	妍	語
	○	○	○	○	切	○	淺	遷	出
	穴	硯	○	弦	血	匕	顯	軒	喜

【表二】

拍掌知声切音調平仄圖	下入	下去	下上	下平	上入	上去	上上	上平	十五音
	○	亂	○	巒	劣	匕	燰	平卯	柳
	鈸	半	○	○	砵	匕	○	搬	邊
	○	倦	○	拳	訣	匕	舘	官	求
	○	勸	○	○	闊	匕	欵	寬	去
	奪	緞	斷	傳	輟	段	短	端	地
	○	畔	伴	盤	撥	匕	○	潘	頗
第二平卯	○	篆	○	團	脫	匕	○	○	他
	絕	鑽	撰	泉	拙	攢	轉	專	爭
	○	○	○	○	○	○	○	○	入
	○	算	○	旋	雪	匕	選	宣	時
芹園藏板	越	怨	援	猿	挖	怨	碗	灣	英
	末	○	○	瞞	抹	○	滿	○	文
	月	願	○	頑	○	匕	玩	○	語
	○	串	○	○	○	匕	湍	穿	出
	活	喚	犯	礬	發	販	反	歡	喜

【表三】

拍掌知声切音調平仄圖

十五音	上平	上上	上去	上入	下平	下上	下去	下入
柳	平里	裡	匕	〇	漓	〇	利	〇
邊	卑	妣	匕	〇	脾	婢	備	〇
求	姬	杞	匕	〇	旗	技	寄	〇
去	欹	起	匕	〇	騎	〇	憩	〇
地	知	底	匕	〇	墀	治	致	〇
頗	坯	鄙	〇	〇	疲	彼	〇	〇
他	褫	恥	〇	〇	〇	〇	〇	〇
爭	卮	只	匕	〇	〇	〇	至	〇
入	〇	爾	匕	〇	兒	〇	餌	〇
時	屍	弛	匕	〇	匙	是	弑	〇
英	伊	椅	匕	〇	頤	〇	意	〇
文	〇	美	匕	〇	眉	媚	味	〇
語	〇	蟻	匕	〇	疑	〇	毅	〇
出	癡	齒	匕	〇	持	市	翅	〇
喜	希	喜	匕	〇	〇	〇	饐	〇

第三平里

芹園藏板

【表四】

拍掌知声切音調平仄圖	下入	下去	下上	下平	上入	上去	上上	上平	十五音
	○	路	弩	爐	○	匕	虜	平魯	柳
	○	布	捕	蒲	○	匕	補	餔	邊
	○	故	○	○	○	匕	估	觚	求
	○	庫	○	○	○	匕	苦	枯	去
	○	度	杜	徒	○	匕	肚	都	地
	○	舖	簿	○	○	匕	普	鋪	頗
第四平魯	○	兔	○	○	○	匕	土	○	他
	○	助	○	○	○	匕	組	租	争
	○	○	○	○	○	○	○	○	入
	○	素	○	○	○	匕	所	酥	時
芹園藏板	○	惡	○	壺	○	匕	塢	嗚	英
	○	募	○	謨	○	匕	某	○	文
	○	誤	○	吳	○	匕	忤	○	語
	○	醋	○	○	○	匕	楚	粗	出
	○	戽	滬	糊	○	匕	虎	呼	喜

【表五】

	下入	下去	下上	下平	上入	上去	上上	上平	十五音
拍掌知声切音調平仄圖	緑	諒	○	娘	○	匕	魎	平兩	柳
	○	○	○	○	○	○	○	○	邊
	局	共	○	强	菊	匕	拱	供	求
	○	○	○	○	曲	○	恐	姜	去
	逐	脹	重	腸	築	帳	長	張	地
	○	○	○	○	○	○	○	○	頗
第五平兩 芹園藏板	○	暢	○	虫	蓄	匕	塚	衷	他
	○	種	○	從	祝	匕	掌	章	爭
	肉	○	○	戎	○	○	冗	○	入
	熟	誦	象	嘗	叔	尚	想	相	時
	欲	漾	○	洋	約	匕	勇	秧	英
	○	○	○	○	○	○	○	○	文
	玉	○	○	○	○	○	仰	○	語
	○	匠	○	牆	促	匕	廠	鎗	出
	○	向	○	融	謔	匕	享	胷	喜

【表六】

拍掌知音切音調平仄圖

第六平令 芹園藏板

十五音	上平	上上	上去	上入	下平	下上	下去	下入
柳	平令	嶺	匕	栗	寧	○	令	勒
邊	氷	屏	匕	佰	平	○	柄	白
求	經	擎	匕	戟	㷀	○	鏡	極
去	輕	○	匕	隙	○	○	罄	○
地	釘	頂	匕	滴	庭	○	訂	敵
頗	○	○	匕	拍	評	○	聘	○
他	汀	挺	匕	剔	停	○	聽	宅
爭	精	整	匕	鷩	晴	靜	証	○
入	○	○	○	○	○	○	○	○
時	腥	醒	匕	錫	繩	○	剩	○
英	英	影	匕	抑	螢	○	應	逸
文	○	猛	匕	○	茗	○	命	○
語	○	○	○	○	迎	疑	○	逆
出	蜻	請	匕	策	○	○	稱	○
喜	亨	悻	興	洫	型	杏	行	獲

【表七】

	下入	下去	下上	下平	上入	上去	上上	上平	十五音
拍掌知声切音調平仄圖	落	美	○	廊	○	匕	壠	平郎	柳
	僕	謗	○	房	比	匕	榜	○	邊
	○	貢	○	狂	谷	匕	廣	公	求
	○	抗	○	○	哭	匕	孔	空	去
	毒	凍	動	同	篤	棟	黨	冬	地
	曝	○	○	○	博	○	○	○	頗
第七平郎 芹園藏板	讀	痛	○	○	托	匕	統	通	他
	濁	葬	○	崇	作	匕	總	宗	爭
	○	○	○	○	○	○	○	○	入
	○	送	○	○	束	匕	爽	桑	時
	○	旺	○	王	屋	匕	往	汪	英
	莫	夣	○	忩	○	匕	罔	○	文
	愕	○	○	昂	○	○	○	○	語
	鑿	創	○	床	錯	匕	○	窓	出
	伏	放	○	紅	腹	匕	訪	方	喜

【表八】

拍掌知声切音調平仄圖	下入	下去	下上	下平	上入	上去	上上	上平	十五音
	律	論	○	輪	○	ㄔ	○	平侖	柳
	勃	○	笨	○	不	○	本	○	邊
	掘	棍	○	裾	骨	ㄔ	滾	軍	求
	○	困	○	囷	屈	ㄔ	綑	昆	去
	突	遯	○	豚	○	ㄔ	腯	敦	地
	○	○	○	盆	○	○	○	餴	頗
第八平侖　芹園藏板	○	○	○	○	秃	○	○	椿	他
	术	俊	○	存	卒	ㄔ	准	尊	爭
	○	嫩	○	仍	○	ㄔ	○	○	入
	術	舜	○	巡	率	ㄔ	筍	飧	時
	鶻	慍	○	耘	熨	ㄔ	稳	昷	英
	没	紊	○	紋	○	ㄔ	刎	○	文
	○	○	○	○	○	○	○	○	語
	○	寸	○	○	出	ㄔ	蠢	村	出
	佛	糞	混	氮	笏	奮	粉	分	喜

【表九】

	下入	下去	下上	下平	上入	上去	上上	上平	十五音
拍掌知声切音調平仄圖	匿	○	○	能	○	○	○	平能	柳
	○	○	○	朋	○	○	○	○	邊
	○	更	○	○	○	匕	梗	羹	求
	○	○	○	○	尅	○	肯	坑	去
	特	蹬	鄧	滕	德	凳	等	燈	地
	○	○	○	鵬	○	○	○	崩	頗
第九平能	○	○	○	○	忒	○	○	○	他
	賊	淨	○	層	窄	匕	○	曾	爭
	○	○	○	仍	○	○	○	○	入
	懶	○	○	○	塞	○	○	牲	時
芹園藏板	○	○	○	○	○	○	○	○	英
	麥	○	○	○	○	○	○	○	文
	○	○	○	○	○	○	○	○	語
	○	○	○	棖	側	○	○	撐	出
	○	○	○	○	赫	○	○	○	喜

【表十】

拍掌知声切音調平仄圖	下入	下去	下上	下平	上入	上去	上上	上平	十五音
	○	磷	○	憐	○	匕	○	平吝	柳
	鼻	鬢	○	瓶	畢	匕	稟	檳	邊
	○	饉	○	○	○	匕	緊	○	求
	○	○	○	○	乞	○	○	○	去
	直	鎮	○	塵	○	匕	○	珍	地
	○	○	○	○	疋	○	品	○	頗
第十平吝　芹園藏板	○	○	○	○	○	○	○	○	他
	疾	震	盡	秦	質	進	軫	真	爭
	日	認	○	仁	○	匕	恁	○	入
	蝕	信	○	晨	失	匕	哂	伸	時
	○	孕	○	寅	壹	匕	蚓	氤	英
	蜜	○	○	民	○	○	敏	○	文
	○	○	○	○	○	○	○	○	語
	○	○	○	○	柒	○	○	親	出
	○	○	○	○	○	○	○	○	喜

【表十一】

拍掌知声切音調平仄圖	下入	下去	下上	下平	上入	上去	上上	上平	十五音
	○	爛	○	難		匕	懶	平欄	柳
	○	辦	○	○	扒	匕	阪	班	邊
	○	幹	○	○	曷	匕	趕	艱	求
	○	看	○	○	渴	匕	侃	刊	去
	達	担	○	彈	○	匕	○	單	地
	○	盼	○	○	○	匕	○	攀	頗
第十一平欄	○	炭	○	○	撻	匕	怛	灘	他
	○	贊	○	殘	匝	匕	盞	○	爭
	○	○	○	○	○	○	○	○	入
	○	散	○	○	殺	匕	產	刪	時
	○	晏	○	○	椻	匕	○	安	英
芹園藏板	○	漫	○	蠻	○	匕	挽	○	文
	○	雁	○	顏	○	匕	眼	○	語
	○	襯	○	○	擦	匕	○	潺	出
	○	漢	○	寒	喝	匕	罕	○	喜

【表十二】

拍掌知声切音調平仄圖	下入	下去	下上	下平	上入	上去	上上	上平	十五音
	粒	念	○	簾	攝	匕	殮	平廉	柳
	○	○	○	○	○	○	○	○	邊
	○	劍	儉	○	扨	匕	檢	兼	求
	○	欠	○	鉗	怯	匕	歉	謙	去
	蝶	店	○	○	○	匕	○	沾	地
	○	○	○	○	○	○	○	○	頗
第十二平廉　芹園藏板	○	○	○	恬	帖	○	忝	添	他
	○	拈	漸	潛	接	匕	○	詹	爭
	○	○	○	○	○	○	染	○	入
	涉	瞻	○	暹	葉	匕	閃	纖	時
	○	炎	○	鹽	饁	匕	掩	醃	英
	○	○	○	○	○	○	○	○	文
	業	驗	○	嚴	○	匕	儼	○	語
	○	僭	○	○	竊	匕	○	籤	出
	協	○	○	嫌	○	○	險	○	喜

【表十三】

	下入	下去	下上	下平	上入	上去	上上	上平	十五音
拍掌知声切音調平仄圖	○	濫	○	南	漯	匕	覽	平覽	柳
	○	○	○	○	○	○	○	○	邊
	○	鑑	○	○	鴿	匕	感	柑	求
	○	紺	○	○	恰	匕	坎	龕	去
	踏	○	淡	談	答	○	胆	躭	地
	○	○	○	○	○	○	○	○	頗
第十三平覽 芹園藏板	○	探	○	潭	榻	匕	○	貪	他
	雜	暫	鏨	○	○	匕	斬	○	争
	○	○	○	○	○	○	○	○	入
	○	三	○	○	○	匕	糝	杉	時
	盒	暗	○	○	鴨	匕	闇	庵	英
	○	○	○	○	○	○	○	○	文
	○	○	○	岩	○	○	○	○	語
	○	讖	○	慙	插	匕	慘	驂	出
	盍	憾	○	涵	○	匕	喊	酣	喜

【表十四】

拍掌知声切音調平仄圖	下入	下去	下上	下平	上入	上去	上上	上平	十五音
	立	○	○	淋	○	○	廩	平林	柳
	○	○	○	○	○	○	○	○	邊
	及	禁	○	○	急	○	錦	金	求
	○	○	○	禽	笈	○	○	欽	去
	○	○	朕	沉	○	○	○	○	地
	○	○	○	○	○	○	○	○	頗
第十四平林 芹園藏板	○	○	○	○	○	○	○	琛	他
	集	浸	○	○	執	匕	枕	○	爭
	入	訒	○	妊	○	匕	忍	○	入
	拾	○	甚	蟳	濕	○	沈	心	時
	○	蔭	○	淫	邑	匕	飲	音	英
	○	○	○	○	○	○	○	○	文
	岌	○	○	砱	○	○	○	○	語
	○	○	○	○	緝	○	寢	侵	出
	○	○	○	○	翕	○	○	○	喜

【表十五】

拍掌知声切音調平仄圖 第十五首巴 芹園藏板	下入	下去	下上	下平	上入	上去	上上	上平	十五音
	○	○	○	○	○	○	○	⿰首巴	柳
	○	豹	○	琶	○	匕	把	巴	邊
	○	駕	○	○	○	匕	假	家	求
	○	○	○	○	○	○	○	○	去
	○	○	○	○	○	○	○	○	地
	○	○	○	○	○	○	○	○	頗
	○	○	○	○	○	○	○	他	他
	閘	詐	○	○	○	匕	○	查	爭
	○	○	○	○	○	○	○	○	入
	○	○	○	○	○	○	○	沙	時
	○	亞	○	○	○	匕	啞	鴉	英
	覔	○	○	○	○	○	○	○	文
	○	訝	○	牙	○	匕	○	○	語
	○	鈔	○	柴	○	○	○	差	出
	○	夏	下	霞	○	匕	○	○	喜

【表十六】

	下入	下去	下上	下平	上入	上去	上上	上平	十五音
拍掌知声切音調平仄圖	○	賴	○	來	○	匕	○	平來	柳
	○	敗	○	牌	○	○	擺	○	邊
	○	届	○	○	○	匕	改	該	求
	○	慨	○	○	○	匕	楷	開	去
	○	代	逮	臺	○	匕	歹	獃	地
	○	派	○	○	○	匕	○	○	頗
第十六平來 芹園藏板	○	泰	待	○	○	匕	○	台	他
	○	載	豸	材	○	匕	宰	菑	爭
	○	○	○	○	○	○	○	○	入
	○	晒	○	○	○	匕	○	顋	時
	○	隘	○	○	○	匕	靄	挨	英
	○	○	○	埋	○	○	○	○	文
	○	碍	○	呆	○	匕	○	○	語
	○	蔡	○	裁	○	匕	采	猜	出
	○	害	蟹	頦	○	匕	海	○	喜

【表十七】

	下入	下去	下上	下平	上入	上去	上上	上平	十五音
拍掌知声切音調平仄圖	〇	哰	〇	泥	〇	匕	禮	平礼	柳
	〇	敝	〇	〇	〇	匕	〇	〇	邊
	〇	計	〇	〇	〇	匕	〇	笄	求
	〇	契	〇	〇	〇	匕	啟	溪	去
	〇	帝	弟	題	〇	匕	〇	爹	地
	〇	〇	〇	〇	〇	〇	〇	〇	頗
第十七平禮 芹園藏板	〇	替	〇	啼	〇	匕	體	梯	他
	〇	祭	〇	齊	〇	匕	躋	齎	爭
	〇	〇	〇	〇	〇	〇	〇	〇	入
	〇	誓	〇	〇	〇	匕	洗	西	時
	〇	裔	〇	〇	〇	匕	〇	〇	英
	〇	〇	〇	迷	〇	〇	〇	〇	文
	〇	藝	〇	霓	〇	匕	睨	〇	語
	〇	砌	〇	〇	〇	匕	泚	妻	出
	〇	係	〇	奚	〇	匕	〇	醯	喜

【表十八】

	下入	下去	下上	下平	上入	上去	上上	上平	十五音
拍掌知声切音調平仄圖	○	⿰牜劳	○	羅	○	匕	○	⿰禾劳	柳
	○	報	○	婆	○	匕	寶	褒	邊
	○	告	○	○	○	匕	果	歌	求
	○	課	○	○	○	匕	○	科	去
	○	到	道	逃	○	匕	倒	多	地
	○	破	○	○	○	匕	頗	頗	頗
第十八平勞 芹園藏板	○	妥	○	桃	○	匕	討	滔	他
	○	佐	坐	遭	○	匕	早	○	爭
	○	○	○	○	○	○	○	○	入
	○	躁	○	○	○	匕	嫂	梭	時
	○	澳	○	○	○	匕	襖	窩	英
	○	○	○	○	○	○	○	○	文
	○	○	○	○	○	○	○	○	語
	○	措	○	○	○	匕	草	磋	出
	○	號	禍	和	○	匕	皜	○	喜

【表十九】

拍掌知声切音調平仄圖	下入	下去	下上	下平	上入	上去	上上	上平	十五音
	○	内	○	○	○	匕	○	平内	柳
	○	背	倍	陪	○	匕	○	盃	邊
	○	檜	○	○	○	匕	○	○	求
	○	○	○	○	○	○	○	盔	去
	○	兌	○	頽	○	匕	○	○	地
	○	配	○	○	○	匕	○	○	頗
第十九平内 芹園藏板	○	退	○	○	○	匕	○	○	他
	○	最	罪	○	○	匕	○	○	爭
	○	濬	○	汭	○	匕	○	○	入
	○	稅	○	○	○	匕	○	衰	時
	○	穢	○	○	○	匕	○	颹	英
	○	○	○	○	○	○	○	○	文
	○	外	○	○	○	匕	○	○	語
	○	○	○	○	○	○	○	○	出
	○	廢	○	回	○	匕	悔	○	喜

【表二十】

拍掌知声切音調平仄圖	下入	下去	下上	下平	上入	上去	上上	上平	十五音
	○	料	○	僚	○	匕	鳥	平鳥	柳
	○	○	殍	○	○	○	表	標	邊
	○	叫	○	橋	○	匕	矯	嬌	求
	○	竅	○	○	○	匕	○	○	去
	○	窵	兆	潮	○	匕	○	彫	地
	○	票	○	瓢	○	匕	○	摽	頗
第二十平鳥 芹園藏板	○	跳	○	銚	○	匕	○	挑	他
	○	照	○	樵	○	匕	沼	招	爭
	○	○	○	饒	○	○	遶	○	入
	○	肖	○	○	○	匕	少	消	時
	○	要	○	遙	○	匕	杳	妖	英
	○	廟	○	苗	○	匕	緲	○	文
	○	○	○	堯	○	○	○	○	語
	○	笑	○	○	○	匕	悄	超	出
	○	○	○	○	○	○	曉	驍	喜

【表廿一】

	下入	下去	下上	下平	上入	上去	上上	上平	十五音
拍掌知声切音調平仄圖	○	漏	○	樓	○	匕	褸	平婁	柳
	○	○	○	○	○	○	○	○	邊
	○	搆	○	○	○	匕	枸	溝	求
	○	扣	○	○	○	匕	口	○	去
	○	荳	趙	投	○	匕	陡	兜	地
	○	○	○	○	○	○	剖	○	頗
第廿一平婁 芹園藏板	○	透	○	頭	○	○	○	偷	他
	○	縐	○	○	○	匕	走	椒	爭
	○	○	○	○	○	○	○	○	入
	○	瘦	○	○	○	匕	叟	搜	時
	○	○	○	○	○	○	毆	謳	英
	○	貿	拇	謀	○	匕	畝	○	文
	○	○	○	○	○	○	偶	○	語
	○	湊	○	愁	○	匕	○	○	出
	○	候	厚	侯	○	匕	否	○	喜

【表廿二】

拍掌知声切音調平仄圖

第廿二平雷

芹園藏板

十五音	上平	上上	上去	上入	下平	下上	下去	下入
柳	平雷	磊	匕	○	縲	○	彚	○
邊	○	○	○	○	○	○	○	○
求	歸	鬼	匕	○	槌	跪	貴	○
去	虧	簋	匕	○	○	○	愧	○
地	堆	○	匕	○	鎚	○	墜	○
頗	○	○	○	○	○	○	○	○
他	○	腿	○	○	○	○	○	○
爭	錐	嘴	匕	○	○	○	顇	○
入	○	○	○	○	○	○	○	○
時	荽	水	匕	○	垂	○	遂	○
英	威	委	匕	○	圍	胃	慰	○
文	○	○	○	○	○	○	○	○
語	○	○	匕	○	巍	○	偽	○
出	炊	惴	匕	○	○	○	脆	○
喜	麾	毀	匕	○	肥	○	吠	○

【表廿三】

拍掌知声切音調平仄圖

第廿三平女 芹園藏板

下入	下去	下上	下平	上入	上去	上上	上平	十五音
○	慮	呂	廬	○	匕	旅	平女	柳
○	○	○	○	○	○	○	○	邊
○	鋸	拒	渠	○	匕	舉	裾	求
○	去	○	○	○	匕	○	法	去
○	著	○	躇	○	匕	○	猪	地
○	○	○	○	○	○	○	○	頗
○	○	○	鋤	○	○	杼	○	他
○	自	○	糍	○	匕	煮	緇	爭
○	○	○	如	○	○	茹	○	入
○	肆	敘	祠	○	匕	死	篩	時
○	飫	○	余	○	匕	與	於	英
○	○	○	○	○	○	○	○	文
○	馭	○	魚	○	匕	鋙	○	語
○	處	○	磁	○	匕	鼠	瘥	出
○	○	○	○	○	○	詡	虛	喜

【表廿四】

拍掌知声切音調平仄圖	下入	下去	下上	下平	上入	上去	上上	上平	十五音
	○	○	○	○	○	○	銖	平銖	柳
	○	○	○	○	○	○	○	○	邊
	○	具	○	衢	○	匕	○	拘	求
	○	懼	○	○	○	匕	○	驅	去
	○	○	○	廚	○	○	竚	株	地
	○	○	○	○	○	○	○	○	頗
第廿四平銖 芹園藏板	○	○	○	○	○	○	○	○	他
	○	注	聚	○	○	匕	主	硃	爭
	○	喻	腴	儒	○	匕	乳	○	入
	○	署	○	殊	○	匕	徙	輸	時
	○	污	○	盂	○	匕	禹	迂	英
	○	霧	○	無	○	匕	侮	○	文
	○	遇	○	娛	○	匕	○	○	語
	○	趣	○	○	○	匕	取	趨	出
	○	訃	父	鳧	○	匕	斧	孚	喜

【表廿五】

	下入	下去	下上	下平	上入	上去	上上	上平	十五音
拍掌知声切音調平仄圖	〇	溜	〇	流	〇	匕	鈕	平鈕	柳
	〇	〇	〇	〇	〇	〇	〇	彪	邊
	〇	究	舅	毬	〇	匕	久	〇	求
	〇	〇	〇	〇	〇	〇	〇	鳩	去
	〇	晝	紂	儔	〇	匕	肘	丟	地
	〇	〇	〇	〇	〇	〇	〇	〇	頗
第廿五平鈕 芹園藏板	〇	〇	〇	〇	〇	〇	丑	瘳	他
	〇	咒	〇	〇	〇	〇	酒	週	爭
	〇	〇	〇	柔	〇	〇	揉	〇	入
	〇	秀	受	囚	〇	〇	守	羞	時
	〇	佑	〇	油	〇	匕	誘	憂	英
	〇	謬	〇	繆	〇	匕	〇	〇	文
	〇	〇	〇	牛	〇	〇	〇	〇	語
	〇	〇	〇	〇	〇	〇	醜	秋	出
	〇	臭	〇	〇	〇	〇	朽	呦	喜

【表廿六】

拍掌知声切音調平仄圖	下入	下去	下上	下平	上入	上去	上上	上平	十五音
	○	鬧	○	○	○	匕	撓	平撓	柳
	○	○	○	鮑	○	○	飽	包	邊
	○	較	○	○	○	匕	狡	郊	求
	○	○	○	○	○	○	巧	敲	去
	○	罩	○	○	○	匕	○	○	地
	○	泡	○	○	○	匕	跑	抛	頗
第廿六平撓 芹園藏板	○	○	○	○	○	○	○	○	他
	○	○	○	巢	○	○	找	糟	爭
	○	○	○	○	○	○	○	○	入
	○	哨	○	○	○	匕	稍	梢	時
	○	○	○	○	○	○	○	○	英
	○	貌	○	茅	○	匕	卯	○	文
	○	樂	○	肴	○	匕	○	○	語
	○	○	○	○	○	○	○	抄	出
	○	效	○	○	○	匕	吼	嚻	喜

【表廿七】

拍掌知声切音調平仄圖	下入	下去	下上	下平	上入	上去	上上	上平	十五音
	○	○	○	○	○	○	○	首邦	柳
	○	○	棒	龐	剥	○	○	帮	邊
	○	絳	○	○	角	匕	港	江	求
	○	○	○	○	殼	○	○	○	去
	○	○	○	○	○	○	董	○	地
	○	○	○	○	朴	○	○	○	頗
第廿七首邦 芹園藏板	○	○	○	○	○	○	○	○	他
	○	○	○	○	○	○	○	○	爭
	○	○	○	○	○	○	○	○	入
	○	○	○	○	○	○	○	○	時
	○	○	○	○	握	○	○	○	英
	○	○	○	○	○	○	○	○	文
	岳	○	○	○	○	○	○	○	語
	○	○	○	○	○	○	○	○	出
	學	巷	項	降	○	匕	○	○	喜

【表廿八】

拍掌知声切音調平仄圖	下入	下去	下上	下平	上入	上去	上上	上平	十五音
	〇	〇	〇	〇	〇	〇	〇	首巾	柳
	〇	〇	〇	〇	〇	〇	〇	〇	邊
	〇	亘	近	〇	〇	匕	〇	根	求
	〇	靳	〇	勤	〇	匕	懇	坤	去
	〇	〇	〇	〇	〇	〇	〇	〇	地
	〇	〇	〇	〇	〇	〇	〇	〇	頗
第廿八首巾 芹園藏板	〇	〇	〇	〇	〇	〇	〇	〇	他
	〇	〇	〇	〇	〇	〇	〇	〇	爭
	〇	〇	〇	〇	〇	〇	〇	〇	入
	〇	〇	〇	〇	〇	〇	〇	〇	時
	〇	〇	〇	〇	〇	〇	隱	殷	英
	〇	〇	〇	〇	〇	〇	〇	〇	文
	杌	〇	〇	銀	迄	〇	〇	〇	語
	〇	〇	〇	〇	〇	〇	〇	〇	出
	核	恨	〇	痕	〇	匕	狠	〇	喜

【表廿九】

拍掌知声切音調平仄圖

第卄九首嗟　芹園藏板

十五音	上平	上上	上去	上入	下平	下上	下去	下入
柳	首嗟	○	○	○	○	○	○	○
邊	○	○	○	○	○	○	○	○
求	○	○	○	○	○	○	○	○
去	○	○	○	○	○	○	○	○
地	○	○	○	○	○	○	○	○
頗	○	○	○	○	○	○	○	○
他	○	○	○	○	○	○	○	○
爭	遮	者	匕	○	○	○	借	○
入	○	惹	○	○	○	○	○	○
時	奢	捨	匕	○	邪	社	瀉	○
英	○	野	匕	○	爺	○	夜	○
文	○	○	○	○	○	○	○	○
語	○	○	○	○	○	○	○	○
出	○	○	○	○	斜	○	○	○
喜	靴	○	○	○	○	○	○	○

【表三十】

拍掌知声切音調平仄圖	下入	下去	下上	下平	上入	上去	上上	上平	十五音
	〇	〇	〇	〇	〇	〇	〇	首瓜	柳
	〇	〇	〇	〇	〇	〇	〇	〇	邊
	〇	卦	〇	〇	〇	匕	寡	瓜	求
	〇	〇	〇	〇	〇	〇	〇	誇	去
	〇	〇	〇	〇	〇	〇	〇	〇	地
	〇	〇	〇	〇	〇	〇	〇	〇	頗
第三十首瓜	〇	〇	〇	〇	〇	〇	〇	〇	他
	〇	〇	〇	〇	〇	〇	〇	〇	爭
	〇	〇	〇	〇	〇	〇	〇	〇	入
	〇	〇	〇	〇	〇	〇	耍	〇	時
	〇	〇	〇	〇	〇	〇	〇	娃	英
芹園藏板	〇	〇	〇	〇	〇	〇	〇	〇	文
	〇	〇	〇	〇	〇	〇	〇	〇	語
	〇	炁	〇	〇	〇	匕	〇	〇	出
	〇	化	〇	划	〇	匕	〇	花	喜

【表卌一】

	下入	下去	下上	下平	上入	上去	上上	上平	十五音
拍掌知声切音調平仄圖	○	○	懦	○	○	○	老	平老	柳
	○	○	○	○	○	○	○	○	邊
	○	○	○	○	○	○	○	○	求
	○	○	○	○	○	○	考	○	去
	○	○	○	○	○	○	○	○	地
	○	○	○	○	○	○	○	○	頗
第卌一平老 芹園藏板	○	○	○	○	○	○	○	○	他
	○	○	○	○	○	○	○	○	爭
	○	○	○	○	○	○	○	○	入
	○	○	○	○	○	○	○	○	時
	○	○	○	○	○	○	○	○	英
	○	耄	○	毛	○	匕	○	○	文
	○	餓	○	鵝	○	匕	我	○	語
	○	○	○	○	○	○	○	○	出
	○	貨	○	○	○	匕	好	○	喜

【表卅二】

拍掌知声切音調平仄圖	下入	下去	下上	下平	上入	上去	上上	上平	十五音
	○	○	○	○	○	○	○	首乖	柳
	○	○	○	○	○	○	○	○	邊
	○	怪	○	○	○	匕	枴	乖	求
	○	快	○	○	○	匕	○	○	去
	○	○	○	○	○	○	○	○	地
	○	○	○	○	○	○	○	○	頗
第卅二首乖 芹園藏板	○	○	○	○	○	○	○	○	他
	○	○	○	○	○	○	○	○	爭
	○	○	○	○	○	○	○	○	入
	○	○	○	○	○	○	○	○	時
	○	○	○	○	○	○	○	歪	英
	○	○	○	○	○	○	○	○	文
	○	○	○	○	○	○	○	○	語
	○	○	○	○	○	○	○	○	出
	○	壞	○	懷	○	匕	○	○	喜

【表卅三】

拍掌知声切音調平仄圖

第卅三首針　芹園藏板

十五音	上平	上上	上去	上入	下平	下上	下去	下入
柳	首針	○	○	○	○	○	○	○
邊	○	○	○	○	○	○	○	○
求	○	○	○	○	○	○	○	○
去	○	○	○	○	○	○	○	○
地	○	○	○	○	○	○	○	○
頗	○	○	○	○	○	○	○	○
他	○	○	○	○	○	○	○	○
爭	簪	怎	○	○	○	○	譖	○
入	○	○	○	○	○	○	○	○
時	森	○	○	澁	○	○	○	○
英	○	○	○	○	○	○	○	○
文	○	○	○	○	○	○	○	○
語	○	○	○	○	○	○	○	○
出	○	○	○	○	○	○	○	○
喜	欣	○	○	○	○	○	○	○

【表卅四】

拍掌知声切音調平仄圖

第卅四首枚

芹園藏板

十五音	上平	上上	上去	上入	下平	下上	下去	下入
柳	首枚	○	○	○	○	○	○	○
邊	○	○	○	○	○	○	○	○
求	○	○	○	○	○	○	○	○
去	○	○	○	○	○	○	○	○
地	○	○	○	○	○	○	○	○
頗	○	○	○	○	○	○	○	○
他	○	○	○	○	○	○	○	○
爭	○	○	○	○	○	○	○	○
入	○	○	○	○	○	○	○	○
時	○	○	○	○	○	○	○	○
英	○	○	○	○	○	○	○	○
文	○	每	匕	○	梅	○	妹	○
語	○	○	○	○	○	○	○	○
出	○	○	○	○	○	○	○	○
喜	○	○	○	○	○	○	○	○

【表卅五】

	下入	下去	下上	下平	上入	上去	上上	上平	十五音
拍掌知声切音調平仄圖	〇	那	〇	〇	〇	匕	拿	平拿	柳
	〇	〇	〇	〇	〇	〇	〇	〇	邊
	〇	〇	〇	〇	〇	〇	〇	〇	求
	〇	〇	〇	〇	〇	〇	〇	〇	去
	〇	〇	〇	〇	〇	〇	打	〇	地
	〇	冇	〇	〇	〇	匕	〇	〇	頗
第卅五平拿　芹園藏板	〇	〇	〇	〇	〇	〇	〇	〇	他
	〇	〇	〇	〇	〇	〇	〇	〇	爭
	〇	〇	〇	〇	〇	〇	〇	〇	入
	〇	〇	〇	〇	〇	〇	〇	〇	時
	〇	〇	〇	〇	〇	〇	〇	〇	英
	〇	罵	〇	〇	〇	〇	馬	〇	文
	〇	〇	〇	〇	〇	〇	雅	〇	語
	〇	〇	〇	〇	〇	〇	〇	〇	出
	〇	〇	〇	〇	〇	〇	〇	〇	喜

【表卅六】

	下入	下去	下上	下平	上入	上去	上上	上平	十五音
拍掌知声切音調平仄圖	○	○	○	○	○	○	奶	平乃	柳
	○	○	○	○	○	○	○	○	邊
	○	○	○	○	○	○	○	○	求
	○	○	○	○	○	○	○	○	去
	○	○	○	○	○	○	○	○	地
	○	○	○	○	○	○	○	○	頗
第卅六平乃 芹園藏板	○	○	○	○	○	○	○	○	他
	○	○	○	○	○	○	○	○	爭
	○	○	○	○	○	○	○	○	入
	○	○	○	○	○	○	○	○	時
	○	○	○	○	○	○	○	○	英
	○	賣	○	○	○	匕	買	○	文
	○	○	○	○	○	○	○	○	語
	○	○	○	○	○	○	○	○	出
	○	○	○	○	○	○	○	○	喜